観光学概論

海外文献を読み解く

村山貴俊 ［著］

創 成 社

はしがき

　筆者が観光産業に興味を持ち始めたのは，2008年ごろである。東北学院大学経営学部の新講義として宮城県の旅館の女将さん達と連携して運営する「おもてなしの経営学」の立ち上げが起点となった。当初は，筆者の専門分野である経営学の理論や分析枠組みを用いて，旅館の経営を分析していこうと考えていた。それと合わせて，観光学に関する日本語で書かれた教科書や文献を買い集め，観光学への学びも始めた。観光学研究者や実務家が執筆した興味深い著作が沢山あり，そこから多くの有益な知識を得ることができた。我々も，女将の講義そして文献から学んだことを踏まえ，2012年に講義テキストとして『おもてなしの経営学』【理論編】【実践編】（創成社）を出版した。

　しかし，日本で公刊されている観光学関連の教科書や文献を読み進める中で，1つの疑問を抱くようになった。例えば，筆者が専門としてきた経営学分野の著作や論文では，国内外で公刊された関連の論文や著作などを幅広くレビューすることで，先行研究に対する自らの研究の位置づけを明らかにするという手順を踏むのが一般的である。あるいは，事例研究を行う際も，国内外で提唱された理論的な枠組みや学説などを用いて，それら事例を分析・解釈することが多い。他方，日本の観光学の教科書や文献では，国内外の先行研究をレビューしているものが相対的に少ないとの印象を受けた。もちろん，日本の観光学の研究でも，そのような手順を踏んでいるものもある。また，それぞれの学問分野の流儀があるので，必ずしもそのような手順を踏む必要はないのかもしれない。とはいえ，観光学の文献，教科書，論文を読み進める中で，それら有益かつ興味深い研究が，観光学のどの分野の，どの理論や分析枠組みに立脚しているのか，という疑問が止まらなくなってしまった。さらに，『おもてなし

の経営学』【理論編】で筆者自身が執筆した章を読み直した時に，自分自身の拙稿も，観光学のどこに位置し，どのような分析視角から考察されているのかが明示できていないと猛省した。経営学の分析視角を用いて考察することに学術的意義があると安易に考えてしまい，観光学を深く学ばないままに教科書を書いてしまったのである。まさに観光学という学問への敬意を欠いていたと言わざるを得ない。

　そのような反省に立ち，筆者は，特に海外で公刊された観光学の著作や論文を収集し，それらの読解を始めた。遅ればせながら，良質な観光学関連のジャーナルがあり，様々な理論や分析視角が存在することが分かった。当然，それらジャーナルに掲載されている論文は，先行研究の体系的なレビューを踏まえ，自らの研究の位置づけ，アプローチ，そして分析視角が明示されている。合わせて，海外のトップ・ジャーナルに論文を掲載している優れた日本人研究者が数多くおられることも分かった。そこで筆者自身も，同僚の松岡孝介教授の紹介により，観光学の著名な研究者が多く在籍する南オーストラリア大学と関係を持ち，気鋭の研究者 Rob Hallak 准教授と共同研究を開始し，海外のジャーナルへの投稿を目指した。筆者が最初に手掛けた共同研究は，本書1章でも取り上げる観光地競争力の分析枠組みに依拠した実証研究である。もちろん，Hallak 准教授と討議するためには，その分野の既存研究の包括的なレビューを行う必要があり，観光地競争力に関連する論文や本を必死で読解した。さらに，当該分野から芋づる式に関連分野へと検索範囲を広げていく中で，観光学の多様なテーマの存在を知り，それらにも強い興味を抱くようになった。

　当然のことであるが，観光学には様々な切り口そしてテーマがあり，それぞれのテーマのもとで世界中の研究者たちが日々研究を積み重ねている。言わずもがな，観光学は，分析の幅が広く，かつ奥の深い学問領域である。筆者の主たる専門分野は経営学であるが，大学で観光学に関連した講義に携わる以上，それら観光学の各テーマの国際的な研究動向を把握しておく必要があると感じた。少なくとも，実務家や学生から，観光や観光振興に関して意見を求められた時に，観光学の理論や分析枠組みに基づき学術的な返答ができるようになるべきだと思った。以上で述べたような反省と必要性こそが，本書を執筆する主

たる動機となった。

　本書の目的は，観光学の幾つかのテーマと，それらの分析視角の概要を学ぶことにある。ここでは①観光地競争力，②観光地ステークホルダー，③Destination Management Organization（観光地経営組織），④イベント・ツーリズム，⑤持続可能な観光という５つのテーマを扱うことにした。残念ながら，各テーマを選んだ科学的根拠を明示することはできない。正直に言うと，論文や著書を読み進める中で，筆者自身が特に面白いと感じたテーマを選んだ。自分自身が面白いと感じないと，論文を読み進めることができなかったからである。とはいえ，筆者の頭の中には，テーマ選別に関して一応のストーリーがあった。まず，観光産業や観光地の発展を考える際には，観光地としての競争力をいかに創出・維持するかという視点が不可欠である（第１章　観光地競争力）。また，観光地は多様な活動主体によって構成され，多様な主体によって観光客に製品やサービスが提供されるという特徴を有するため，観光地を構成する活動主体やグループ，すなわち観光地ステークホルダーについて理解する必要がある（第２章　観光地ステークホルダー）。そして，それらステークホルダーの調整を期待される組織体の１つとして近時日本でも注目されているのがDMO＝観光地経営組織であり，もってその組織の特性や役割を理解しておくべきである（第３章　DMO）。さらにDMOなどの観光振興組織が，近時，自らの観光地への誘客手段として活用しているのがイベントであり，それらを扱う学問分野がイベント・ツーリズムである（第４章　イベント・ツーリズム）。最後に，やはり観光や観光地は持続的でなければならないため，サステイナブル・ツーリズムというテーマを検討して本書を締め括る（第５章　持続可能な観光）。

　ただし，１つのテーマだけでも，その中に膨大な研究の蓄積がある。そして，それぞれのテーマの中に，そのテーマだけを深く探究する優れた研究者が多数いる。筆者の限られた能力では，各テーマの膨大な文献を全て読解することは難しい。確かに学会誌に掲載されるようなレビュー論文では，専用ソフトを用いた大量の論文群へのテキストマイニングによる解析が求められるのだろうが，学生や一般の読者も読み手として想定している本書にはそのような手法は馴染まないし，そもそも，大量のデータを適切に解析する能力を筆者は持ち合

わせていない。そこで，本書では，テーマごとに代表的な論文を数点取り上げ，その内容を解読することで，各テーマにおける分析対象や分析視角の特徴を大まかに捉えることにした。そうなると今度は代表的な論文は何かという，これまた難しい問題にも向き合わなければならないが，そこでは観光学分野で活躍する著名な研究者の名前を手掛かりにしながら，特にトップ・ジャーナルと称される海外学術雑誌に掲載されている論文を中心に取り上げた。本書は，膨大な数の論文の精密な解析というより，観光学の各テーマとその分析視角の特性を大まかに掴むことを狙いとしており，まさに「概論」を志向する書であることを改めて強調しておきたい。

　そのように論文や文献の数を絞り込んでも，筆者にとって観光学の学術論文を正しく読解することは容易でなかった。加えて，学術論文の専門的な分析を，その内容を著しく歪めることなく，学生や一般の読者にも分かりやすく解説することは難題であった。筆者としては，無理に分かりやすくすることで，元の論文の主旨や内容を誤って伝えることは避けたかった。また，それら論文や研究者の主張を正しく伝えるために，読みにくいと批判されることを承知のうえで，論文や著作からの直接引用をあえて多用した。その結果，非常に残念なことに，難しい内容を難しいまま，複雑な内容を複雑なまま書き写しているだけの書物になっているかもしれない。言い訳になるが，筆者としては，大学の講義やゼミなどで，教員が内容を解説したり，学生たちと討議したりしながら，半年ほどの時間（大学講義の半期15回）をかけて本書を読解していくことを想定している。そのため，初学者が独学で学ぶには，やや難しい内容と言えよう。また実務家の方々には，非常に手間がかかり，読みづらい本になっているかもしれない。本書を入門書や実践書ではなく，「概論」とした所以でもある。読み手に負担を強いる本を公刊することを心苦しく思いつつ，本書で取り上げた論文や著作の内容に触れることで，観光という社会的現象を理解するための学術的な分析視角を1つでも身につけたいと思って頂ければ幸いである。

　本書を完成させるまでに，多くの方から刺激と指導を受けた。観光地競争力の調査や国際シンポジウムを共同で運営してきた東北学院大学の松岡孝介教授と秋池篤准教授，そして講義「おもてなしの経営学」を共同で担当する斎藤善

之教授，松村尚彦教授，折橋伸哉教授に感謝したい。彼らとの共同調査や共同講義がなければ，そもそも観光学という世界に足を踏み入れることはなかった。共同論文を執筆する南オーストラリア大学の Rob Hallak 准教授および国際シンポジウムや共同調査を通じて観光学の奥深さを教えてくれた南オーストラリア大学の観光学の重鎮 Graham Brown 教授にも感謝したい。彼らと一緒に研究をしたいという思いで，海外の論文を懸命に読解してきたし，そこで得た知見こそが本書の礎になっている。そして，研究者に育てて頂いた東北大学名誉教授・河野昭三先生，東北大学名誉教授・猿渡啓子先生，神戸商科大学（現，兵庫県立大学）名誉教授・中村萬次先生，四日市大学・岡村任教先生（当時）に感謝したい。先生方からの厳しくも温かい指導がなければ，私の本来の力では，研究者の職に就くことはできなかった。

「おもてなしの経営学」の講義を共同運営する宮城県の旅館・ホテルの女将さん，観光地競争力調査のフィールドを提供してくれた宮城県の蔵王町役場や石巻圏 DMO のスタッフの皆様にも感謝を申し上げたい。実務家の方々との対話は，観光地や観光施設を経営する際にどのような視点が重要になるのかを気づかせてくれ，本書で取り上げるテーマを選定する際にも役に立った。また，市場性が乏しい本書の公刊をご快諾頂いた創成社社長・塚田尚寛氏および編集担当・西田徹氏にも感謝申し上げたい。お2人は，毎年必ず研究室にお越し頂き，筆者の思いつきの出版企画に真剣に耳を傾けてくれる。これまで何冊も企画を提案してきたが，それらのほとんどが実を結んでいない。不思議なことに，最も遅い時期に提案した本書が最も早く実現した。

最後に，本書（特に序章と5章）を執筆している最中に，新型コロナウイルス感染症＝COVID-19のパンデミックが発生した。これにより国内外の観光産業関連の企業や事業者が大きな打撃を受け，経営者の方々は事業継続に向けて大変な苦労を強いられている。このような大変な時期に，のんきに研究をしている場合ではないだろうとの誹りを受ける可能性もある。しかし，自宅に籠り，リモート講義の準備を行う傍らで本や論文を読み進め，またこの危機的状況下での人々の言動にも耳を傾けることで，観光や観光産業とは何で，その存在意義は何かと問い直すことができた。仮に，文化人類学アプローチが指摘す

るように，人間による移動欲求，あるいは仕事や日常からの解放こそが，観光の根本的な原動力であるとすれば，観光あるいは観光産業がこのまま衰退していくことはないだろう。とはいえ，パンデミックが長期化すれば政府の経済対策や支援もいずれ限界に達し，企業や事業者は何とか自分たちの力で生き残っていかなくてはならない。今回，ある地域で起こった未知の感染症が瞬く間に世界中に伝播するという現代グローバル社会が内包するリスクが改めて認識されることになった。そのリスクを目の当たりにして，観光に対する人々の意識や行動が大きく変容してしまう可能性もある。新型コロナウイルスが収束した後も，観光産業に関わる経営者や実務家の方々は，こうした新たな意識や行動への対応，そして新しい事業形態での経営を強いられることになるかもしれない。

　筆者としては，本書の執筆を通じて得られた僅かな知見を活かし，これからの日本や東北を背負う大学生，これまでお世話になってきた女将さん，そしてDMOや地方公共団体の実務家の皆様と一緒に，ウィズコロナあるいはアフターコロナ社会での観光および観光産業の在り方を考えていきたいと思っている。

筆　者

目　　次

x

【備考】

（1）参考・引用文献は，以下の方針で整理・表記した。本書の中で触れる論文や著書について，できるだけ原本を入手し確認するようにした。ただし，一部，元の論文や文献を入手できなかったものがある。その場合，間接的な引用や参照，いわゆる孫引きになっている。その際は，注において間接的な参照ないし孫引きであることを注記した。また孫引きの文献は，本文中に論文名や書名を記載する一方，章末の参考文献には表記しなかった。

（2）本書で取り上げた論文や文献に関して，元の版を入手できず，新版，Paperback版，電子書籍版として復刊された文献を利用したものがある。その場合，注や参考文献一覧の中で再掲版，復刊，電子書籍版であることを明記した。また英語文献に関して，邦訳書だけを参照したものがある。その場合，邦訳書だけの参照であることを明記した。デジタル版で入手した文献は，デジタル版の頁数を記した。特に Amazon Kindle 電子書籍版を多用した。筆者は iPad にダウンロードしたが，お使いの端末や端末の設定によって頁数が変わる可能性がある。

（3）引用文献の頁数は，本来であれば該当部分の全てに表記すべきである。しかし，先行研究の検討を中心とする本書では，引用頁数の表記が多くなり過ぎて本文が読み難くなる。そのような場合，段落ごとに纏めて表記するなどの工夫を行った。もちろん，同じ段落内でも引用先の頁数が異なる場合は，その都度，細かく頁数を表記した。以上のような事情から，引用文の直後であったり，段落の末であったりと，引用頁数を表記する箇所にバラつきが生じた。本としての読み易さと引用の厳密な表記との間で，うまくバランスをとる必要があった。

（4）英語論文は，Vol., No., Issue を記したが，2010 年ごろを境にして Vol. だけが記されるジャーナルが多くなった。さらに 2020 年ごろからは，Vol. = 巻ごとに通しの頁数を付すのではなく，論文ごとに 1 頁から頁を付す形式に変更された。これと合わせて，論文に個別番号が付されるようになった。

（5）「　」内の引用文中の〔　〕は筆者による注である。

（6）原文のイタリック体は，必要に応じて傍点ないし太字で表記した。

（7）人名は，筆者の能力不足で正しく邦訳できないため，外国語表記のままとした。地名や組織名は，定訳があって正確に翻訳できたものは，できるだけ日本語で表記したが，少しでも翻訳に不安が残る場合は外国語表記のままとした。その他，翻訳に不安が残る外国語，あるいは外国語のままで表記した方が良い（例，DMO）と判断した場合は，外国語表記とした。

（8）本書の主たる目的は，先行研究の内容を検討し読解することにある。よって，本来であれば，先行研究の主張と筆者の主張とを区別するために，先行研究の引用・参照の後に「〜という」，「〜と述べる」，「〜と指摘される」，「〜と分析されている」，「〜と記されている」という表記を入れる必要がある。しかし，多くの箇所にそれらの文言を表記すると，非常に読み難くなる。よって先行研究の引用や参照であっても，そのように表記していない部分がある。

（9）本書で取り上げる論文と本の執筆者の所属や職位は，いずれも論文と本が公刊された当時のものである。

（10）英語を日本語に翻訳する際に，あえて表記を統一しなかった。例えば，前後の文脈に応じて，experience を「経験」，「体験」，emotion を「感情」，「情緒」，superstructure を「構造物」，「建物」，context を「情況」，「文脈」と訳した。また，本書では様々な観光形態に触れるが，例えば，英語で eco tourism（eco の後に半角スペースが入る）あるいは ecotourism と異なった表記がされることがある。本書では，前者を「エコ・ツーリズム」，後者を「エコツーリズム」と表記した。

（11）一部の章は，東北学院大学学術研究会『東北学院大学 経営学論集』に掲載された以下の論文を補正したものである。

・第1章＝「観光地競争力モデルとは何か」『東北学院大学 経営学論集』12号，2019年，13-34頁，「第9章 観光地の競争力を理解する」『増補版 おもてなしの経営学・理論編』所収，創成社，2019年。

・第2章＝「観光地ステークホルダー論への一考察——先行研究の検討を中心にして」『東北学院大学 経営学論集』14号，2019年，69-97頁。

・第4章＝「イベント・ツーリズムへの一考察——先行研究に学ぶ」『東北学院大学 経営学論集』16号，2020年，37-65頁。

・第5章＝「持続可能な観光への一考察」『東北学院大学 経営学論集』17号，2020年，25-71頁。

（12）本書の構想と執筆時に用いた書籍や論文，情報通信機器，アンケート調査に関して，JSPS 科研費（18K11872：研究代表・村山貴俊）および 2018年度・2019年度・2020年度・2021年度トランスコスモス財団（研究代表・村山貴俊）の助成金を活用させて頂いた。これらの助成がなければ，本書を完成させることはできなかった。ここに記して謝意を表したい。

序　章

観光とは何か

1 ── はじめに

　観光学を学ぶにあたり避けて通れない，しかし最も難しいテーマがある。それは，「観光」とは何かを考えることである。まず観光がどのような現象であるかを理解しないと，観光学を構成する他のテーマを論じることは難しいだろう。基礎となる現象への理解なくして，その上に構造物を組むことはできない。一方，基礎となる現象を捉え損ねると，その上に立つ構造物が大きく歪んでしまう可能性がある。すなわち，観光という現象への理解は不可避であるが，その理解を誤ると，その後の議論が台無しになる可能性がある。そのようなリスクが伴うとしても，観光それ自体を理解することは避けて通れない課題である。よって本書では，「観光とは何か」というテーマを検討することから始める[1]。

　人類は6万年前にアフリカの地を離れ，様々な困難に遭遇しながらも世界中に広がっていったと言われる。これを「グレートジャーニー」と呼び，ここに人類の「旅」の起源があると説明されることもある（NHK スペシャルのサイト；https://www6.nhk.or.jp/special/detail/index.html?aid=20120129 を参照）。非常に魅力的かつ興味をひかれる論点であるが，残念ながら筆者は，考古学や歴史学の専門家ではないため，人類史あるいは歴史学の視点から旅や観光という現象を正

1）なお本章は，他のテーマを論じるためのプロローグ＝序章という位置づけであるため，「はしがき」で挙げた5つのテーマには含まれないという理解である。

しく論じる能力を持ち合わせていない。もちろん，人間の本能の中に旅や移動という行為が組み込まれているかもしれないという所見は，観光学でも重要な視点であろう。しかし，本章では，それら人類史という視点ではなく，あくまでも観光学の範疇に位置づけられる先行研究を参考にして観光や旅の意味や定義を考えていくことにする。

　とりわけ，本章では，観光学の学術研究の蓄積が進んでいる欧米諸国で英語で出版された教科書，専門書そして論文を中心に検討する[2]。ただし，筆者の能力の限界により，観光や旅の定義に触れた全ての業績を網羅することはできないため，筆者自身が観光学を学ぶ中で目を通した限られた数の教科書や論文だけを取り上げる。例えば，*Google Scholar* で tourism（観光）を検索すると181万件，journey（旅）を検索すると185万件がヒットする。本来であれば，これら全ての論文や著作を情報端末に取り込み，テキストマイニングなどの手法を用いて観光の定義を導き出すというのが，より科学的なアプローチであろう[3]。しかし，本章のように，限られた数の文献に絞り込むことで，それら論文の主張や定義を深く理解し，時に批判的に検討することもできる。加えて，人間が記憶できる情報の塊（チャンク）は，7±2程度であるとするマジックナンバー7という認知科学上の所見もあることから（Mintzberg *et al.*, 1998, p.4），次節で取り上げる8つの文献（辞書も含む）をやや深く考察するという方法も許容されるのではないだろうか。

　そのように言い訳したとしても，本章で検討する文献の数は余りに少なく，もって場当たり的である，との批判を免れることはできない。筆者の能力不足に起因する客観性と科学性の欠如を認めたうえで，次章以降の各テーマを検討する準備作業として，必要最低限のレベルで，観光という現象や行為への理解を進めたい。

---

[2] 本来であれば他言語の文献も取り上げるべきであろう。しかし，筆者の語学力の欠如により，英語以外の外国語を読解できない。
[3] 筆者もテキストマイニングを勉強しているが，まだ学術分析に耐え得るスキルを修得できていない。

2 —— 観光の定義

　観光こそが観光学の分析対象であることから，国内外の観光学研究者たちが観光の意味づけや定義を試みている。本節では，特に英語で出版された文献や論文に基づき観光の定義や意味を検討していくことになるため（辞書による説明も含む），まず日本語の観光が英語でどのように表現されるかを知る必要がある。

　観光は，英語で tourism と記されるのが一般的ではないだろうか。日本の旅の歴史を論じた Guichard-Anguis and Moon (2009) によれば，「19世紀中頃に，ヨーロッパ，特に英国で "tourism" という言葉が使われるようになり，旅をして，旅自体を楽しむことを意味するようになった」(p.5) という。ただし，Guichard-Anguis and Moon は，その他にも，日本語の「旅」(tabi) に相当する moving, journey, trip，あるいは「旅行」(ryokō) に相当する travel などもあるとする。

　観光学の重鎮 Neil Leiper は，Tourism Management 誌に掲載された Why 'the tourism industry' is misleading as a generic expression; The case for the plural variation, 'tourism industries'（「なぜ一般的表現としての「the tourism industry」は誤りなのか——複数形，「tourism industries」への論拠を示す」）という論文の中で，単数形 "the tourism industry" と複数形 "tourism industries" のどちらの表現が適切なのかという興味深い分析を行っている。すなわち，同質的な特性を有する1つの巨大産業として観光産業が成り立っているのか，それとも地域や国ごとに「多様な特性を有する〔観光〕産業」が共存しているのか，という問題提起である。Leiper (2008) は，「共通性の乏しい，独自の特性」(p.245) を有する多様な観光産業が共存しており，もって複数形 tourism industries の方が良いと主張する。もちろん，Leiper 論文の主題は，単数形，複数形のどちらが適切であるか，そして複数形を用いた方が良いとする現象的かつ理論的な根拠は何か，という非常に高度な学術的検討にあるわけだが，やや強引に本章の関心事に引きつけてみると，観光産業が英語で tourism industries ないし the tourism industry と表現されていることが分かる。Leiper の本来の論点からやや外れる

ことになるが，日本語の「観光」を"tourism"，あるいは英語"tourism"を「観光」と理解して良いということの1つの傍証になるだろう。

　加えて，学問の名称についても，tourism＝観光学，tourism research or tourism study＝観光研究と理解できるだろう。次項以降で取り上げる英語で出版された観光学の教科書や文献のタイトルでも tourism が用いられている。もちろん，日本語と英語が異なる言語である以上，観光と tourism が全く同じ意味や内容を有するかという点を正確に判別することは不可能である。しかし，ここでは，観光＝tourism という認識で検討を進めることにする。

　最初からやや複雑な議論になってしまったが，以下では，幾つかの先行研究を参照しながら，tourism の定義や意味を考察する。

2.1. 辞書による一般的理解

　言葉の意味や定義を知るために，辞書を用いるという方法がある。*Oxford Advanced Learner's Dictionary* (9th Edition)（CASIO Ex-word 所収）に依拠して tourism の意味を調べてみると，"the business activity connected with providing accommodation, services and entertainment for people who are visiting a place for pleasure"と記されている。日本語に訳すと，「楽しむためにある場所を訪れている人々に対し，宿，サービス，おもてなしを提供することに関わる事業活動」となる。同辞書は，どちらかといえば，観光産業ないし観光事業という供給サイドの視点に立って tourism の意味を把握している。現代社会では観光が産業や事業として展開されている，という実状が反映されているとも理解できる。

2.2. Ratten, Braga, Álvarez-García and Rio-Rama (2020) による理解

　V. Ratten, V. Braga, J. Álvarez-García and M. Rio-Rama 著 *Tourism Innovation; Technology, Sustainability and Creativity*（『観光イノベーション——技術，持続可能性，創造性』）では，観光をより包括的に捉える必要があるとし，「観光（tourism）の定義をプロセスとして理解するために，我々は，観光を定

義する3つの主たる方法——行動的，機能的，生態系的——を用いる」（Ratten, et al., 2020, p.2）と記されている。

行動的定義（behavioural definition）は，自分自身が観光産業を構成する一部であると認識する人や組織の行動に関係しており，tourism ＝観光という言葉からは，新しい場所を観たり体験したりするために旅をする，という行動が想起されるという。

機能的定義（functional definition）は，観光の中で「行うこと」（doing）に関係しており，飛んだり，運転したり，歩いたりすることを意味する。観光は様々な活動を伴うが，それらの多くは「太陽，海，セックス，冒険あるいは文化というカテゴリーに分類される」（Ibid., p.2）という。

さらに，生態系的定義（ecological definition）では，「観光が行われる環境に注目する」（Ibid., p.2）という。自然や生態系に関連する観光は，成長が期待される市場セグメントであると共に，観光における独自のサブカテゴリーであるという。

2.3. Pike（2016）による定義

次にSteven Pike著 *Destination Marketing; Essentials* (2nd Edition)（『観光地マーケティング——エッセンシャルズ（第2版）』）という教科書の中でのtourismの捉え方に目を向けたい。

Pike（2016）は，「これまでのところ，普遍的に受け入れられた観光の定義は存在しない。そのような普遍的な定義づけは，概念的に不可能であると暗に示されていた…（中略）…多くの観光学の教科書が，それぞれ異なった定義を提案している。用いられる定義は，それが適用される目的に依存する」（p.8）と主張した。そのうえでPikeは，以下の3つのアプローチから，tourismを定義できるのではないかという。

第1は「経済的」アプローチであり，経済や事業の側面から観光を定義するものである。そこでは，観光とは，国の重要な産業であり，様々な経済活動，例えば輸送，宿泊，レクリエーション，食事，関連サービスに広く跨るものと理解される。

　第2は「技術的」アプローチであり，そこでは観光市場の特性の確認，例えば観光客の数，旅の目的，旅の距離や期間などを明確に捉えることが主たる目的になる。

　第3は「包括的」アプローチであり，観光の全要素を捉えようとするものである。すなわち，観光とは，通常の生活から離れようとする人間欲求，彼らのニーズに応えようとする産業活動と理解される。そこでは，旅行者や産業の動きが，受入国の社会的，文化的，経済的，物理的な環境に及ぼす影響にも目を向ける必要がある。

2．4．Sharpley（2018）による定義

　Richard Sharpley 著 *Tourism, Tourists and Society* (*5th Edition*)（『観光，観光客および社会（第5版）』）という教科書の中での定義を確認する。Sharpley は，技術的定義（technical definitions），概念的定義（conceptual definitions），移動としての観光（tourism as mobility），包括的定義（holistic definitions），という4つの視点から観光を理解しようとする。

① 技術的定義

　技術的定義の第1として，1937年に国際連盟の統計家グループ（group of statisticians at the League of Nations）が示した最初の国際的定義が紹介される。そこでは，観光客が「住民として通常暮らす国以外に，24時間以上，旅をする人たち」と定義された。Sharpley によれば，この定義には，「楽しみ，健康，その他の目的に加え，仕事のための旅行も含まれ」，さらに「観光地に24時間未満で滞在する人たちを，『周遊旅行者』として紹介していた」という。一方，同定義では，「国内観光が除外」され，しかも「社会活動としての観光の本質的意味が見過ごされていた」（Sharpley, 2018, p.24）という。

　次に，1963年に United Nations Conference on International Travel and Tourism（国際旅行と観光に関する国連会議）が考案し，後に International Union of Official

---

4）IUOTO の組織名の翻訳は『デジタル大辞泉』（CASIO EX-word 所収）に依拠。

Travel Organisations（公的旅行機関国際連盟；IUOTO と略記される）[4)] が採択した「訪問者」（visitor）の定義が紹介される。そこでは訪問者が，「訪問先の国で報酬を得るための仕事以外の理由で〔すなわち，報酬を得る仕事による訪問は含まない〕，日常暮らす居住地以外の国へ訪問した人」（*Ibid.*, p.24）と定義される。ここでは，報酬を得る仕事以外で，宿泊や日帰り周遊旅行を問わず国外を訪問する人々が訪問者と捉えられる。Sharpley は，これが最も広く知られている定義であるが，訪問者の数を測定することに主眼が置かれているため，観光における観光客の役割が見過ごされていると指摘する。

　こうした問題を改善しようと試みたのが，英国 Tourism Society の定義であるという。Tourism Society では，観光が，「通常の生活や仕事をしている場所以外の目的地への一時的かつ短期間の人の移動であり，その目的地で滞在中に行われる活動であり，日帰りや小旅行はもちろん全ての目的の移動を含む」（*Ibid.*, p.25）と捉えられた。しかし，この定義の欠点は，いかなる目的であれ旅をする全ての人が観光客と理解されてしまうことにあるという。

　また，United Nations World Tourism Organization（国連世界観光機関；UNWTO

5）WTO については，幾つかの日本語のサイトで解説されている。まず，Wikipedia「世界観光機関」によれば，WTO は，IUOTO を前身として 1975 年に設立された。その後，2003 年に国連の専門機関になった。また，WTO という略称が，世界貿易機関の WTO と混同されることがあるため，2005 年に UNWTO と表記することが決定されたという。Wikipedia「世界観光機関」（https://ja.wikipedia.org/wiki/ 世界観光機関）を参照。JTB 総合研究所によれば，UNWTO について，「世界最大の観光分野の国際機関で，1975（昭和 50）年に設立され 2003（平成 15）年に国連の専門機関に格上げされた」と説明されている。JTB 総研観光用語集「UNWTO」（https://www.tourism.jp/tourism-database/glossary/unwto/）。また，UNWTO の公式ホームページには，1970 年にメキシコ・シティーで開催された IUOTO の Special General Assembly Meeting が，WTO というステータス＝地位を採択したと記されている。そして 1975 年に，スペイン政府の招待のもと最初の General Assembly が開催され，Robert Lonati が初代の WTO の Secretary-General に選出され，スペインのマドリッドに本部を設立することを決定した。さらに 2003 年に，国連の専門機関に改組されたと記されている。UNWTO ホームページ history（https://www.unwto.org/history#1970）を参照。以下，本書では，原則として，2003 年以降は UNWTO，それより前は WTO と記す。ただし，引用元および参照元の文献の表記に従う場合もある。

表 0 − 1	観光客の技術的定義

カテゴリー別	目的別	観光統計に含まれないもの
観光客（Tourists）	休暇	海外赴任者
非居住者（non-residents）	仕事	乗換客
海外にいる国民（national residents abroad）	健康	遊牧民
乗務員（crew members）	勉学	難民
周遊旅行者（Excursionists）	会議・使節団	軍人
クルーズ客（cruise passengers）	知人・親族訪問	外交官
日帰り訪問者（day visitors）	宗教	短期移民
乗務員（crews）	スポーツ	永住移民
	その他	

（注1）Sharpley によれば，WTO の定義に依拠し，カテゴリー別，目的別に整理したものである。

（注2）誤解を招きやすい箇所がある。カテゴリー別と目的別が横並びで記されているが，それぞれは対応していないので注意する必要がある。すなわち，カテゴリー別ではこうしたカテゴリーがあり，目的別ではこうした目的がある，という読み方をする必要がある。

（注3）英語表記の観光統計などで確認すると，national residents abroad は，national residents travel abroad あるいは national residents travelling abroad と記される場合が多く，すなわち「海外を旅行する国民」を意味すると考えられる。

（出所）Sharpley（2018），p.25 より転載。

と略記される）[5] が集計する観光統計データでも，表 0 − 1 にみられるように，仕事での旅行を含む多様な目的（休暇，仕事，健康，勉学，会議・使節団，知人・親族訪問，宗教，スポーツ）が含まれているという。

　これら技術的定義に対して，Sharpley は，様々な目的を広く含めると，観光はレジャーであるという一般的通念と矛盾してしまう可能性があると主張する。

② 概念的定義

　次いで Sharpley は，概念的定義として，文化人類学の観点から観光を把握し

ようとする研究者の見解を紹介する。D. Nash は Tourism as an anthropological
subject（「文化人類学の主題としての観光」）という論文の中で，「レジャーを楽し
む人々」(Nash, 1981, p.462) の活動が観光であると指摘した。Sharpley によれば，
そこでは仕事と対置される形で観光が位置づけられる。こうした理解をより明
確に示したのが V. Smith の *Hosts and Guests; The Anthropology of Tourism*
（『ホスト・アンド・ゲスト――観光の文化人類学』）であるとされ，日常生活の変化
を求めて自らの意思で，ある場所を訪れレジャーを楽しむ人々が旅行者と捉え
られたという (Smith, 1989。ただし邦訳書のみを参照)。

　さらに，N. Graburn は論文 The anthropology of tourism（「観光の文化人類
学」）の中で，「『道具としての』生活そして生活のための仕事から離れ」て，
精神的，意味的，文化的欲求を満たすことで，ある種の「情操的状態」(moral
state) (Graburn, 1983, p.11) へと入り込むことが観光であると指摘した。さらに
メタレベルの分析として，D. MacCannell は *The Tourists; A New Theory of
the Leisure Class*（『ザ・ツーリスト――レジャー階級の新理論』）の中で，観光を
現代の巡礼あるいは現代性からの逃避と表現したという (MacCannell, 1999。た
だし邦訳書のみを参照)。

　Sharpley は，これら概念的定義ないし文化人類学的定義では，観光＝レジ
ャーと捉えられていると指摘する。しかし，仕事とレジャーに二分することで，
レジャーでも仕事でもない旅がうまく捉えられなくなるという弊害が生じると
も言う。

③　移動としての観光

　観光の伝統的定義では，社会・経済活動の中のある種の独自の活動として観
光を捉えていた。すなわち，レジャーであり，日々の生活から解放され非日常
を楽しむ活動と考えられていた。19 世紀の海岸リゾートでの儀式的な楽しみ
(ritualised pleasure) から現代の太陽・海・砂浜を楽しむパッケージ旅行に至る
まで，時間，場所，行動という面で日常生活から切り離されるということが，
観光の特性を理解するための要点であった。

　これに対して，社会学者 J. Urry は，ここ 30 年で観光はもはや他の社会活

動とは区別できなくなったという所見を示した (Urry, J., Cultural change and contemporary tourism, *Leisure Studies*, 13, 1994。ただし原本を入手できなかった)[6]。例えば，Urry は，その著 *Mobilities* において，あらゆる社会行為を「移動という『レンズ』」を通して分析することで，新たな社会科学，すなわち「モビリティーズ・パラダイム」(Urry, 2007, p.18) を構築できると主張した。その Urry の見解に基づき，Sharpley は，「観光は，いまや他の社会活動，例えば買い物や外食の中に取り込まれつつあり，その他の社会的行動から『分化できなくなった』('de-differentiated')」(Sharpley, 2018, p.26) と記している。すなわち，観光は，一過性の移動を生み出す重要な活動ではあるものの，ある場所から他の場所へ移動するその他の社会実践（例えば，買い物や外食）と大きな違いはなく，移動の一形態に過ぎないと分析される。

　Sharpley によれば，近時に至り，人，資本，財の移動がますます広がりを見せており，移動こそが現代社会を特徴づける現象になっている。観光とは，まさに移動（mobility）そのものであり，観光の規模や範囲の急激な拡大は，人とサービスの移動の活発化を映し出す鏡になる。現代社会における観光の意味を理解するためには，人，資本，文化，情報，財・サービスの移動という観点から深く考察する必要があるという。

④　包括的定義

　Sharpley は，移動の一形態として観光を捉える視点は確かに重要であるが，やはり観光は独自の社会活動であり，その活動に参加する人たちが観光客であると捉える。このことから，観光客という独自の存在（概念的定義）と，その測定（技術的定義）という両方の視点でバランスのとれた包括的定義が求められる。

　観光は社会活動の１つであり，ある場所から他の場所に旅をしたいと思う人がいないと成り立たない。そして「観光とは国内あるいは海外を旅し，他の場

6）同論文は入手できなかった。その代わりに同研究者の代表的著作の１つである
　　Urry（2007）を参照した。なお，翻訳に際して，邦訳書を参照した。

所を経験したり，人々と交流したりする個々人に関わる活動である。端的に言えば，様々な観光地への人々の移動，そして人々の（一時的な）滞在に関わる社会的現象である」(*Ibid.*, p.27) という。

またSharpleyは，「人々を観光客に変える巨大かつ洗練された『産業』の存在なくして，今あるような国際規模での観光は起こりえない。すなわち，宿泊，移動手段，おもてなし，その他施設がなければ，また観光客の体験を組織化したり，パッケージ化したり，販売したり，保険・情報・財務サービスなど観光に欠かせないサポートを提供したりする企業の存在がなければ，大半の人は観光に参加することができない」(*Ibid.*, p.27) と指摘する。

このような理解に基づき，Sharpleyは，観光の6つの特徴を提示する (*Ibid.*, pp.27-28)。

1．観光は，日常および慣習的な生活から短期的に離れるレジャー活動と理解するのが一般的である。ただし，巡礼，冒険旅行といったレジャー以外の旅，会議や奨励旅行など仕事に関連した旅も，観光の一形態と認識される。

2．観光は，社会的に形成されるものである。すなわち，観光に参加できる能力は，社会・文化的な背景，例えば富，性別，年齢，階級，教育，その他の社会的要因から影響を受ける。

3．観光は，多様かつ細分化された多様な産業セクターによって支えられている。一方，先進工業国の少数の垂直統合型および水平多角化型の巨大多国籍企業によって支配されることもある。

4．観光は，まさに観光地の物理的，社会的，文化的な特性，さらに観光地が提供する刺激，真正さ，特別さと相互依存の関係にある。また観光は，魅力的かつ独自性を有する環境を必要とすると共に，環境と相互作用し，環境にも様々な影響を及ぼすという生態系的特性を有する。

5．観光は，観光客と地域共同体や地域住民との相互作用を基盤とした商業的活動である。ゆえに，観光は，文化の商品化やおもてなしの商業化の触媒となり，社会変容を生み出す原動力にもなる。

6．観光は，巨大レジャー市場の一部であり，観光を創出する社会の変化や傾向を映し出す。

　このSharpleyの包括的定義には，後ほど解説する観光システム・アプローチという見方が反映されており，社会・文化的システムおよび生態系システムの影響を受けて観光という行為が生み出され，また観光という行為がそれらシステムを変容させるという相互作用が強く意識されている。

2.5. Inkson and Minnaert (2018) による定義

　C. Inkson and L. Minnaert の *Tourism Management; An Introduction (2nd Edition)*（『観光経営——入門（第2版）』）という教科書の中の What is tourism?（観光とは何か）という項目で論じられた内容を紹介する。まず Inkson and Minnaert は，tourism の語源を紹介する。tourism という言葉は，「戻る」「ぐるりと回る」を意味するギリシア語とラテン語から派生したもので，旅の中でも，特に元の場所に戻る，まさに往復の旅を意味するという。

　Inkson and Minnaert によれば，観光はまさに旅に深く関わっているが，全ての旅人が観光客にならないことが観光への理解を難しくする。すなわち，旅の中の，どの形態，どの活動が観光であるのか（逆に，観光ではないのか）を明らかにする必要がある。

　観光は，もともと休暇，レジャーあるいはレクリエーションという広い枠組みの一部分と位置づけられてきた。しかし Inkson and Minnaert (2018) は，「休暇に焦点を絞ることで，観光は表面的で愉快で楽しい活動に過ぎないという認識を作り上げてしまい，よってそれが重要な経済部門さらに学術研究の対象であるとの認識を遅らせてしまった」(p.23) と指摘する。彼女らは，全ての観光が，休暇やレジャーを目的としているわけではないことを理解する必要があるとした。

　研究者，実務家，政府関係者たちは，苦戦しながらも観光を定義しようと試みたという。Inkson and Minnaert によれば，そうした試行錯誤の中で観光の定義が2つのタイプ，すなわち「概念的」および「技術的」な定義へと進化し

てきた。先に見た Sharpley（2018）と一部重複する内容もあるが，以下，それ
ぞれの定義を確認していきたい。

① 概念的定義

　観光の形態が変化していく中で，1940 年代から幾つかの定義が示されてき
た。その中で，概念的定義は，観光客が日頃生活する地域や環境および旅行し
た先の観光地やその環境で果たす役割と影響を包括的に把握しようとする。

　Inkson and Minnaert は，幾人かの研究者の定義を参照したうえで，日常生
活を営む環境から離れるという個人の意思決定の結果として，観光という現象
が発生すると理解されているとした。当初はビジネス上の旅は除外されていた
が，それらも包含され，さらに観光地への影響という視点も取り込まれた。近
時に至り，観光の持続可能性，すなわち平等かつ包摂的な発展，環境保護，貧
困克服，持続的成長という社会的課題の解決に，いかに観光が貢献できるか，
という視点も取り込まれるようになった。

　1993 年に，国際連合が，WTO ＝世界観光機関の定義を是認したという。
WTO は，訪問先で主に報酬を得るという目的以外で，特定期間に満たない期
間で，日常生活を送る環境以外の場所を旅する人々の活動が観光であると定義
した。また，この特定の期間は 1 年である。主に報酬を得るという目的以外の
目的には，前掲の表 0－1 に見られるような，休暇，仕事，友人・親戚の訪問，
医療そして宗教的巡礼など多様な目的が含まれる。要するに，それら様々な目
的で，1 年未満の期間において，日常生活を送る環境を離れて旅することが観
光と捉えられた。

　2008 年に UNWTO ＝国連世界観光機関は，観光の定義を次のように修正
したという。そこでは，観光が，日常的に居住する場所以外への人々の移動
と，それに関連する社会的，文化的，経済的現象と捉えられた。Inkson and
Minnaert は，この定義には観光に対するより包括的な見方が反映されており，
観光が経済的利益のみに限定されないことを意味するという。加えて経済的観
点から見た場合も，UNWTO の定義には，人々が観光のために行う準備，そ
して人々が観光中に行う活動や行動が包含されており，出発地および到着地で

の消費行動が含まれる。すなわち，出発地と到着地，さらに事前準備，旅行中，帰着後の各段階で行われる消費を含む多様な活動が観光に取り込まれることになったのである。

　ところで，Inkson and Minnaert は，以上のような観光の捉え方に対して「概念的定義」という表現を用いているが，先の Sharpley の捉え方とはやや異なっている。Sharpley の「概念的定義」では，文化人類学の視点，例えばレジャー，精神的欲求や文化的欲求の充足，日常生活や仕事からの逃避という側面が強調されていた。対して Inkson and Minnaert の「概念的定義」では，包括的視点が重視されている。すなわち，レジャーとしての観光だけでなく，多くの目的（休暇，仕事，友人・親戚の訪問，医療，宗教的巡礼など）を包含していた。また観光地への影響に関しては，経済的効果だけでなく，持続可能性という観点も含まれていた。さらに観光の経済的側面についても，訪問先での行動はもとより，日常生活を営む居住地での旅の準備，移動中そして帰着後の行動を含め，より広く観光を捉えようとしていた。すなわち，Inkson and Minnaert の「概念的定義」は，Sharpley の「包括的定義」に類似すると言えよう。

② 技術的定義
　次に技術的定義に目を向ける。Inkson and Minnaert によれば，以下のような理由から技術的定義が必要になる。

1. 政府は，観光の規模や経済的価値に関する統計データを収集することで，観光を測定したり，自国経済への観光の影響を理解したりできる。
2. 観光供給業者が，需要側の傾向を捉えたり，その変化を予測したりできる。
3. 観光客に関する国際的あるいは国内的に標準化された定義があれば，観光客数や観光消費などの指標を用いて，国，地域そして個別の観光地の成果を比較できる。

　さらに，観光の技術的定義には，以下のように需要と供給の両サイドからの見方があるという。

1. 需要サイドの見方は，観光での消費を考えたり，観光客の特性，観光客の行動および出費を認識したりするものである。観光の技術的定義は，伝統的に需要サイドに目を向けてきた。
2. 供給サイドの見方は，観光製品を提供する企業や組織を分析する。多くの研究者は，供給サイドの視点が無視されてきたと主張する。UNWTOも供給サイドからの定義づけとその改善に取り組んでいるが，それは特に難しい作業である。

　まず伝統的とされた「需要サイドの技術的定義」に目を向ける。ただし，既に説明された内容と重複する部分もあるため，特に重要と思われる内容だけに絞り込んで説明する。

　先にSharpleyも説明していたように，1937年に国際連盟は，居住する国以外を少なくとも24時間訪問する人を観光客と定義した。1945年に国際連合も基本的にこれを支持したが，滞在期間の上限6ヵ月という条件を加えた。しかし，それら定義は国際観光だけに目を向けており，24時間未満の国外への旅は含まれず，また訪問目的も明確ではなかった。そして，これもSharpleyが既に説明していたが，1963年にUnited Nations Conference on International Travel and Tourism（UNCITT）が，外国で主に報酬を得る目的以外で，日常生活を送る国を離れて外国を訪問する人たちを訪問者と定義づけた。Inkson and Minnaert（2008）によれば，UNCITTの定義では，観光の目的が大きく「レクリエーション，休暇，健康，勉学，宗教およびスポーツ」と「ビジネス，親族訪問，使節団もしくは会議」とに二分された。また訪問客についても「観光客，少なくとも24時間は訪問した国に滞在した人たち」と「周遊旅行者，24時間未満でその国を訪問し，宿泊しなかった人たち。ただし，そこには船で宿泊滞在するクルーズ船客も含まれていた」（p.28）とに二分されたという。

　次いで1980年のWorld Tourism Organization マニラ宣言（WTO's Manila

Declaration）では，国内観光にも目が向けられ，訪問客，観光客，周遊旅行者の中に国内観光が含められることになった。さらに 1991 年には，World Tourism Organization とカナダ政府とがカナダのオタワで共催した Travel and Tourism Statistics 国際会議において，国内・国際的な観光統計をそれ以外の国際統計基準，例えば国際収支，国際移民統計，国民所得システム等と整合させる必要性，さらに観光旅行の目的をより明確にする必要性が提言され，1993 年に国連がそれら提言を「観光統計上の推奨事項」（*The Recommendations on Tourism Statistics*）として承認した。

　2003 年には，World Tourism Organization が，国連の専門組織に取り込まれる（Inkson and Minnaert は 2004 年と記しているが，UNWTO の HP では 2003 年に採択されたと記されているので，2003 年とした）[7]。そして 2010 年に，国連の統計部門は，国際観光に関する技術的な定義と分類に関して，以下のような新たな提言を行った（*Ibid.*, p.29）。

1．先進国および途上国の両方で利用可能なものにする。
2．経済統計，家計統計，移民統計を作成する国際・国内組織が用いる分類や統計との一貫性を保つ。
3．国家レベルだけでなく，国内の各地域レベルでも利用可能なものにする。
4．地域，市町村その他の行政区域の中にある観光地のことも考慮する。
5．概念的な厳密化を進める。
6．測定可能なものにする。

Inkson and Minnaert によれば，国連の *International Recommendations for Tourism Statistics 2008* では，観光客または日帰り訪問客（same-day visitors）という訪問客の分類，私的と仕事・プロフェショナルという観光目的の 2 つの広い類型，さらなる観光目的の細分類が確認されたという。

　次に「供給サイドの技術的定義」を紹介する。なお，そこでは観光それ自体

7）UNWTO（https://www.unwto.org/history#1970）を参照。

を定義づけるというより，観光産業とは何か，その特性とは何か，そして観光
産業をどのように捉えるべきか，という視点から議論されている。

　Inkson and Minnaert は，需要サイドと比較して，以下の理由から，供給サ
イドの定義づけはより難しくなるという（*Ibid.*, pp.30-31）。

1. 観光は多様な主体により構成されている。観光は単一の製品ではなく，
   幾つかの製品やサービスの集合体である。交通や宿泊など個別に集計さ
   れている多くの産業によって，それら製品やサービスが提供される。
2. 観光の製品やサービスは，それぞれ離れた幾つかの場所で提供される。
   出発地そして到着地といったように，製品やサービスが提供される場所
   は，地理的に分断され広がりを持つ。
3. 幾つかの製品やサービスは，観光客だけに利用される。しかし，その他
   のユーザーによって利用されるものも含まれる。例えば，ホテルの会議
   室，レストラン，宴会場は，地域の住民や企業も利用する。交通機関や
   飛行機は，通勤客や移民も利用する。このように観光客だけでなく，他
   の人も利用することから，それらを提供する企業や組織の観光事業の割
   合や範囲を捉えるのが難しくなる。
4. 観光においては，観光客向けの観光名所の整備や管理，商業者・事業者
   向けのサービス提供さらに観光振興の計画や環境保全に関する法整備な
   どで，公共部門が重要な役割を果たしている。しかし，供給側の役割と
   して公共部門の活動が無視されることがよくある。
5. 観光客は，観光産業の一部に含まれていない製品やサービスをしばしば
   消費する。例えば，衣料品の量販店やガソリンスタンドなどである。そ
   れらは主に地域の人々のために事業を営む事業者であるが，彼らの売上
   において観光客からの売上が重要な割合を占めることがある。

　このように供給サイドの視点から観光そして観光産業を把握することの難し
さを前提としつつ，2010 年に国連は，観光における供給活動を，主に訪問者
に提供される生産活動の組合せ，あるいは生産物の大半が観光客に消費される

生産活動の組合せ，として定義したという。Inkson and Minnaert によれば，同定義には「観光客が，過去には観光に関係がなかった幅広い供給業者を利用する」(*Ibid.*, p.31) という実状が色濃く反映されている。

　このように多様な業者が関与することが，観光の供給サイドが誰なのか，何によって構成されるのか，それら活動をどのように測定するのかという難しい問題を引き起こす。Inkson and Minnaert は，この観光供給システムに対して，「機能」，「収益」という 2 つの側面から接近する方法があると指摘した。

　まず，供給サイドへの「機能的アプローチ」(functional approach) は，観光の供給業者を，その機能や役割によってグループ化するものである。例えば，供給サイドを，「生産者」，「仲介業者」，「サポートサービス業者」にグループ化して捉えることができるという (*Ibid.*, pp.31-32)。

1. 生産者。観光産業では供給業者と理解され，観光客が消費する製品を提供する。例えば，旅客輸送業者，宿泊業者，会場や観光施設の運営者などがこれにあたる。

2. 仲介業者。生産者の製品やサービスを販売する活動を通じて，生産者と消費者を結びつける。例えば，旅行代理店，ツアーや MICE 業者 (Meeting, Incentive tour, Convention/Conference, Exhibition の頭文字)，卸売業者などがこれにあたる。

3. サポートサービス業者。観光製品を供給する企業や組織に製品やサービスを提供する供給業者，あるいは観光客に直に製品やサービスを提供する業者。民間サポートサービス業者としては，ガイドサービス，教育訓練提供者，旅行保険業者などが，これにあたる。公共サポートサービス業者としては，パスポートやビザを発給する組織および国家・地域・地方の観光振興組織 (部門) などが，これにあたる。

Inkson and Minnaert によれば，それらグループが，さらに産業や業界というサブカテゴリーに細分化されるとした。例えば，生産者や仲介業者のグループは，航空業界，ホテル業界，ツアー催行 (旅行代理店) 業界などに分けられ

る。各業界は，観光客の全体的体験の一部に対して製品やサービスを提供し，残りの部分は他の業界から提供される。また，ある業界が提供する価値が，他の業界の需要に影響を及ぼす。例えば，宿泊業者の成功は，観光客を誘客する観光名所や観光施設の魅力や有効性にも依存する。公共部門や非営利組織は，観光客への情報提供，観光地の売り込み，訪問客の動向調査，そして供給業者の協力や活動調整でも重要な役割を果たす。すなわち，観光産業は，各業界の「相互補完性」(complementarity) によって成り立っている。彼女らは，「観光供給サイドへの機能的アプローチは，観光業の細分化された特性 (fragmented nature) を分かりやすく表し，個々の要素がいかに相互補完的であるかを示している」(*Ibid.*, p.32) という。

　次に，「観光の収益アプローチ」(tourism income approach) という見方がある。産業の規模やその経済への貢献度を正しく測定するためには，どの企業が，どの産業を構成するのかを明確にする必要がある。

　これまで政府は，各産業や各企業の国民所得や雇用への貢献を測定するためにコード分類を用いてきた。また，国連は，「分類やコードの一貫性と国同士の互換性を促すために，国際標準産業分類 (international standard industrial classifications; ISIC) を導入」した。しかし，観光業は，ISIC の中で 1 つの固有領域と認められず，「観光業の経済への貢献は，宿泊業や配膳業の数字を基に推定されてきた」(*Ibid.*, p.33) のである。

　1990 年に World Tourism Organization が，ISIC を観光業により適した形に改訂した SICTA＝観光活動の標準国際分類 (standard international classification of tourism activities) を推奨した。SICTA は，観光から主に収益を得ている企業を T，観光から部分的に収益を得ている企業を P とコード化した。観光の収益アプローチは，観光から収益を得る典型的な観光業者と，観光から部分的に収益を得ている関連業者など全てのタイプの企業の活動に着目するため，観光産業による経済的インパクトをより包括的かつ全体的に捉えることができる。さらに 1998 年に，EU は，同分類を援用し，観光業の雇用へのインパクトを測定するために，収益の 50 ～ 100％を観光から得ている「中核的観光業者」，25 ～ 50％を観光から得ている「補完的ないし付随的サービス業者」，25

表0－2　観光固有製品群

製品	事業活動
訪問客向けの宿泊施設	ホテル，リゾートホテル，ペンション，ゲストハウス，ベッド＆ブレックファースト，アパート，バンガロー，コテージ，ユースホステル，山小屋，別荘，大学寮，寝台車，まかない付き寄宿舎，キャンプ場，RV車やキャラバン向けの宿泊用公園，セカンドハウス，タイムシェアリゾート物件
飲食提供サービス	レストラン，カフェ，ホテルや船や電車内での飲食提供，セルフサービスやファストフード，移動式飲食サービス，バー，ナイトクラブ，ホテルのバー，船と電車，飲料提供事業
鉄道旅客	鉄道による観光サービス，都市間鉄道サービス
路面旅客	タクシー，空港シャトルサービス，レンタカー，人または動物が引く乗り物，予約バスや長距離バス，ケーブルカー，スキーリフト，長距離バスによる観光，路線バス，長距離バス，路面電車
水上旅客	河川，運河，フェリー，内地クルーズ，水上タクシー，海洋クルーズ
航空旅客	飛行機やヘリコプターによる空の観光，定期便あるいは予約の飛行機やヘリコプターのサービス，宇宙旅行
移動車両レンタルサービス	車やライトバンのレンタル
旅行代理店，その他の予約サービス	移動，宿泊，クルーズ，パッケージツアー，イベント，エンターテインメントの予約サービス，レクリエーション・サービス，ツアー催行者，観光ガイド，観光情報サービス
文化サービス	劇場，ダンスや音楽の興行，美術館，歴史的な場所や建物，庭園や動物園，自然や野生生物の保護区
スポーツおよびレクリエーション・サービス	スタジアム，アイスリンク，スポーツフィールド，ゴルフ場，ボーリング場，スキューバダイビング，ハンググライダー，カジノ，乗馬，ホテルの宴会場，ダンスホール，スキー場，ビーチや公園サービス，花火，音楽と光のパフォーマンス，アミューズメントパーク
国固有の特徴を有する観光製品	小売業：免税店，お土産の専門店，ハンドクラフト
国固有の特徴を有する観光サービス	そのほか，国固有の特徴を有する観光活動

（原資料）　原資料は2010年のUNの資料である。
（出所）　Inkson and Minnaert（2018），p.35より転載。

％未満の「その他」という3分類を設けたという（Inkson and Minnaert の記述に従ったが，50％がどちらに入るかは不明）（*Ibid.*, p.34）。

さらに 2010 年に，国連は，観光供給品（tourism supply）を次の2つのどちらかで表すよう推奨した。

1. 観光固有製品群（tourism characteristic products）。それは，観光が存在しないと，成立し得ない供給品である。
2. 観光関連製品群（tourism connected products）。それは，観光が存在しなくても，なお成立し得る供給品，あるいは観光に依存するが一般的には観光業と見なされないもの，例えば病院，クリニック，語学学校のようなものである。

その推奨に基づき，UNWTO は，観光固有製品群に相当する供給品ないし供給業者を表0-2のように具体的に列挙した。このように分類したとしても，依然として観光産業の活動範囲や影響を正確に測定できないかもしれないが，観光産業で提供される製品やサービスが制度的かつ具体的に整理されたことは重要であろう。Inkson and Minnaert によれば，同リストには多様な供給品ないし供給業者が含まれており，まさに観光産業の細分性や多様性が示されると共に，観光産業を多様な主体を包含するシステムとして捉える必要性が示唆されるという。

2.6. Leiper および Wall and Mathieson の包括的分析枠組み

これまでの議論からは、観光ないし観光産業を包括的に捉える必要性が明らかになった。包括的視点の重要性とその具体的な捉え方を示した研究として、例えば Leiper（1979）や Wall and Mathieson（2006）がある。

2.6.1. Leiper（1979）の観光システム論

観光をシステムとして理解する重要性をいち早く主張したのが観光学の重鎮 Neil Leiper である。*Annals of Tourism Research* 誌に掲載された Leiper の

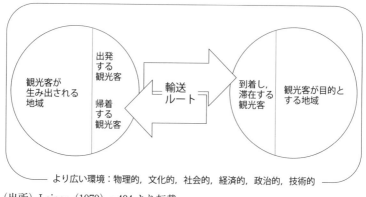

（出所）Leiper（1979），p.404 より転載。

図0-1　観光システム

The framework of tourism; Towards a definition of tourism, tourist, and the tourist industry（「観光の分析枠組み──観光，観光客および観光産業の定義に向けて」）は，観光学の研究で頻繁に引用・参照される論文であり[8]，本章で取り上げた研究者たちも Leiper の論文とその考え方に言及していた。中でもよく参照されるのが，Leiper が示した図0-1 の「観光システム」（tourism system）という図である。すなわちシステムとして観光を理解する際には，「観光客が生み出される地域」（tourist generating regions），「輸送ルート」（transit routes），「観光客が目的とする地域」（tourist destination regions）（Leiper, 1979, pp.396-397）という3つの地理的要素[9] に目を向ける必要があることを示している。

　「観光客を生み出す地域」とは，観光客が日常的に暮らしている地域であり，「観光が始まり，終わる場所」でもある。同地点は，「観光産業の基盤となる市場であり，潜在的な観光需要の源泉」（*Ibid.*, p.396）になる。よって，観光の起点となる地域では，観光産業に携わる様々な主体による宣伝，広告，卸売，小売などのマーケティング・販売活動が盛んに行われる。また，なぜある地域が

8）Science Direct による citation indexes では 414 となっている。Google scholar では引用元 1,652 となっている。

9）Leiper（1997）によれば，「観光客」（tourist）と「観光組織」（tourist organization）という2つの要素が加わる場合もある（p.738）。

多くの観光客を送り出す地域になるのか，観光客を生み出す経済的，社会的，文化的要因は何か，という視点も重要になる。

　他方，「観光客が目的とする地域」とは，「一時的に滞在する観光客を引きつけられる地域，およびそうした魅力を生み出せる特性を有する地域」である。これら魅力とは，「観光客が期待するある種の質，観光客を生み出す地域に不足している何かであり〔要するに，出発地にはない魅力〕，観光客が個人的に経験したいと願う」(*Ibid.*, p.397) ものである。また，観光の目的地が全ての魅力を提供する必要はなく，移動ルート内でこれら魅力が提供されることもある。これら地域は，宿泊業者，サービス業者，娯楽業者，レクリエーション業者が事業を営む場所や空間でもある。観光学では，これまで観光の目的地が主たる分析対象になってきた。

　「輸送ルート」は，「観光客が旅行する際に観光客の発生地と目的地をつなぐ経路」であり，「観光システムの不可欠な要素」(*Ibid.*, p.397) になる。具体的には，空路，海路，道路，鉄道，そのためのインフラなどが相当し，その特徴や効率性が移動の質に影響を及ぼすと共に，観光客の流れや規模にも影響を与える。また観光客の都合で，あるいは，そこにも観光名所があるという理由で立ち寄る「中継地点」(stopover points) も，この輸送ルートの中に含まれるという。一方，移動手段のスピードと航続距離が変わることで，旅行者が中継地点に立ち寄らなくなることもある。

　さらに Leiper は，この図を基に「観光をプロセスとして分析」(*Ibid.*, p.398) する視点の重要性を指摘した。旅行前の観光客が生み出される出発地では，動機づけ，旅行の計画や組織化が行われる。旅行中の移動ルートでは，移動が行われると共に，中継地点での観光名所への訪問や施設・サービスの利用が行われる。観光の目的地では，主要な観光名所および副次的な観光名所への訪問，さらに施設やサービスの利用が行われる。そして旅行後に出発地に戻ると，元の生活への復帰と調整が行われる。すなわち旅行前→移動中→旅行中→旅行後というプロセスに沿って，3つの地理的要素に跨って発生する一連の行為や現象として観光を分析する必要があるとした。

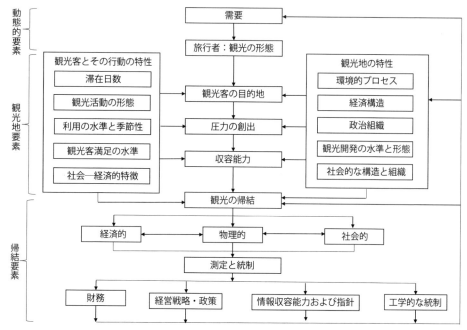

（出所）Wall and Mathieson (2006), p.20 (Amazon Kindle 電子書籍版) より転載。

| 図0-2 | Wall and Mathieson による観光の概念的分析枠組み |

2. 6. 2. Wall and Mathieson (2006) の観光の概念的フレームワーク

次に G. Wall and A. Mathieson の *Tourism; Change, Impacts and Opportunities*（『観光学——変容, 影響および機会』）という著作に示された「観光の概念的フレームワーク」(conceptual framework of tourism) に目を向ける。同枠組みは, 図0-2のように, 観光を「動態的要素」(dynamic element),「観光地要素」(destination element),「帰結要素」(consequential element) の3つの要素に分ける (Wall and Mathieson, 2006, p.20。ただし Amazon Kindle 電子書籍版より)。

「動態的要素」は,「需要」(demand) と「観光客の旅行形態」(form of tourist travel) からなる (*Ibid*, pp.22-33)。それらは, 流動的で, 常に変化するものと捉えられている。すなわち, 新たな需要が生まれ, 新しい観光の形態が常に生み出され, また既存の形態も変化していくことになる。Wall and Mathieson は,

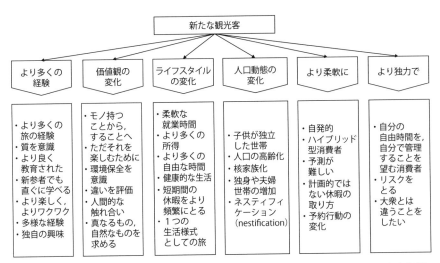

図０−３　新しい観光客

新しい観光客 = New Tourists を図０−３のように示している。そこでは，「よ
り多くの経験」，「変化する価値観」，「ライフスタイルの変化」，「人口動態の変
化」，「より柔軟に」，「より独力で」という観光客の特性やニーズが示されてい
る。また，先に見た Inkson and Minnaert (2018) の中でも，表０−３のよう
な観光の形態の包括的リストが提示されており，そこにはエコ・ツーリズム，
MICE ツーリズム，イベント・ツーリズム，ダーク・ツーリズムなど近時注目
を集めている新しい観光形態が含まれていた。観光産業においては，新しい観
光客から生み出される新しいニーズを先読みしたり，新たな需要に対応したり

表0-3	観光の形態
ヘリテージ・ツーリズム	観光地の文化的・歴史的・生態系的に重要な場所を訪問―記念碑，建物，地理的特性
エコ・ツーリズム	自然環境を実践を通じて学ぶため，さらに地域の環境，経済，受け入れた社会へのプラスの影響に着目しながら，田舎や自然環境を訪問
太陽，海，砂浜ツーリズム	気候やビーチが主たる魅力となる海辺の観光地をリラックスするために訪問する
文化ツーリズム	観光地の文化的資源を楽しむために訪問する。例えば，美術館，博物館，建築物，宗教，ローカルな生活様式，言語や伝統，文化イベント
スポーツ・ツーリズム	特定のスポーツに参加する目的で訪問。例えば，スキー，サーフィン，ゴルフ，あるいはスポーツイベントの観戦
MICEツーリズム	会議，社員旅行，カンファレンス，展示会での訪問。顧客は，会社や協会，あるいはビジネスや専門的な目的で旅する個人の観光客
イベント・ツーリズム	文化やスポーツに関するイベントを観戦・参加するために訪問する
ダーク・ツーリズム	不吉な出来事が起こった重要な場所を訪問する。例えば，戦場，刑務所・収容所，殺人事件があった場所
クルーズ・ツーリズム	旅客船に乗って海や川で旅や宿泊をする。寄港しながら複数の観光地を訪問する
VFR*ツーリズム	友人や親類を訪問する *VFR＝Visiting friends and relatives

（注）　同表では，英語で eco tourism や dark tourism と表記されており，tourism の前に半角スペースが入っている。そのため邦訳では，ツーリズムの前に中黒を入れた。しかし，eco tourism は，ecotourism と表記されるのが一般的と考えられる。
（出所）Inkson and Minnaert（2018），p.41 より一部加筆のうえ転載。

する中で，新しい観光形態が生み出されてくるのである。

「観光地要素」は，「観光客の特性」（tourist characteristics）という需要側の特性と，「観光地特性」（destination characteristics）や「収容能力」（carrying capacity）という供給側の能力との相互作用からなり，その作用の中で観光地の具体的様相が形成されることになる（Wall and Mathieson, 2006, pp.33-37）。前者の観光客とその行動特性は，滞在期間，観光客の活動の種類，利用の水準や季節性，観光客の満足度，社会―経済的特性からなる。後者の観光地特性と収容能力は，環境プロセス，経済構造，政治組織，観光地開発の水準や形態，社会的な構造や組織からなる。これらに加えて，Wall and Mathieson は，観光

地の持続可能性ならびに観光に対する地域住民の感情や参画も重要な要素となり，それらが観光地の特性や能力に影響を及ぼすという。

　「帰結要素」は，先の動態的要素と観光地要素の結果として生じる経済的，物理的，社会的な影響を意味する（*Ibid.*, pp.38-39）。また，観光地と観光産業は，それら影響を測定し，管理・統制する必要がある。それら測定と統制を基に，新たな資金の獲得，観光地経営の戦略や政策の立案，情報発信の指針作成，そして工学的観点での観光地の管理に結びつけていかなくてはならない。

　Leiper の枠組みでは空間・地理的視点と移動のプロセスが重視されており，Wall and Mathieson の枠組みでは空間・地理的視点に加え観光産業や観光ニーズの動態的変容および需要側と供給側の相互作用がより強く意識されていると言えるのではないだろうか。

2.7．Guichard-Anguis and Moon（2009）による
日本の「旅」への理解

　最後に，やや異なる視点から観光の意味を考察する。日本の「旅」の文化を扱った S. Guichard-Anguis and O. Moon の著作 *Japanese Tourism and Travel Culture*（『日本の観光と旅の文化』）から日本の *tabi* ＝旅に関する説明を紹介しておきたい。これは，文化人類学的視点に基づく旅ないし観光への理解とも言えよう。

　Guichard-Anguis and Moon（2009）は，「日本諸島では 1000 年以上にもわたって，人々は旅をするだけでなく，その旅について書き留めてきた」（p.3）という。一方，キリスト教徒によるサンティアゴ・デ・コンポステラ巡礼では，10 世紀から 18 世紀にかけての何百万もの人たちの巡礼の中で，わずか 15 ほどしか記録が残っていない。しかも，それら巡礼者たちの経験は，「遊び（*asobi*）のアイディアが欠如しているなど，旅（*tabi*）という考えとは切り離されていた」という。1139 年頃に書かれたカリクストゥス写本の第 5 書は，巡礼者のためのガイドブックに過ぎず，そこでは「ジャンル毎に分けられた巡礼路上で遭遇する危険，例えば安全な川と危険な川」が示されているだけだった。それに対して，坂十仏が伊勢神宮詣で記した『伊勢太神宮参詣記』（1343 年）には，

「幾つかの場所で坂が詠んだ詩が，その巡礼をより豊かなものにし，そこには物見（sightseeing）と遊び（playing）の要素が取り込まれていた」(*Ibid.*, p.3-4)という。

　Guichard-Anguis and Moon は，「19世紀中頃に，ヨーロッパ，特に英国において『観光』("tourism") という言葉が使われるようになり，旅をし，旅自体を楽しむことを意味するようなった。日本でも，大正時代（1912-26）にこの概念が一般でも使われるようになるが…（中略）…日本では数世紀も前から既に遊びを目的とする移動が存在していた」と主張する。また，「日本では，他国にはあまり見られなかった楽しみながら移動することが，〔数世紀も前から〕一般的になっていたという点で他国から区別される」(*Ibid.*, p.5) と指摘される。

　さらに，Guichard-Anguis and Moon は，雑誌『旅』の編集長を務めた岡田喜秋氏の著作に依拠して，旅とは，人間の五感で感じるものであり，「自分自身を発見する機会」(*Ibid.*, p.4) にもなるという。岡田氏は，移りゆく景色の中をゆっくりと歩くことが旅の重要な要素になると捉えていたという。歩く旅では，五感を駆使して変わりゆくものを吸収していけると同時に，仕事に追われる多忙な日常生活ではなかなか難しい，自分自身を見つめ直す貴重な時間にもなる。しかし，多くの人が自動車を使うようになり，歩いて移動していた頃のように五感を養うことができなくなっている。また，現代の旅行者たちは，電車で移動する際に，変わりゆく景色を感じるどころか，寝たり，寝ようとしているという。

　日本の巡礼には物見と遊びの要素が含まれており，ヨーロッパよりも遥か昔から日本人は，楽しむための旅，すなわち観光を行っていたと指摘される。加えて，徒歩と五感で変化を感じとり，その中で自分自身を見つめ直すことも，日本人の旅の重要な要素であった。もちろん，歴史研究家ではない筆者の能力では，これら外国人研究者による日本の *tabi* ＝旅ないし旅の歴史への理解が正しいのかを判別できない。しかし，外国人研究者たちが，国際比較の視点も交えながら，日本の *tabi* ＝旅の中に観光（旅を楽しむ）の原点を見出していることが興味深い。

3 ── 観光とは何か

3.1. 観光とは

　以上，わずか8つであるが，観光の定義に関する所見を紹介した。分析対象を定義づける際に，しばしば狭義や広義という区分が設けられる。しかし，こと観光に関しては，どの捉え方が狭義で，どの捉え方が広義であるかが明確に判別できない。例えば，人間の移動行為の一形態であるという理解が最も広義であるように思えるが，移動する際の目的，形態，意味にまで目を向けると，必ずしも広義とは言えなくなる。また，Sharpley（2018）は「概念的定義」という用語を用いて余暇や楽しみを強調する文化人類学的な観光の捉え方をしていたが，Inkson and Minnaert（2018）は同じ「概念的定義」という用語で全体的視点から広く観光を捉える必要性を強調していた。観光の意味や定義は，やはり曖昧かつ多義的と言わざるを得ないが，ここでは前節までの所見と議論を踏まえ，筆者なりに，「観光とは何か」という問題について整理していきたい。

　まず技術的定義を確認する。それは，観光客や訪問客の数を統一的に集計するためのものであり，何を含み，何を除くのか，という点から導き出されてきた定義である。古くは，国際連盟などにより，日頃生活している国を離れ，24時間以上，他国を旅することと捉えられた。レジャー以外にも，健康や医療，仕事など多様な目的での国外への旅が含まれていた。また24時間未満の国外への旅が，周遊旅行として分類されていた。島国に住む日本人の感覚からすると国外への旅だけを観光として捉えることに違和感を覚えるが，他国と陸続きで繋がる欧州などでは，ある程度の距離を伴う移動，すなわち国境を超える旅こそが観光と捉えられていたと考えられる。もちろんその後，国内観光の価値が見直され，国内での旅も観光に含まれることになる。

　他方，観光や訪問に含まれない移動を明らかにする必要もあった。訪問先の国や場所で報酬を得ることを主目的とする移動は，観光に含まれない。例えば，海外赴任者，外交官，軍人などは，観光客や訪問客には含まれない。しかし，

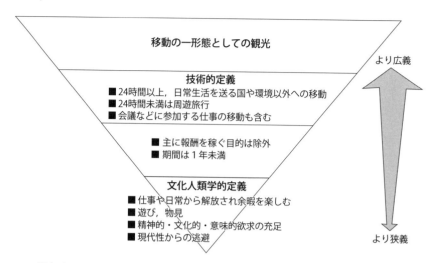

(注) もちろん，考え方や分析の目的によって，順序が入れ替わることもある。
(出所) 筆者作成。

図0－4　観光の定義や捉え方

会議，商談，学会などで外国を訪問する場合は，観光に含まれる。期間に関しても，1年未満とされ，それを超えると観光ではなくなる。

　その技術的定義に対して，文化人類学的アプローチは，人間が移動ないし旅をすることの意味を問う。そこでは，観光が，仕事や日常生活から解放され余暇を楽しむための移動と捉えられる。さらに，精神的・意味的・文化的欲求に突き動かされて，ある種の情操的状態へと入り込むことであり，現代性からの逃避ないし現代の巡礼と表現されることもあった。また，日本では，巡礼の中にも物見や遊びの要素が取り込まれており，欧州よりも古い時代から楽しむための旅，すなわち観光が行われていたという。徒歩による移動で変化を感じ取り，ゆっくりと流れる時間の中で自分自身を見つめ直す貴重な機会とも捉えられた。

　以上の議論を，図0－4のように整理してみたい。最も広義の捉え方は，やはり人々の移動の一形態として観光を位置づけることであろう。ただし，この捉え方では，移動を伴うその他の社会的行為（通勤，通学，通院，ショッピング，

外食など）と観光との区別が曖昧になる。それより狭い捉え方が，国連などの国際機関が観光統計を集計するために作り上げた技術的定義であろう。そこでは，日常生活を営む国，環境，場所以外への 24 時間以上の移動が観光，そして 24 時間未満の移動が周遊旅行と捉えられた。目的については，会議や商談など仕事での移動も広く含まれていた。その後，国内観光も，その中に含まれることになる。他方，何を取り除くかという視点も重要であり，訪問先で雇用され報酬を得るための移動は，観光客や訪問客からは除外される。また，期間は 1 年未満とされる。

　しかし，それら技術的定義では，観光や旅の本質が捉えられないと指摘したのが文化人類学的定義であり，筆者は，より狭義の観光の捉え方と位置づける。その立場の代表的論者である D. MacCannell（2011）は，「観光統計では，多くの場合，商業的な展示会（あるいは家族訪問）のための旅行と，観光地で美しい景観，文化，娯楽を楽しむための旅行とが区別されていない。…（中略）…近時の観光学研究は，観光客の数とお金をめぐる競争に影響を及ぼす，また観光客に売り込むための優れたビジネスモデルを生み出すという，主に市場要因に分析の焦点を絞り込んでしまっている」(Part 1　Tourist /other and the unconscious。Amazon Kindle 電子書籍版 p.3 より引用）と批判する。文化人類学的定義では，観光が，労働や日常から解放され余暇を楽しむ行為として理解される。また，やや抽象的な表現ではあるが，観光とは，精神的・文化的・意味的欲求の充足であり，現代性や日常性から逃避し，自分自身を見つめ直す機会とも捉えられていた。

　どの定義が良いかを，一義的に決めることはできない。分析上ないしは実務上の目的に合わせて，適切な定義や基準を選択していくということになろう。例えば，国際的な観光統計を集計する際には，観光名所を楽しむためなのか，仕事のためなのか，さらに仕事や日常生活から解放されるためなのか，精神的・意味的・文化的欲求に基づいているのかなど，旅行の目的や動機を 1 つずつ細かく調べることができない。そのため，旅行の期間や移動先での所得発生の有無という客観的基準を設けて一部の旅行や移動を観光から排除する一方，それ以外を広く観光に包摂して捉える必要があろう。しかし，やはり観光とい

う行為が有する固有の意味を問うことは重要である。確かに，出張や会議のために移動する行為と，仕事のストレスから解放されるために家族や友人と一緒に旅をするという行為が，統計上，同じ観光に分類されていることに違和感を覚える。他方で，出張や会議のための移動であっても，現地で飲食を楽しんだり，仕事が終了した後に観光名所を訪れたり，ホテルでリラックスしたりする行為が含まれるのであれば，日常のストレスから解放されるための旅と捉えることができるだろう。

　以上のように，観光については，やはり多義的な解釈が成り立ってしまう。その中で，筆者自身は，統計を集計する立場ではなく，あくまでも観光という現象を研究する立場から，仕事や日常から解放されるための旅という文化人類学的要素をより強く意識しながら観光を捉えるべきであると考えている。とはいえ，それぞれの立場や目的があるので，やはり観光とは何かという疑問に対して明確な答えを出すことは難しく，図0－4に示される区分を意識しつつ，より包括的ないし全体的視点から観光という行為を理解していく必要があるだろう。

3.2. 観光産業とは

　さらに，観光「産業」の定義についても整理しておきたい。例えば，辞書 *Oxford Advanced Learner's Dictionary* では，tourism の意味を産業の観点から説明していた。すなわち，観光が既に産業として捉えられるようになっているという現状が反映されていると考えられる。

　前節で取り上げた各論者も，産業としての観光をいかに捉えるかという難問に取り組んでいた。その中で，図0－5として整理されるように，観光産業が多様な産業や企業から構成される複合システムであるという点は，共通の認識であったと言えよう。

　例えば，良くありそうな架空の例を挙げて，観光産業のシステム性という特質を改めて確認しておこう。日本からフランスのパリに仕事で6日間出張した例を引き合いに出す。ちなみに，国際会議に出席するための出張であるが，もちろん国際観光統計では観光に集計され，観光客ないし訪問客に分類され

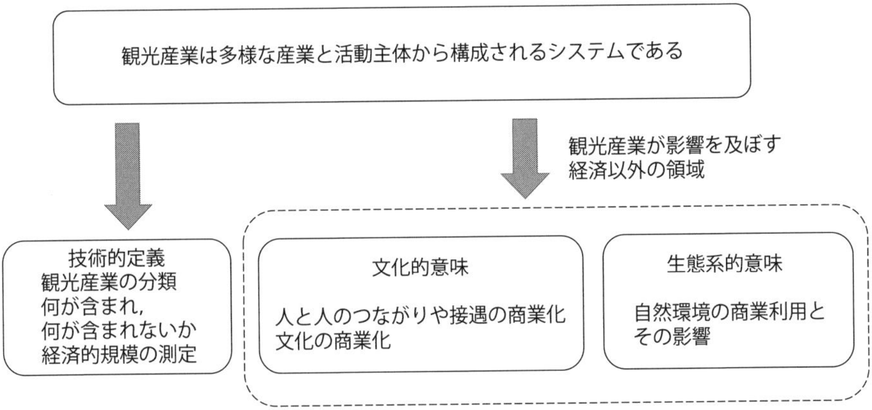

観光産業は多様な産業と活動主体から構成されるシステムである

観光産業が影響を及ぼす
経済以外の領域

技術的定義
観光産業の分類
何が含まれ，
何が含まれないか
経済的規模の測定

文化的意味

人と人のつながりや接遇の商業化
文化の商業化

生態系的意味

自然環境の商業利用と
その影響

（出所）筆者作成。

図0−5　観光産業の定義や捉え方

る（MICE ツーリズムの範疇に含まれると考えられる）。まず，数カ月前に航空会社のサイトから往復の飛行機を予約し，国際的なホテルチェーンのサイトを通じて現地のホテルを予約する。滞在先で必要になるだろう日用品・医薬品・衣服なども必要に応じて買い足す。念のため，海外旅行保険にも加入し，これもネットから申し込みを済ませる。数日前に，クレジットカード会社の特典を利用し，スーツケースを空港に事前発送する。そして，居住地から新幹線や鉄道を乗り継いで成田空港あるいは羽田空港に向かう。この間，駅などで，食事や飲み物を購入する。フライト時間によっては，前日から空港近隣のホテルに宿泊することもある。シャルル・ドゴール空港に到着すると，そこから鉄道を乗り継いでホテルにチェックインする。チェックイン後には，近くのレストランで食事をしたり，水や食料を買い込む。国際会議に参加し，様々な国から集まった人たちと意見を交わし，会議が主催する食事会などにも参加する。数日にわたる会議であるため，毎日，地下鉄を使って会場とホテルとを行き来する。会議終了後の夕方から夜の時間を利用して，パリの観光名所（美術館，公園，歴史・文化的建造物など）を散策したり，カフェでコーヒーを飲んだり，デパートや小売店でお土産も購入したりする。また，帰国前日の僅かな空き時間を利用し，

パリ郊外の観光地にまで足をのばすこともある。そこでも，TGV などの高速鉄道を使ったり，観光地で食事をしたり，お土産を購入したりする。日本に帰国すると，空港から自宅に荷物を送り，鉄道や新幹線を乗り継いで自宅に戻る。この間，出発地，輸送ルート，目的地で，どれだけ多くの観光関連業者と取引や相互作用を持っただろうか。さらに，現地において，どれだけの人たちと相互作用を持っただろうか。

　それとの対比として，日本で自動車を購入する場面を想定する。購入する車種を決める前に，複数のカーディーラーを訪問したり，自動車関連のウェブサイトを見たり，書店や EC サイトで自動車専門雑誌を購入したりする。購入車種が絞られると，後はカーディーラーの営業担当者との商談や打ち合わせだけで，多くの事は済んでしまう。車庫証明をとるために警察署に申請に行き，また保険会社と保険の契約の変更なども済ませる（これらも営業担当者に任せることができる）。カー用品店やホームセンターでボデー用コーティング剤を購入したり，車内用のマットなどを EC サイトから購入したりすることもある。自動車は非常に高価な買い物であるが，観光と比較すると，相互作用する業者や組織の数は少ないと思われる。やはり観光を産業として理解する際は，多様な地域の多様な活動主体によってそれが成り立ち，多様な活動主体との相互作用を通じて製品やサービスが提供されるという特性を押さえる必要がある。

　そうしたシステム的な見方に加えて，分類や類型を通じて産業を理解する方法がある。産業の経済的な規模や影響を測定するために用いられる ISIC ＝国際標準産業分類が，その具体例となる。ただし当初，観光業には固有分類が与えられておらず，宿泊業や配膳業の数字を基に，その規模や影響が間接的に推定されている状態であった。これこそが，観光産業が多様な活動主体の複合体であるという特性を表している。もちろん，その後，観光産業の影響力をより正確に捉えるために，観光から主たる収益を得ている企業を T，観光から部分的に収益を得ている企業を P とコード化する，あるいは観光から得た収益の割合に応じて中核的観光事業者，補完・付随的サービス，その他に分類するという手法が推奨された。また，観光が存在しないと成立し得ない製品群と，観光が存在しなくても成立し得る製品群とに分けるという方法も提案された。繰

り返し述べることになるが，これら国際機関や公的機関による試行錯誤の過程
それ自体が，多くの産業に跨っており産業の境界線を明確に引けないという観
光産業の特性を反映している。

　加えて，Leiper や Wall and Mathieson の分析枠組みでは，観光産業や観光
客が出発地，輸送ルート，中継地，目的地に及ぼす影響，さらに出発地や目的
地の動向や情勢が観光産業や観光客の行動や動機に及ぼす影響を包括的に捉え
る視点の必要性が示された。そこでは，観光産業の経済的側面だけでなく，社
会的・文化的側面にも目を向けなくてはならないと指摘された。例えば，観光
産業には，もともと観光と無関係に存在していた地域固有の文化や風習を商業
化し，人と人との繋がりや接遇までをも商品化していく力がある。それら商業
化・商品化のプロセスの中で，地域住民や地域文化に良い影響そして悪い影響
が及ぶことがある。自然環境，地形・気候，生態系も，観光客を観光地に引き
つける観光資源になる。しかし，自然環境や生態系が商業的に利用される中で，
そこに良い影響や悪い影響が及ぶこともある。

　すなわち，観光を産業として捉える際は，そこに関わる多様な企業，公的組
織，非営利・非政府組織はもちろん，地域内での人と人との繋がり，地域固有
の文化，自然環境や生態系など社会的，文化的，生態系的要素を包摂する広い
分析視角が求められる。観光産業を経済，社会，文化，自然，生態系の要素が
相互作用するシステムと捉え，それらシステムの持続可能性にも目を向けると
いう視点の重要性が改めて認識される。このような視点に立ち，次章以降では
観光学の5つのテーマを検討していくことになる。

参考文献

Graburn, N. H. H.（1983），The anthropology of tourism, *Annals of Tourism Research*,
　　Vol.10, Issue 1, pp.9-33.
Guichard-Anguis, S. and Moon, O.（2009），*Japanese Tourism and Travel Culture*,
　　Routledge.
Inkson, C. and Minnaert, L（2018），*Tourism Management; An Introduction（2nd
　　Edition）*, Sage.

Leiper, N. (1979), The framework of tourism; Towards a definition of tourism, tourist, and the tourist industry, *Annals of Tourism Research*, Vol.6, No.4, pp.390-407.

Leiper, N. (1997), Rejoinders and commentary; The waste of tourism, *Annals of Tourism Research*, Vol.24, No.3, pp.736-739.

Leiper, N. (2008), Why 'the tourism industry' is misleading as a generic expression; The case for the plural variation, 'tourism industries', *Tourism Management*, Vol.29, Issue 2, pp.237-251.

MacCannell, D. (1999), *The Tourists; A New Theory of the Leisure Class, (2nd Edition)*, University of California Press. (安村克己ほか訳『ザ・ツーリスト——高度近代社会の構造分析』学文社)(ただし邦訳書のみ参照)

MacCannell, D. (2011), *The Ethics of Sightseeing*, University of California Press (Amazon Kindle 電子書籍版を参照。引用頁は電子書籍版の頁を表記)

Mintzberg, H., Ahlstrand, B. and Lampel, J. (1998), *Strategy Safari; A Guided Tours through the Wilds of Strategic Management*, Free Press. (齋藤嘉則監訳『戦略サファリ——戦略マネジメント・ガイドブック』東洋経済新報社)

Nash, D. (1981), Tourism as an anthropological subject, *Current Anthropology*, Vol.22, No.5, pp.461-481.

Pike, S. (2016), *Destination Marketing; Essentials (2nd Edition)*, Routledge.

Ratten, V., Braga,V., Álvarez-García, J. and Rio-Rama, M. (2020), *Tourism Innovation; Technology, Sustainability and Creativity; Innovation and Technology Horizons*, Routledge.

Sharpley, R. (2018), *Tourism, Tourists and Society (5th Edition)*, Routledge.

Smith, V. (1989), *Hosts and Guests; The Anthropology of Tourism (2nd Edition)*, University of Pennsylvania Press. (市野澤潤平ほか監訳『ホスト・アンド・ゲスト——観光人類学とはなにか』ミネルヴァ書房)(ただし邦訳書のみ参照)

Urry, J. (2007), *Mobilities*, Polity Press. (吉原直樹・伊藤嘉高訳『モビリティーズ——移動の社会学』作品社)

Wall, G. and Mathieson, A. (2006), *Tourism; Change, Impacts and Opportunities*, Pearson. (ただしAmazon Kindle 電子書籍版を参照。引用頁は電子書籍版の頁を表記)

─── 第 1 章 ───

観光地競争力

1 ── はじめに

　観光学の著名な研究者 J. R. Brent Ritchie と G. I. Crouch は，*The Competitiveness Destination; A Sustainable Tourism Perspective*（『競争力のある観光地──持続可能な観光という視点』）の中で次のように述べる。

　「この本のタイトルが示しているように，我々の研究が注目するのは，観光地それ自体（tourism destination itself）である。観光学の様々な視点が観光学の著作の基礎になるが，経営（management）という視点からみると，観光に関連する数多くの複雑な要素の根本的土台になるのは，やはり観光地である。他の研究は，非常に適切な手法でもって，観光の様々な側面，例えば観光の中での人々の体験や行動に着目してきた。さらに，多くの研究は，環境保護や持続可能な観光という観点から観光産業を分析してきた。かなり多くの研究が，成功を収めたホスピタリティー企業の経営に注目するなど，より『微視的』な視角を採用することを選んだ。また，かなり多くの研究が，観光地のマーケティング活動に注目してきた。こうした観光の様々な視点は全て非常に貴重であるが，仮に観光地それ自体に分析視角を絞り込んで理解しようとすれば，観光地の成功に繋がる決定因となる観光地が保有・統合・管理すべき多数の要素に関する統合的視角（integrated perspective）を示すことができる，と我々は確信している」（Ritchie and Crouch, 2003, p.X）。

　すなわち Ritchie and Crouch は，観光産業に関わる企業の経営活動や競争力だけでなく，それら企業が活動する土台となる観光地それ自体を分析する統合的視点が重要であると指摘した。そして彼らは，観光地全体の競争力を統合的に分析するために「観光地競争力」(tourism destination competitiveness) という概念モデル[1]を提唱した。

　もちろん，観光関連企業の競争力と観光地の競争力は，相互補完的な関係にある。強い観光地が強い旅館・ホテル・飲食店・観光施設を作り，強い旅館・ホテル・飲食店・観光施設が強い観光地を生み出す。次項で見るように，観光地競争力というモデルの中にも，企業や産業の質や効率性を評価する要素が含まれている。そのような個別企業や産業の競争力と観光地の競争力との相互補完性を踏まえつつ，本章では，より広い統合的視野から観光地それ自体の競争力を評価する観光地競争力という概念モデルの内容を検討する。

　本章の構成は以下の通りである。2 節では，観光地競争力の初期の代表的研究に目を向け，観光地競争力モデルの内容を理解することから始める。そこでは，Ritchie and Crouch（2003）と Dwyer and Kim（2003）の論文を検討する。3 節では，観光地競争力モデルを用いて実際の観光地の競争力を測定した実証研究を紹介する。香港の競争力を測定した Enright and Newton（2004），スロベニアの競争力を測定した Gomezelj and Mihalič（2008）の分析結果を明らかにする。また，観光地競争力モデルの新たな研究動向も紹介する。4 節では，観光地競争力モデルを用いた調査方法について概説する。5 節では，なぜ観光地競争力という見方や考え方が必要なのか，という点を検討して本章を締め括る。

1）筆者自身は，これを概念モデルと呼ぶことに若干の違和感があり，むしろ分析枠組みとした方が良いのではないかと考えている。モデルという以上は，要因間や変数間の因果関係が明示される必要があると考えられる。しかし後掲図 1 - 1 に見られるように，要因や要素の数が非常に多く，それらの関係性が明確に示されていない。ただし Ritchie and Crouch（2003）が「概念モデル」と呼んでいるため，本章では，彼らにならいモデルと表記する。

2 ── 観光地競争力モデルとは

　観光地競争力は2000年頃に欧米の観光学研究の中で提唱されたが，2017年に至っても欧米の学術雑誌には依然としてこのモデルに関する実証研究や学説研究が掲載されており，非常に息の長い研究テーマの1つになっている。この観光地競争力という見方の特徴は，一言でいえば，それまで価格競争力，品質管理，観光地イメージ，観光イベント，観光計画，観光経営システム，観光マーケティング，観光地のポジショニングなど観光地の一側面に焦点を絞って観光地の魅力を分析してきた先行研究に対して，より包括的かつ統合的な視野から観光地の競争力を把握しようとすることにある（Crouch, 2011）。

　ここでは，初期の代表的な理論研究，その後に行われた初期の実証研究という順に既存研究の内容を紹介し，観光地競争力への理解を深めることにする。Azzopardi and Nash（2017）は，観光地競争力の研究をレビューした論文の中で，同分野の先駆的研究の代表として，Ritchie and Crouch（2003），Dwyer and Kim（2003），Heath（2003）の3つを挙げている。ここでは，その中から Ritchie and Crouch（2003），Dwyer and Kim（2003）の内容を解説する[2]。

2. 1. Ritchie and Crouch モデル

　Crouch and Ritchie が，観光地競争力モデルを論文として公刊したのは1999年である。Crouch and Ritchie モデルは，その後2003年に公刊された Ritchie and Crouch の著作の中で完成したといわれる（Azzopardi and Nash, 2017）。1999年の論文では，観光地競争力がなぜ必要なのか，その目的は何かという部分に関して，詳しく論じられている。そのうえで，2003年の著作では観光地競争力がより包括的に捉えられることになり，モデルの構成要素が1999年 = 19から2003年 = 36へとほぼ倍増した。本項では，Ritchie and

---

2）Heath（2003）は別の機会に検討したい。

40

Crouch モデルを構成する 36 要素をやや詳しく解説する[3]。

　Ritchie and Crouch によれば，観光地競争力モデルは，その他の研究やコンサルティング活動の中で着想され，その後の「帰納的」(inductively) な情報や経験の蓄積を通じて構築されてきた。彼らは，「1992 年に，経験を蓄積し，それら経験を観光地競争力という大きな課題へと体系的に結びつけるための取組を開始」(Ritchie and Crouch, 2003, p.61) したという。それ以降，1992 年にカナダのカルガリー大学観光地経営エグゼクティブプログラム（Executive Program in Destination Management; 以下，EPDM と略記）における参加者たちとの観光地競争力に関する討議，1993 年の Association Internationale d'Experts Scientifique du Tourism 第 43 回大会向けの基調講演論文の共同執筆と大会参加者からの観光地競争力に関する意見収集，北米の観光地経営組織（Destination Management Organization; 以下，必要に応じて DMO と略記する）の経営陣への電話会議による観光地競争力の聞き取り，EPDM での観光地競争力に関する更なる意見収集，1994 ～ 2000 年に開催された会議への論文の提出とそこでのフィードバック，学部・大学院・社会人教育の中での同モデルの活用など，様々な場や機会において観光地競争力のモデル構築を目指して実務家や研究者との意見交換が進められた。上述の DMO ＝観光地経営組織の経営者たちへの聞き取りでは，「・あなたの見解として，主要観光地の成功や競争力の決め手となる要因は何ですか？　それら要因を順位付けできますか？　どのようにそれをしますか？　・成功や競争力を評価するために，あなたは，どのような基準を使っていますか？　・成功や競争力の要因は，国際市場と国内市場で異なりますか？　もし異なるなら，どのように？　・あなたの観光地の競争上の最大の強みは何だと思いますか？　・国際市場および・あるいは国内市場で強い競争力を有するとあなたが考える観光地を特定できますか？　なぜ，それらは特に強い競争力を有するのでしょうか？　・観光地の『コスト』に影響を与える主

3）1999 年は Crouch and Ritchie モデル，2003 年は Ritchie and Crouch モデルとなる。本章では，前後の文脈に応じて，Crouch and Ritchie モデルと Ritchie and Crouch モデルを使い分けている。

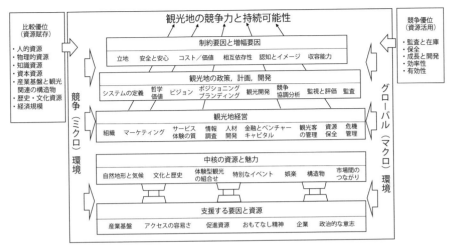

(出所) Ritchie and Crouch (2003), p.63 より転載。

図1-1 観光地競争力の概念モデル

たる要因は何だと思いますか？ 生産性は，観光地の観光客向けサービスのコストさらに観光地の競争力に対してどの程度重要な影響を与えますか？ ・観光地の成功に責任を負う人々は，どのように競争上のポジションを改善できますか？ 短期的には？ 長期的には？」(*Ibid.*, p.62) という質問が投げかけられた。

そうした長期にわたる地道なデータ，情報，経験の蓄積と分析のうえに提示されたのが，図1-1の概念モデルである。その原型は1999年の論文の中で示されたが，ここではその改良版である2003年の著書から引用した。2003年の著作では，「グローバル（マクロ）環境」(global (macro) environment) と「競争（ミクロ）環境」(competitive (micro) environment) という2つの環境要因と，「中核の資源と魅力」(core resources and attractors)，「支援する要因と資源」(supporting factors and resources)，「観光地の政策・計画・開発」(destination policy, planning and development)，「観光地経営」(destination management)，「制約要素と増幅要素」(qualifying and amplifying determinants) という5つの内部要因が詳しく解説されており，ここではそれらの内容を順に確認する。

実は，1999年の最初の論文では，2つの環境要因ではなく，図1-1

の両端に置かれている「比較優位」(comparative advantage) と「競争優位」
(competitive advantage) について詳しく説明されていた。しかし，2003 年の著
作 (Ritchie and Crouch, 2003) そして 2010 年の論文 (Ritchie and Crouch, 2010) で
は，マクロとミクロの 2 つの環境要因への説明に変更された。ゆえに同モデル
の最終形として，2 つの環境要因と 5 つの内部要因が，観光地競争力の決定因
として捉えられていると考えられる。

　ちなみに，1999 年の論文で取り上げられた「比較優位」とは，観光地に「継
承」(inherited) される（自然に発生するという意味合い），あるいは観光地で「創
造」(created) された資源と理解されている。それらは「観光地が利用できる
資源」であり，例えば「人的資源，物理的資源，知識資源，資本資源，産業基盤」
(Crouch and Ritchie, 1999, pp.142-143) などからなる。一方，「競争優位」は，「そ
れら資源を長期的に有効に利用する観光地の能力」(*Ibid.*, p.143) と捉えられて
いる。ただし，Crouch and Ritchie は，比較優位と競争優位という 2 つの優位
と，環境 2 要因や内部 5 要因との関係を明確に説明していない。そのため，比
較優位と競争優位が，同モデルの中でどのように位置づけられているかが分か
らない。しかし，図 1 - 1 を見ると，それら 2 つの優位が大きな四角の枠の外
側に配置されていることから，観光地の 2 つの環境要因と 5 つの内部要因が形
成される前提条件や土台（例えば，Porter (1990) が提唱した競争優位の「プラット
フォーム」），あるいは当該観光地を含むより広い地理的範囲，例えば国が保有
する資源や能力と捉えられるかもしれない。

　以下では，図 1 - 1 に示される 2 つの環境要因と 5 つの内部要因に目を向
け，その具体的な内容をやや詳しく説明していく。

■**グローバル（マクロ）環境とは何か？**
　観光地はオープンシステムであり，よって外部環境から影響を受ける。とり
わけ近時に至り，世界のある地域で起こった出来事が他の地域に影響を及ぼす
グローバル化という現象が進んでいることから，外部環境はグローバルに捉え
た方が良いとされる。グローバル（マクロ）環境は，「経済」「技術」「生態系」，
「政治・法律」「社会文化問題」「人口動態」の 6 つの要素からなる。

　例えば「経済」は，経済的な豊かさが旅行者数の増加を生み出す。「技術」については，移動技術の進展が移動時間とコスト低下を生み出すと共に，情報通信技術の進展がホテルや移動手段の予約など観光業の有り様を変容させる。「生態系」では，例えば地球温暖化が海岸リゾートやスキーリゾートに深刻な影響を与えると予測される一方，観光を通じて景色や野生動物の保護に経済的価値が付与され生態系の保護に繋がるという良い効果も期待できる。

　「政治・法律」については，市場経済や自由貿易に向けた政治的動向が観光を促進したり，ならず者国家との通商を禁止する法律なども観光に影響を及ぼしたりする。観光に影響を及ぼす「社会文化」の動きとして，「自然回帰運動」，「文化帝国主義への対抗」，「先住民文化の価値への気づき」，「多様な文化がグローバル社会にもたらす豊かな質への敬意」，「通信がもたらす第3諸国の人々へのデモンストレーション効果」，「観光業を通じた社会的地位の向上」などが注目される。最後の「人口動態」の影響を正しく読み取ることは，すべてのビジネスの成功要件であり，もちろん観光ビジネスも例外ではないという。

　これら外部環境の動向は当然のことながら，観光地の競争力に影響を及ぼすことになる。

■競争（ミクロ）環境とは何か？

　競争環境とは，観光地が競争を生き残るために適応を強いられる直接的な環境であり，具体的には「供給業者」，「仲介・促進業者」，「顧客」，「競争相手」，「内部環境」，「公衆」などからなる「観光産業システム」(tourism system)（Ritchie and Crouch, 2003, p.66）として理解される。

　「供給業者」は，観光客に体験を提供する主体であり，宿泊業者，実際のサービス提供者，飲食業者，ガソリンスタンドやガス会社，お土産屋，テーマパーク，交通機関などが含まれる。また，観光はサービス産業であることから，労働力も重要な供給要素になるという。「仲介者」は供給業者と旅行者とを繋ぐ役割を担うツアーパッケージの企画・販売業者，旅行代理店，社内旅行やコンベンションなどの専門業者である。「促進者」は観光システム内での情報，資金，知識，サービス，人材の効率的な流れを作り出す役割を担い，具体的には

金融機関，広告代理店，市場調査会社，情報技術系企業などとなる。「顧客」は，さまざまなニーズや欲求を持った旅行者や観光客である。

「競争相手」は，同じような製品を同じような顧客に提供する他の観光地，組織，企業などである。もちろん，それらは競争相手である一方，協力者や補完的パートナーになることもある。「内部環境」とは，競争環境でもある観光システムそれ自体が実効性を有する組織になる必要があり，そうした組織を成立させるための統治構造や目標共有などを指す。こうした統治構造や目標などの内部的要因を環境と呼ぶことに若干の違和感を覚えるかもしれないが，経営戦略論などの学問でも企業内部の技術などを内部環境と捉えることがある。「公衆」は，メディア，政府部門，地域住民，金融機関，市民運動グループ，労働者グループなどを指し，これらの関係主体は観光地の目標達成の促進・阻害要因になるため，観光地はこれら公衆と良好な関係を維持する必要がある。

■中核の資源と魅力（7要素）

観光地をアピールする最も重要な要因であり，「潜在的な訪問客が，ある観光地を選択する際の最も根本的な理由」（Ibid., p.68）になるのが中核の資源と魅力である。中核の資源と魅力は，「自然地形と気候」，「文化と歴史」，「市場間の繋がり」，「体験型観光の組合せ」，「特別なイベント」，「娯楽」，「観光関連の構造物」の7つの要素で構成される。

「自然地形と気候」は非常に重要な要素であり，競争力を構成する他の要素にも大きな影響を与える。地形や気候は人間がコントロールできないものであるが，それらは観光客が観光地を訪問し楽しむ時の環境面の基礎であり，観光地の美観や視覚的な魅力さらに他の競争力要因を生み出す土台にもなる。「文化と歴史」は，地形や気候と同じく観光客を呼び込む基本的な魅力である。地形や気候に比べると可変性があると思われるかもしれないが，本来それらは観光と関係なくその土地や地域に存在するものであり，観光振興のために土着の文化や歴史を冒すことは決して許されない。「市場間の繋がり」は，観光客の出発地と到着地の繋がりを意味する。この繋がりをコントロールすることも難しいが，上述の2つの要因よりは可変性がある。具体的には，ある地域とある

観光地が，移民を介した人種や民族の紐帯で結びつくことがある。その他にも，宗教，スポーツ，貿易や文化などで結びつくこともあるが，こうした地域間の繋がりは一定規模の観光客の訪問を生み出す要因となることから観光地競争力の重要な構成要素になる。

　「体験型観光の組合せ」は，観光地の重要なアピールになると共に，観光地の経営者・管理者たちがコントロールできる要素になる。近時，受け身の観光ではなく，体験や経験を重視する観光客が増えており，体験型観光はますます重要な要素になっている。また体験や経験の種類は，それぞれの観光地の自然や文化の強みを活かす，あるいはそれらイメージを強化する内容が良いと言われる。「特別なイベント」は，体験型観光の1つの形態ともいえるが，地元の小さなお祭りからオリンピックやスポーツの世界大会に至るまで規模や内容に幅がある。小さなお祭りであれば地元住民や近接地域からの観光客，オリンピックなどのメガ・イベントでは世界中から観光客を引きつけることになる。「娯楽」も，例えばラスベガスのカジノ，ニューヨークやロンドンのライブショーなど観光地の魅力を作り出す重要な要素であり，それら娯楽産業は観光産業への最大の供給業者の1つとなる。最後の要素は「観光関連の構造物」であり，例えば宿泊施設，飲食サービス，交通機関，主要観光施設などを意味する。食べたり，寝たりするためだけに特定の観光地を選択しないという理由から，中核でなく，むしろ後述する支援要因に分類した方が良いと指摘する研究者もいるが，Ritchie and Crouch は，宿泊や食は観光地の魅力を訴求できる中核資源になると捉えている。

■支援する要因と資源（6要素）

　支援要因や支援資源は，「成功する観光産業が創出される基盤」と位置づけられる。Ritchie and Crouch は「観光地がどれだけ豊かな中核の資源や魅力を持っていたとしても，これらを支援する要因や資源を欠くと，観光産業の発展は非常に難しくなる」（*Ibid.*, p.70）と主張する。支援する要因と資源は，「産業基盤」，「促進資源と促進サービス」，「企業と起業家精神」，「アクセスの容易さ」，「おもてなし精神」，「政治的な意志」の6要素で構成される。

　「産業基盤」の代表例は，高速道路，鉄道，空港，バスなどの移動サービスであり，これら移動サービスの信頼性は観光地の魅力の１つになる。また，衛生，通信，公共機関，法律，飲料水の信頼性も大切な要素である。「促進資源と促進サービス」は，地域人材，知識や資本，教育・研究機関，金融サービス，公共サービスの質と利用可能性である。中でも，能力と倫理観を持った人材の存在は重要になるという。「企業と起業家精神」は，新たな企業を生み出し，例えば競争，協調，差別化，革新，促進，投資拡大，富の平等な分配，リスクテイク，生産性向上，ギャップ克服，製品多角化，季節性打破などを可能にし，観光地競争力の向上に資する。

　「アクセスの容易さ」は，単なる物理的な位置だけでなく，航空産業の規制緩和，入国ビザの許可，交通ルート間での連結，空港のハブ化や発着枠，空港の能力や利用時間，航空会社間の競争などの複合的要因である。観光客は観光地で温かく受け入れられることを望んでおり，観光地の地域住民から歓迎されていると思わせる「おもてなし精神」が不可欠になる。最後は「政治的な意志」であり，Ritchie と Crouch が対話した観光地の経営者たちは，観光地を開発する努力は，政治ないし政治家の意志によって鼓舞され，逆に意志の欠如によって減退すると述べていたという。

■観光地の政策，計画，発展（8要素）

　観光地の開発や計画においては，「戦略的あるいは政策主導の枠組み」(strategic or policy-driven framework) (*Ibid.,* p.71) が重要になるという。同要因は，「システムの定義」，「哲学」，「ビジョン」，「監査」，「競争・協調分析」，「ポジショニング」，「観光開発」，「監視と評価」の８要素からなる。

　「システムの定義」は，「戦略的な枠組みを策定する際には，まずその枠組みの対象を決定し同意を得る必要がある。厳密に言えば，その枠組みのもとで統治しようとするものは何か」を決定するということである。すなわち「どのようなステークホルダーが計画や開発の過程に関わるのか…（中略）…やるべきことのコンセンサスを得る前に，まずは誰のために戦略を作るのか，という点に同意する必要がある」(*Ibid.,* p.71) と説明されている。やや難解な表現であ

るが，要するに，観光地の戦略や政策の立案および実行に誰が関わるかで，観光地競争力に影響が及ぶと理解されているのである。「哲学」とは，観光開発を通じて観光地共同体が目指す経済的・社会的・政治的な目的を明らかにすることを意味する。哲学が環境に適合していること，ステークホルダー間で哲学を創発的に作り上げることが重要になる。「ビジョン」は，その哲学が観光地にとってどのような意味があるのかを，論理的かつ分かりやすく説明するものである。同じような哲学を掲げていても，異なる環境下では異なるビジョンが創出されることがある。「監査」は，観光地の特性や強みと弱み，そして過去と現在の戦略を分析することを意味する。観光地の開発計画を実現可能なものにするために，こうした分析は不可欠である。データに基づく分析を行わないと，観光開発政策は非常に曖昧な内容になってしまう。

　「競争・協調分析」は，他の観光地や国際的な観光システムとの関係や比較の中で，当該観光地を評価することを意味する。競争は相対的概念であり，もって他の観光地と比較することで自らの観光地の競争力の水準を把握しなくてはならない。それとよく似た概念として「ポジショニング」があり，それは物理的な位置ではなく，人々の認知上の位置づけを意味し，様々なセグメントの顧客が観光地をどのように知覚しているかを知り，どのように独自性を打ち出すかを考える必要がある。「観光開発政策」は，競争力や持続可能性という目的を達成するために観光地全体を統合システムとして機能させるための政策であり，「観光地の競争力を左右する，需要・供給の両サイドに関わる重要な問題の全てを注視する必要がある」（*Ibid.*, p.72）という。「監視と評価」については，「うまく政策が機能しているか，政策実行時に改善が必要か，環境変化によって政策が無関連あるいは無効になっていないか，と精査する作業が，政策形成，政策計画，政策展開のプロセスの中に組み込まれ続けなければならない」（*Ibid.*, p.72）と説明される。すなわち，計画に対して実行と評価の段階からフィードバックを行う仕組みを構築することを意味していると考えられる。

■観光地経営（9要素）

　観光地経営とは，「政策や計画の枠組を実行するための活動に着目するも

のであり，中核の資源や魅力の訴求力を増し，支援する要因や資源の質と効果を強化し，制約要因や増幅要因が阻害・促進する制約や機会に対して最善の策を講じる」(*Ibid.*, p.73) ことであると説明される。同要因は，「マーケティング」，「サービス体験」，「情報・調査」，「組織」，「金融とベンチャーキャピタル」，「人材開発」，「観光客の管理」，「危機管理」，「資源保全への責任」という9要素で構成される。

　観光地経営の最も伝統的な活動の1つが「マーケティング」であり，実務では観光地の単なる宣伝や売り込みに目を向けがちであるが，「観光客ニーズの変化に合わせた製品の開発・組合せ・革新，適切な価格づけの政策と実践，観光地と潜在的顧客を結びつける効果的なマーケティング・チャネル開発，観光地に関心を有するであろう市場ターゲットの戦略的選択」(*Ibid.*, p.73) という包括的視点が求められる。加えて，売り込むだけでなく，観光地の持続可能性への配慮も欠かせない。「サービス体験」に関しては，観光客は観光地における五感で感じる体験を購入しているため，観光客満足に繋がる「体験のトータル・クオリティー・アプローチ」(total quality-of-experience approach) (*Ibid.*, p.73) が必要になる。「情報・調査」は，管理者が観光客ニーズを理解するための情報，また管理者が効果的な製品を開発するための情報を提供できる情報システムの構築と運用を意味する。

　「組織」は，Destination Management Organization（観光地経営組織）の「M」がMarketing ではなく Management であること，すなわち観光地全体の管理の重要性を指しており，「観光地の組織構造の中でより広い視野を採用することが，…（中略）…持続的優位の真の源泉の1つになる」(*Ibid.*, p.73) と考えられる。それは同時に，観光地の管理者が「観光地の全ての側面が健全であることに責任を負う」(*Ibid.*, pp.73-74) ことを意味している。「金融とベンチャーキャピタル」については，「金融機関，金融市場，投資家が民間の観光開発に融資するのが一般的であるが，…（中略）…公的部門の支援と計画は，観光開発向けの金融およびベンチャーキャピタルの利用可能性を促進できる」と説明される。具体的に言えば，「公共政策に沿った形で，政府あるいはDMOは，観光開発向けの民間投資の刺激策として，投資家に対して，育成ファンド，補助

金，債務保証，減価償却の優遇策，キャピタルゲイン免税，優遇税制，その他の誘因を提供できる」(*Ibid.*, p.74) という。「人材開発」は，観光地振興の最も重要な役割の1つであり，「観光や宿泊産業の固有のニーズに合わせて設計された教育・訓練プログラム」(*Ibid.*, p.74) が，良質な人材の育成と供給を通じて観光地競争力の強化へと繋がるのである。

　「観光客の管理」は，多くの観光客が観光地に押し寄せるようになると，それら大量の観光客が及ぼす負の影響をうまく管理・調整する方針やシステムが必要になることを意味する。「危機管理」は，例えばテロ，感染症，自然災害，政治・社会問題，労働組合のストライキなどから発生する危機に，観光地がうまく対応していくことを意味する。これは，「危機が発生した際の直接的な影響だけでなく，その結果としての観光地イメージの悪化への対応も含まれる」(*Ibid.*, p.74) という。「資源保全への責任」は，「これは新しい要素であるが，極めて重要なもの」であり，「観光が引き起こす負の影響を受けやすい脆弱な資源群を，効果的に維持し，注意深く育成」することを意味する。すなわち，観光地の管理者は，資源を利用するだけでなく，「観光地を作り上げている資源の保全に細心の注意を払うという姿勢」(*Ibid.*, p.75) を持たなくてはならない。

■制約要因と増幅要因（6要素）

　制約要因や増幅要因は，「他の3つ〔おそらく4つの間違い〕の要因のグループ〔すなわち「中核の資源と魅力」「支援する要因と資源」「観光地の政策，計画，発展」「観光地経営」〕の影響へのフィルターのような役割を果たし，観光地競争力を上げ下げする」(*Ibid.*, p.75) ことになる。これら要因は，「立地」，「相互依存性」，「安全と安心」，「認知とイメージ」，「コスト／価値」，「収容能力」という6要素で構成される。

　「立地」とは，世界の主要市場から遠く離れた観光地は明らかに不利になり，逆にそこに近い観光地は有利になることを意味する。この立地条件は短期間で変化しない。しかし，経済発展などによって観光客を送り出す主要市場が変わるため，立地条件が変化することがある。例えば，アジア諸国の経済発展によ

り観光を楽しめる消費者層が拡大したことで，アジア圏の観光市場が成長している。「相互依存性」は，観光地同士の関係性によって観光地競争力に影響が及ぶことを意味する。例えば，長距離旅行の中継地と位置づけられることで観光地に好影響が及ぶ一方，近隣地域でのテロや紛争の勃発によって観光地に悪影響が及ぶことがある。「安全と安心」については，「旅行者の目的地の選択にこれほど大きく，はっきりとした影響を及ぼす要素は，安全と安心以外にない」(Ibid., p.76) と説明される。

　観光地の「認知とイメージ」が，観光地の競争力を制約したり増幅したりする。観光地の認知度は，潜在的な顧客が，当該観光地を訪問先候補のリストに入れるか否かという点に影響を与える。また観光地イメージは，「マイナスイメージは観光地の向上への制約要因になり，逆にプラスイメージは犯罪や高い生活コストといった負の影響を緩和できる」という。すなわち「認知やイメージは，観光地の全ての特性，よって我々のモデルの他の全ての要素を知覚する際の眼鏡のレンズ」(Ibid., p.76) のような役割を果たすという。「コスト／価値」について，特に金銭的コストとしては「(ⅰ) 観光地までの，および観光地からの移動コスト，(ⅱ) 為替レート（国際観光の場合），(ⅲ) 観光中の物品やサービスの各地でのコスト」(Ibid., p.76) があり，それらコストや価値は，国際貿易収支，相対的な利子率やインフレ率，税率といったグローバルなマクロ環境，さらに競争，生産性，資材コスト，労働賃率，労働協約といったミクロの競争・経営環境の影響を受ける。「収容能力」は，「観光需要の量が，持続可能性の限界に近づいたり，超過したりすることで，観光地の成長および競争力への足枷」になることを意味する。収容能力の限界は「観光地の状態の悪化や外観上の魅力の低下に繋がる」(Ibid., p.76) ことにもなり，一例として同時期に大量の観光客が押し寄せるベニスなどは，この問題に頭を悩ませているという。

　以上が Ritchie and Crouch の観光地競争力モデルであり，非常に多くの要因・要素から構成されていることが分かる。それは，観光地が複合システムであり，数多くの要因や要素に注意を払って競争力を構築していく必要があることを意味している。

2. 2. Dwyer and Kim モデル

　次に，観光地競争力に関するもう1つの代表的研究である *Current Issues in Tourism* 誌 に 掲 載 さ れ た L. Dwyer and C. Kim の 論 文 Destination competitiveness; Determinants and indicators（「観光地競争力——決定因と指標」）の内容も紹介する。Dwyer and Kim（2003）が「同モデルは，広範な文献の中で提唱された国や企業の競争力に関する主たる要素，そして何人かの観光学の研究，特に Ritchie と Crouch によって提唱された観光地競争力の主たる要素を1つにまとめたものである。ここで提示される統合モデルは，Crouch and Ritchie（1995, 1999）および Ritchie and Crouch（1993, 2000）が彼らの観光地競争力の包括的な分析枠組みで示した変数や分類項目を多数含んでいる」（Dwyer and Kim, 2003, p.377; 参考文献は引用文中で記されたものであり，後掲の参考文献一覧に表記していないものが一部ある）と説明するように，前項で見た Crouch and Ritchie ないし Ritchie and Crouch モデルが同モデルの基礎になっている。しかし，Dwyer and Kim は，「需要状況（demand conditions）が観光地競争力の重要な決定因」であるとする点，さらに「観光地競争力は政策立案の最終到達点ではなく，地域や国の経済的繁栄という目標に向けての中間目的であることが明示的に意識」（*Ibid.*, p.377）されている点で，自らのモデルは Ritchie and Crouch モデルと異なると主張する。

　とはいえ，多くの要因や要素は Crouch and Ritchie モデルと同じであり，2003 年の Ritchie and Crouch（2003）の改良モデルには需要条件に関する要素も取り込まれている。このことから，Crouch and Ritchie モデルの要素とそれらの関係性を再整理したのが Dwyer and Kim モデルと言えるのではないだろうか。以下，図1－2で示される Dwyer and Kim モデルを簡単に説明していく。

■資　源

　まず図1－2の「資源」（resources）という大分類は，「賦存（継承）資源」（endowed（inherited）resources），「創造資源」（created resources），「支援資源」（supporting resources）の3つからなる。さらに賦存資源は，山，湖，砂浜，川，

52

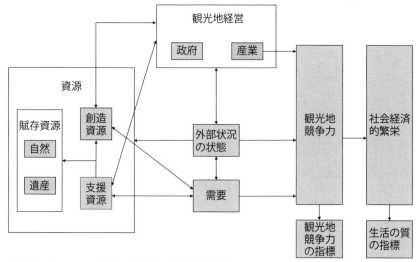

（出所）Dwyer and Kim（2003），p.378 より転載。

図1−2　観光地競争力の主要素

気候などの「自然」(natural) と，食，手工芸，言語，伝統，信仰などの「遺産もしくは文化」(heritage or cultural) に分類される。創造資源は，観光インフラ，イベント，観光体験の幅，娯楽，ショッピング施設などが含まれる。また支援資源は，一般的なインフラ，サービスの質，観光地へのアクセス，おもてなし精神，市場間の繋がりなどが含まれる。すなわち，Crouch and Ritchie モデルの「比較優位」，「中核の資源と魅力」，「支援する要因と資源」という要因の中から特に資源に関わる要素を抽出し，「資源」という括りで再整理したと言えるかもしれない。

■外部状況の状態

　「外部状況の状態」(situational conditions) とは，「観光地の中の企業やその他の組織の操業方法に影響を与え，それら組織の活動にとって脅威や機会となりうる経済的，社会的，文化的，人口動態的，環境的，政治的，法的，政府関連，規制関連，技術的，競争上のトレンドや出来事」であり，要するに観光地の競

争力に影響を与える「広範な外部環境」(wider external environment) を意味する。Dwyer and Kim は，それら外部環境を，民間および公的な組織が活動する産業構造を意味する「操業環境」(operating environment) と，組織管理者の戦略的判断の制約となる観光地外部からの圧力を意味する「遠隔環境」(remote environment) とに分類する。また，Dwyer and Kim は，これら「外部状況の状態」は，Crouch and Ritchie モデルの「制約要因および増幅要因に一致する」(*Ibid.*, p.379) と主張する。ただし筆者は，むしろ Crouch and Ritchie モデルの「グローバル（マクロ）環境」(global (macro) environment) と「競争（ミクロ）環境」(competitive (micro) environment) に一致するのではないかと考える。

■観光地経営

「観光地経営」(destination management) には，観光地経営組織の活動，観光地のマーケティング経営，観光地政策・計画・振興，人材開発，環境マネジメントが含まれ，Crouch and Ritchie モデルの「観光地経営」の内容にほぼ一致する。Crouch and Ritchie モデルとの違いは，Dwyer and Kim モデルが，「公的セクターによって実施される観光地経営と，民間セクターによって実施される観光地経営とを区別している」ことにある。例えば，公的セクターによる観光地経営には，「国の観光戦略の展開，政府観光機関によるマーケティング活動，国や地域の人材プログラム，環境保護法制の整備など」(*Ibid.*, p.379) が含まれている。

■需要条件

Dwyer and Kim モデルの独自性の１つとされる「需要条件」は，観光の需要者サイドの「認知（awareness），知覚（perception）そして好み（preferences）」の３つからなる。そのうえで，Dwyer and Kim は，「観光地の認知は，観光地マーケティングなど幾つかの手段によって創出されうる。投影される観光地イメージは，知覚に影響を与え，これにより訪問にも影響を及ぼす。訪問が実現するかは，観光客の好みと知覚された観光製品〔サービス〕が一致するかにかかっている」と説明したうえで，「観光地が競争力を強化あるいは維持し

たいのであれば，常に変容するお客様の好みに合うように観光製品〔サービス〕
を開発していかなくてはならない」（*Ibid.,* p.379）と主張する。こうした消費者
行動を意識した観光製品や観光サービスの開発と提供の重要性を指摘したこと
が，観光地競争力モデルへの両教授の重要な貢献の1つと言えよう（ただし，
前述したように2003年のRitchie and Crouchモデルにはこの需要条件が取り込まれて
いる）。

■各要素間の関係性

　Dwyer and Kimモデルでは要素間の関係性に関する所見も示されている。
筆者は，この点も同モデルの重要な貢献の1つと考えている。前掲図1−2の
支援資源から賦存資源と創造資源に向かう一方向の矢印は，「訪問を実現した
り，促進したりする観光インフラ（宿泊施設，移動手段，レストラン），組織化さ
れた体験型観光，娯楽，ショッピング施設などを欠いた状態の中，単独の資源
だけで観光地への実際の訪問を生み出すことは不十分であることを示してい
る。そのような関係性は，観光地の中の複数の組織で観光製品全体に価値を付
加するということを意味」（*Ibid.,* pp.379-380）している。

　次に，創造資源と支援資源から需要条件と観光地経営に向かう二方向の矢印
は，まさに要因間の相関関係を示しており，「特に旅行者の好みや旅の動機と
いった需要条件が観光地で開発される製品やサービスの種類に影響を及ぼす一
方，創造資源や支援資源の独自の特性が需要条件に影響を及ぼす」ことを意味
する。同じく「民間・公共の観光地経営組織の活動が，開発される製品・サー
ビスの形態に影響を及ぼす一方，創造資源と支援資源の独自の特性が，観光地
経営による持続性の達成と維持に影響を及ぼす」（*Ibid.,* p.380）ことになる。

　また「観光地競争力と記されたボックスから競争力の各決定因へと後方に繋
がる矢印〔ただし，図1−2では各決定因→観光地競争力という矢印の向きになって
いる〕，そして社会経済的繁栄と記される要因へと前方に繋がる矢印は，観光
地競争力が観光地の住民の社会経済的な幸福という，より根本的な目的を実現
するための中間目的になることを示唆」（*Ibid.,* p.380）している。さらに，それ
ら目的は一組の指標と結びついており，「観光地競争力」から下方に伸びる矢

印で繋がる「観光地競争力の指標」は，観光地の訴求力，景観美などの「主観的指標」と，観光地の市場シェア，観光地の外貨獲得量などの「客観的指標」から構成される。また「社会経済的繁栄」から下方に伸びる矢印で繋がる「生活の質の指標」は，経済の生産性水準，国全体の雇用水準，1人当たり所得，経済成長率などのマクロ経済指標から構成されるという。

　以上のように，Dwyer and Kim モデルは，Crouch and Ritchie モデルの要素を基本的に踏襲しているが，それら要素を再整理したうえで，要素・要因間の相関ないし因果関係を明らかにした点に独自性が認められる。もちろん，それら相関や因果関係を厳密に検証できるかは分からないが，要因間の関係性を演繹的かつ明示的に整理した点は重要な貢献であろう。さらに，観光地競争力が中間目的と位置づけられ，観光地や地域の社会経済的繁栄の手段と理解されている点も重要である。

　繰り返し述べることになるが，やはり観光地というのは様々な要素とそれらの関係から成り立つ複合システムであり，観光地競争力を適切に把握するためには多様な要因や要素に目を向け，それらを全体的ないし包括的視点から把握していく必要がある。

3 —— 実証研究と新たな研究動向

　Ritchie and Crouch モデルや Dwyer and Kim モデルが発表されたことで，それらモデルに依拠した実証研究が進められる。ここでは，まず初期の代表的な2つの実証研究の内容をやや詳しく紹介する。次いで，観光地競争力への新たな研究動向を明らかにする。

3. 1. Enright and Newton (2004) の研究

　Ritchie and Crouch モデルおよび Dwyer and Kim モデルが提示された翌年の 2004 年に公刊され，観光地競争力を扱う論文の中で頻繁に参照・引用されるのが，*Tourism Management* 誌に掲載された M. J. Enright と J. Newton の Tourism destination competitiveness; quantitative approach（「観光地競争力—

| 表1－1 | 重要性の平均値でランク付けされた魅力要因（N=183） |

	重要性ランク	平均	標準偏差
安全	1	4.64	0.55
食事	2	4.36	0.63
観光客向け観光施設	3	4.33	0.73
視覚的アピール	4	4.20	0.67
よく知られた歴史的な建物	5	4.12	0.65
夜の遊び	6	4.06	0.67
異質な文化	7	3.98	0.74
特別なイベント	8	3.96	0.72
興味深い祭り	9	3.75	0.83
地域独自の生活様式	10	3.73	0.87
興味深い建築	11	3.72	0.74
気候	12	3.71	0.80
有名な歴史	13	3.59	0.76
博物館やギャラリー	14	3.42	0.77
音楽や上演	15	3.29	0.79
平均		3.92	

（出所）Enright and Newton（2004），p.783 より一部修正のうえ転載。

―数量的アプローチ」）である。同論文は，観光地競争力モデルを活用して香港の観光地競争力を測定した。

　Enright and Newton（2004）は，観光地競争力を構成する要素を「魅力要因」（attractors）と「ビジネス関連要因」（business-related factors）とに分類する。そのうえで，各要素の「重要性」を5段階（1＝全く重要ではない～5＝非常に重要である），そして各要素の「相対的競争力」を5段階（1＝かなり悪い～5＝かなり良い）で評価する。なお相対的競争力とは，他の観光地との比較によって評価される競争力を意味する。アンケート調査の対象は，香港の観光産業の実務家たちであり，1116社に質問票を送り183の回答を得た。

　紙幅の制約があるため，ここでは魅力要因の結果のみを示す。「重要性」の評価は表1－1，「相対的競争力」の評価は表1－2の通りである。評価の平均が5に近いほど，重要性および競争力が高いことになる。標準偏差はデータ

表1−2	相対的競争力の平均値でランク付けされた魅力要因（N=183）		
	競争力 ランク	平均	標準偏差
食事	1	4.34	0.74
安全	2	4.04	0.83
夜の遊び	3	3.82	0.89
視覚的アピール	4	3.73	0.75
気候	5	3.46	0.78
よく知られた歴史的な建物	6	3.38	0.89
異質な文化	7	3.38	0.84
地域独自の生活様式	8	3.36	0.84
特別なイベント	9	3.35	0.79
興味深い建築	10	3.29	0.88
興味深い祭り	11	3.28	0.86
観光客向け観光施設	12	3.18	0.94
有名な歴史	13	3.15	0.87
音楽や上演	14	2.99	0.78
博物館やギャラリー	15	2.69	0.80
平均		3.43	

（出所）Enright and Newton（2004），p.784 より一部修正のうえ転載。

のばらつきを意味する。

　表1−1によれば，香港の観光で相対的に重要と評価されているのは，安全（4.64），食事（4.36），観光客向け観光施設（4.33），視覚的アピール（4.20），よく知られた歴史的な建物（4.12）である。逆に相対的に重要でないのが，音楽や上演（3.29），博物館やギャラリー（3.42），有名な歴史（3.59），気候（3.71），興味深い建築（3.72）である。一方，表1−2によれば，香港の観光で相対的に競争力があると評価されているのは，食事（4.34），安全（4.04），夜の遊び（3.82），視覚的アピール（3.73），気候（3.46）である。逆に相対的に競争力がないと評価されているのが，博物館やギャラリー（2.69），音楽や上演（2.99），有名な歴史（3.15），観光客向け観光施設（3.18），興味深い祭り（3.28）である。

　そのうえで，図1−3のような重要性―実力分析（importance performance analysis; IPA）が行われる。すなわち第1象限は「高い重要性，高い競争力」，

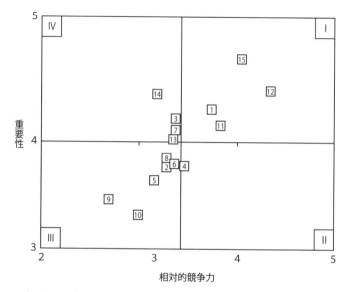

Keys：1 ＝視覚的アピール，2 ＝興味深い建築，3 ＝よく知られた歴史的な建物，4 ＝
　　　気候，5 ＝有名な歴史，6 ＝地域独自の生活様式，7 ＝異質な文化，8 ＝興味深
　　　い祭り，9 ＝博物館やギャラリー，10 ＝音楽や上演，11 ＝夜の遊び，12 ＝食事，
　　　13 ＝特別なイベント，14 ＝観光客向け観光施設，15 ＝安全
（出所）Enright and Newton（2004），p.785 より転載。

| 図1－3 | 魅力要因の重要性と相対的競争力 |

第2象限は「低い重要性，高い競争力」，第3象限は「低い重要性，低い競争
力」，第4象限は「高い重要性，低い競争力」を意味する。その中で特に問題
となるのが第4象限であり，観光地にとって重要であるが，相対的競争力が
弱い要素となる。図1－3では，「観光客向け観光施設」，「よく知られた歴
史的な建物」，「異質な文化」，「特別なイベント」が第4象限に入っている。
Enright and Newton は，とりわけ観光客向け観光施設と歴史的な建物を改善
していく必要があると指摘する。

3.2. Gomezelj and Mihalič（2008）の研究

　頻繁に参照・引用されるもう1つの初期の実証研究が，*Tourism Management*

誌に掲載された D. O. Gomezelj と T. Mihalič の Destination competitiveness; Applying a different models, the case of Slovenia（「観光地競争力——異なるモデルの適用，スロベニアの事例」）である。同論文の学術的意義は，1998 年に実施された De Keyser-Vanhove モデルに依拠したスロベニアの観光地競争力調査に対して，2004 年に Dwyer and Kim の統合モデルを用いてスロベニアの競争力を改めて測定することで，それら 2 つの観光地競争力モデルが内包する問題点を析出しようとした点にある。ここでは，それら学術的論点には深く入り込まず，Dwyer and Kim モデルを用いたスロベニアの観光地競争力の分析結果の一部を紹介するに止める。

　同論文では，供給サイドの利害関係者，例えば観光産業関係者，政府関係者，観光学の研究者と大学院生など，いわゆる専門家が各要素の相対的競争力を 5 段階で評価している。それらアンケート結果は，Dwyer and Kim モデルに沿って整理され，平均値と標準偏差が計算される。

　スロベニアの「継承資源」（inherited resources）では，手つかずの自然（4.4068），植物や動物の生態系（4.0000），旅行に適した気候（3.8390）などが相対的に高く評価されている。「創造資源」（created resources）では，健康リゾートと温泉（4.2712），自然エリアへのアクセスの良さ（3.9237），多様な食事（3.8136）などが相対的に高く評価されている。「支援資源」（supporting resources）では，住民による観光客へのおもてなし（3.4576），住民と観光客の対話および信頼関係（3.3475），観光地へのアクセス（3.3136）などが相対的に高く評価されている。

　「観光地経営」（destination management）では，観光開発への住民のサポート（3.1695），サービスの質の重要性への認識（3.0339），観光客のニーズに合わせた観光業・宿泊業への教育（3.0254）などが相対的に高く評価されている。「外部状況の状態」（situational conditions）では，観光客の安全と安心（4.1695），政治的安定性（4.1186），観光地での観光体験の値ごろ感（3.4492）などが相対的に高く評価されている。「需要条件」（demand conditions）では，上述の各要素よりも値が低いが，全体的なイメージ（2.8305）が相対的に高く評価されている。

　調査結果からは，自然や生態系，健康リゾートや温泉，安全や安心，政治的

安定性などが4を超える数値になっており，スロベニアの強みとして評価されていることが分かる。一方，国際的な認知度やアミューズメントパークやテーマパークは2に近い数値であり，スロベニアの弱みになっている。もちろん，それら弱みが，そのまま解決されるべき問題となるわけではない。スロベニアに旅行しようとする人たちは，そもそもテーマパークを求めていない可能性が高いと考えられるからである。すなわち，求められていないものを，わざわざ強化する必要はないのである。

以上の2つの実証研究をみれば，観光地競争力モデルを利用することで，数多くの要素から構成される複合システムとしての観光地の，どこに強みがあり，どこに弱みがあるかを，数値に基づき把握できることが分かる。やはり，観光地が自らの観光振興政策を検討する前段階の予備調査の1つとして，学術研究の中で提唱された観光地競争力モデルに依拠して観光地の現状をしっかり把握しておいた方が良いと考えられる。

3.3. 新たな研究動向

それら初期のモデルや実証研究の後にも，モデルを精緻化したり，数値の信頼性を高めたりする研究が進められた。ここでは，それら新たな研究動向を，①重要な競争力要素の追加，②影響力のある要因・要素の特定，③供給・需要サイドによる評価と多地点比較という3つに分けて簡単に紹介する。

①重要な競争力要素の追加については，*Journal of Hospitality and Tourism Management* 誌に掲載された V. A. Greenwood and L. Dwyer（2015）の Consumer protection legislation; A neglected determinant of destination competitiveness?（「消費者保護法——観光地競争力における無視された要素なのか？」）という論文を取り上げたい。観光地競争力モデルは，かなり包括的かつ多様な要素を含む。しかし同論文は，「観光地競争力の分野の研究者によって常に明確に認識されているわけでないが，消費者保護法は，観光地競争力の重要な要素になる」（Greenwood and Dwyer, 2015, p.1）と指摘する。

Greenwood and Dwyer によれば，United Nations World Tourism Organization は，2013年に観光産業における公平かつ合理的な消費者保護の必要性を訴え

たという[4]。しかし，次に述べる観光産業の特性が，他産業に比して，消費者保護の実施を難しくする。例えば，観光産業では，観光地の多様な活動主体が製品・サービスの提供に関与するため，品質管理が難しくなる。工場の中で管理される工業製品とは，その特性が全く異なる。観光産業では，財とサービスの組み合わせで製品が提供され，サービスの部分が無形資産の特性を有する。観光という製品は，経験の消費でもあり，一度購入すると返品できなくなる。そのほか，生産と消費の同時発生，非貯蔵性，他産業との相互依存性，空間の固定性，観光をとりまく不安定な環境，観光の国際化なども，観光という製品の品質保証を難しくする。近時に至り，観光関連の製品やサービスの複雑性が増しており，また価格面でも宿泊代金や交通費の値引きや複数価格の提示があったり，飛行機代が全部込みの表示ではなく付加するサービスによって変動したりするため，消費者の視点から見て製品・サービスの内容や価格が分かり難くなっており，時に消費者の不公平な取り扱いに繋がるという新たな問題が発生している。

　Greenwood and Dwyer は，そうした難しい状況下で，観光客の権利を保護する法律やメカニズムを構築できれば，観光地への信頼そして観光地競争力の強化に繋がるとした。よって，消費者保護法を，観光地競争力モデルの重要な要素の1つとして加える必要があると主張した。

　②観光地競争力モデルを構成する数多くの要因や要素の中から，特に競争力に対して大きな影響力を有するものを識別しようとする研究がある。このアプローチの基礎になった研究が，*Journal of Travel Research* 誌に掲載された G. I. Crouch（2011）の Destination competitiveness; An analysis of determinant attributes（「観光地競争力──決定力のある特性の分析」）である。

　Crouch（2011）は，AHP（analytic hierarchy process; 分析的階層過程）という手法を用いて，自身が提唱したモデルを構成する36の要素の中から観光地競

4）UNWTO が2013年に提示した *Update on the draft UNWTO convention on protection of tourists and tourism service providers* に記されているという。ただし，その原本は確認できていない。

争力に強い影響を有する「決定力のある特性」(determinant attributes)(p.28)を特定しようと試みた。

　まず回答者に，最も重要な特性を判断してもらう。しかし，Crouch は，「重要な特性は，観光地間で有意な差がない限り，必ずしも決定力のある特性にならないだろう」(*Ibid.*, p.36)と指摘する。すなわち，競争力は，他の観光地との相対的関係によって決まるものである。例えば「2つの観光地が同じような気候を共有する場合，気候は，いずれの観光地の相対的な競争力にも，余り，あるいは全く影響力を及ぼさないことになるだろう」(*Ibid.*, p.28)と解説される。

　観光地の経営や競争力に関する専門知識を有する人々に質問した結果，36のうち上位10の重要な特性は，自然地形と気候，体験型観光の組み合わせ，文化と歴史，観光関連の構造物，安全と安心，コスト／価値，アクセスの容易さ，特別なイベント，認知とイメージ，立地の順になった。しかし上述したように，それらが即，決定力のある特性にはならない。観光地間で差がない場合は，特定の観光地の競争力には結びつかないからである。AHPによる分析の結果，次の10の特性が平均よりも有意に高くなった。自然地形と気候，文化と歴史，観光関連の構造物，体験型観光の組み合わせ，認知とイメージ，特別なイベント，娯楽，産業基盤，アクセスの容易さ，ポジショニング／ブランディングの順になった。

　これら2つの結果を照合すると，自然地形と気候がいずれもトップ，文化と歴史および観光関連の構造物はそれぞれ1段階上がり，特別なイベントが2段階，認知とイメージが4段階上がった。体験型観光の組み合わせ，アクセスの容易さがそれぞれ2段階下がった。立地，安全と安心，コスト／価値の3つが，娯楽，産業基盤，ポジショニング／ブランディングの3つに取って代わられた。

　これらの結果から，最も重要な決定力を有する特性は，自然地形と気候になる。また，文化と歴史，観光関連の構造物，特別なイベント，認知とイメージを創造・利用することも重要になる。さらに，産業基盤とアクセスの容易さも決定力を有する特性になるという。

　③初期の実証分析では，観光産業の実務家や専門家（すなわち供給サイド）

に，例えば香港やスロベニアという1つの観光地の競争力の評価を尋ねてい
た。それに対して，*Tourism Management* 誌に掲載された M. F. Cracolici
and P. Nijkamp（2008）の The attractiveness and competitiveness of tourist
destinations; A study of Southern Italian regions（「観光地の魅力と競争力――南
イタリア地域の研究」）という論文では，観光地の魅力や競争力をよく理解してい
るのは観光地を実際に訪問する訪問客や観光客（すなわち需要サイド）であると
し，彼・彼女らに競争力の評価を尋ねた。加えて，1つの観光地だけではなく，
南イタリア地域の6つの観光地（Sicily, Sardinia, Calabria, Campania, Puglia,
Molise）の競争力の比較を行った。

　また，*Journal of Travel Research* 誌に掲載された A. Zehrer, E. Smeral and
K. Hallmann（2017）の Destination competitiveness; A comparison of subjective
and objective indicators for winter sports areas（「観光地競争力――ウィンタース
ポーツエリアに対する主観的指標と客観的指標の比較」）という論文では，オースト
リアの6つのウィンタースポーツ観光地の競争力が比較された。さらに，同論
文では，主観的指標と捉えられる観光地競争力の評価と，客観的指標と捉えら
れる各観光地の市場シェアとが比較された。また，観光地競争力の評価では，
供給サイドである観光地の供給業者，需要サイドである観光客の両方に質問さ
れた。各観光地の市場シェアは，観光地の宿泊シェアで評価された。分析結果
として，まず観光地競争力の評価では，供給サイドと需要サイドの評価に大き
な差があることが確認された[5]。加えて，主観的指標と客観的指標の関係につ
いては，両者に緩やかな相関（loosely correlated）しかないことも明らかになっ
た。

　最後に，*Tourism Management Perspectives* 誌に掲載された Y. Zhou, K.
Maumbe, J. Deng, and S. W. Selin（2015）の Resource-based destination
competitiveness evaluation using a hybrid analytic hierarchy process（AHP）;
The case study of West Virginia（「ハイブリッド AHP を活用した資源基盤の観光地

5）我々が宮城県内で行った観光地競争力の調査でも，同じように，競争力要因の多く
　に関して需要サイドと供給サイドの評価に統計的に有意な差が見られた。

64 |

競争力評価——ウエスト・バージニア州の事例研究」）は，先述のAHP法を適用し，近隣州との関係の中でのウエスト・バージニア州の観光地競争力が分析された。第1段階では訪問者から競争力評価の1次データを収集し，第2段階では特性ごとのウェイトを導出するために観光関連産業の関係者への調査が行われた。そのうえで，AHP法とウェイト付けのない方法（non-weighted approach）を比較し，「AHPを用いないと，評価者が観光地の実力を過大ないし過小に評価し，競争上のポジションを誤って判断してしまうかもしれない」と指摘された。またAHP法は，「観光地競争力を測定する実行可能かつ信頼のおける手法」（Zhou et al., 2015, p.78）であると結論づけられた。

　以上のように，観光地競争力をめぐる近時の研究では，競争力の要素の追加，供給サイドと需要サイドの両面からの評価，質問票に基づく競争力評価と市場シェアなどの客観的指標との比較，さらに特性や要因の決定力や影響力を加味したAHP法による分析などが進められていることが分かる。

4 —— 調査と分析の方法

　では，観光地競争力の調査は，実際どのように進められるのか。東北学院大学経営学部の地域観光産業調査チーム（村山貴俊，松岡孝介，秋池篤）も，宮城県内の宮城蔵王，塩竈，松島，石巻圏において，観光地競争力モデルを用いたアンケート調査を行い，その分析結果の一部を宮城県内の観光振興組織および地方公共団体と共有してきた[6]。ここでは，その調査の実施方法をごく簡単に説明しておきたい。

　まず，表1−3のように観光地競争力モデルに依拠して質問票を作成する。質問票は，観光地競争力の先行実証研究Gomezelj and Mihalič（2008）やZhou et al.（2015）の質問票を参考にして作成された。各要素の競争力は5段階，すなわち1＝平均を大きく下回る，2＝平均を少し下回る，3＝平均，4＝平均

6）これら調査は，筆者が研究代表となっているJSPS科研費15K01961および18K11872の助成を受けて実施された。

表 1 － 3	質問票の例

（1）松島と競合する観光地はどこだと思いますか？

競合していると思われる順に，観光地の名称を 5 つあげてください

1 _____ 2 _____ 3 _____ 4 _____ 5 _____

（2）上で挙げた競争相手と比較しながら，各質問に関して松島を点数で評価してください。

点数に〇を付けてください。

1 ＝平均を大きく下回る，2 ＝平均を少し下回る，3 ＝平均，4 ＝平均を少し上回る，5 ＝平均を大きく上回る

おもてなしや親しみやすさ	1	2	3	4	5
安全性	1	2	3	4	5
清潔さ	1	2	3	4	5
体験型観光の種類	1	2	3	4	5
交通アクセスの良さ	1	2	3	4	5
：					
（中略）					
：					
自然との触れ合い	1	2	3	4	5

（出所）東北学院大学経営学部地域観光産業調査チーム（村山貴俊，松岡孝介，秋池篤）が作成したアンケートの一部を抜粋。

を少し上回る，5 ＝平均を大きく上回る，で評価された。また，観光地競争力は相対的なものであることから，回答者には，最初に調査対象の観光地と競合する観光地をあげてもらい，それらと比較しながら当該観光地を評価してもらう。例えば，松島の調査であれば，「松島と競合する観光地はどこだと思いますか？　競合していると思われる順に，観光地の名称を 5 つあげてください」という質問を最初に設定する。回答者は，それら競合する観光地を念頭におきながら，各要素を 5 段階で評価する。

事前に訓練を受けた学生を現地に派遣し，観光客にアンケートへの回答を依頼する。例えば，ある観光地の調査では，観光シーズンの 10 月の週末を利用して 2 回の現地調査を行い，観光客 144 名から回答を得た。実地調査を行う際は，各観光地の市役所，町役場，観光振興組織などと連携するようにしている。

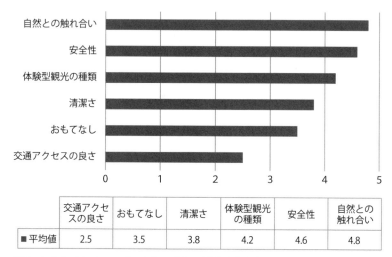

	交通アクセ スの良さ	おもてなし	清潔さ	体験型観光 の種類	安全性	自然との 触れ合い
■ 平均値	2.5	3.5	3.8	4.2	4.6	4.8

（注）あくまでもイメージであり，実際の観光地を評価した結果ではない。
（出所）筆者作成。

図1－4　アンケート調査結果の表示

特に日本で現地調査を首尾よく実施するためには，公的セクターあるいは観光
振興組織との協力が欠かせない。

　回収したアンケート結果は，表計算ソフトなどに入力する。回収数が多い場
合は，専門の入力業者に外注するのが良いと考えられる。回収数が少ない場合
は，自分たちでも入力できるが，入力ミスが心配な場合は，やはり信頼できる
専門業者に依頼した方が安心できる。

　観光地競争力モデルの利点の1つと言えるのが，統計学的に高度な処理を行
う必要性がないということである。先に説明した初期の実証研究も，評価の平
均値と標準偏差を計算しているだけである。もちろん近時に至り，AHPとい
う手法も提唱されているが，例えば観光地の観光政策立案の基礎資料にすると
いう用途であれば，各要素の平均値と標準偏差の計算だけで十分ではないだろ
うか。計算された平均値は，図1－4のように棒グラフを使って整理できる。
スロベニアの実証研究を行った Gomezelj and Mihalič（2008）も，棒グラフを
用いて各要素の平均値を示していた。これにより，どの要素の評価が相対的に

高く，どの要素の評価が相対的に低いかが一目で確認できるようになる。

　以上のように，質問票を作成する以外は，それほど難しい作業は必要とされない。質問票の作成については，例えば地元の大学の研究者と連携を組むこともできる。比較的簡単に調査と分析を行えるのが，観光地競争力モデルの1つの利点と言えるだろう。

5 ── なぜ観光地競争力が必要なのか

　最後に，なぜ観光地競争力に関する調査や研究が必要なのか？ さらに，そもそも，なぜ観光地競争力が必要になるのか？ 観光地が競争力を構築する目的は何か？ という点を検討し，本章を締め括る。

　Ritchie and Crouch（2003）は「観光地競争力の一般モデルは，観光地の競争力の問題点を診断し，それに対する持続可能な解決策を生み出そうとする観光地管理者への指針として重要な役割を果たす」（p.62）と主張した。筆者も，彼らの意見に同意する。例えば，日本の地方自治体の観光振興を担う部門や部署が，自らの観光地に関する SWOT 分析（強み，弱み，機会，脅威の分析）を行い，それを観光振興戦略立案の基礎資料にしている事例を目にすることがある。強みや弱みを分類し把握しようとする試みそれ自体は悪くないが，誰が何を根拠にして，それら強みや弱みを分類しているのか，という疑問を抱くことがある。観光地の関係者が集いグループディスカッションを通じて観光資源を強みと弱みに分類するという方法もあるが，現実世界の人やグループのパワー関係が，現状の認識および評価に色濃く反映される可能性がある。あえて言うなら，声の大きい，あるいは地域内で強いパワーを有する人やグループの意見が，分析結果に強い影響を及ぼすかもしれないのである。やはり，筆者は，熟慮が重ねられた学術研究から導き出された観光地競争力モデルに依拠して観光地の状況を把握するのが良いと考える。4節でも解説したように，観光地競争力モデルに基づくアンケート調査や分析はそれほど難しいものではない。地方公共団体の観光振興部門が，独力で行うことも可能であろう。もちろん，地元の大学研究者と連携して調査を進めることもできる。繰り返し述べることになるが，観

光地競争力モデルに基づくアンケート調査を用いれば，高度な統計分析を行わなくても，また高額な費用を掛けなくても，観光地の現状をある程度客観的に把握できる。

　しかし同時に，Ritchie and Crouch（2003）による「モデルは，意思決定を支援するものであり，意思決定者の役割を演じるべきではない」（p.60）という指摘にも留意すべきである。すなわち，データはあくまでも意思決定の基礎資料であり，データ自体が観光振興に関する意思決定や政策を導き出すわけではない。また，地域の観光振興部門と大学が連携する中で，大学はデータ作成に貢献できるが，外部の人間が意思決定や政策立案を行うことはできない。3節で見た Gomezelj and Mihalič（2008）のスロベニアの実証研究を思い出してほしい。スロベニアの強みとして自然や温泉，弱みとしてアミューズメントパークやテーマパークなどが挙げられていた。観光地の有限な資源や資金を投じて，今後，強み（自然や温泉）を伸ばすのか，弱み（アミューズメントパークやテーマパーク）を補強するのかという戦略の方向性を定めていくのは，地方自治体の観光振興部門，観光地経営組織の管理者あるいは観光産業の関係者の仕事であり責任でもある。

　最後に，観光地が競争力を構築する目的について検討する。Dwyer and Kim（2003）は「観光客を世界から誘致するための観光開発には広範な目的がある。しかし最終的に，経済的な豊かさに着目することは理にかなっている。つまり，国（や観光地）は，主に，自国の住民が経済的に豊かになれるように，国際観光市場で競争しているわけである。もちろん，観光開発のその他の目的——例えば居住するため，貿易するため，投資するため，取引をするため，スポーツを競い合うための場として国を盛り上げるチャンスにする——を掲げることもできる。観光は，国際的な相互理解，平和，信頼を促進できるかもしれない。しかし長期的視点に立てば，観光地の住民たちの経済状態を良くすることが観光地競争力の主たる関心事である」（p.375）と主張する。すなわち，地域の住民の経済的な豊かさの実現こそが，観光地競争力そして観光開発の目的になるという。経済的な豊かさを目的とすることが，そもそも正しいのか，善いのか，という点を判断するのは難しい。とりわけ，税金を投じた観光振興に

よって一部の観光関連業者だけが利益を得るという成果の不均等分配の問題が
絡んでくると，経済的な豊かさを目的とすることに，より大きな疑問が生じる。
　一方で，観光地競争力の構築を通じて地域社会や地域住民の経済状態を良く
するという考え方は，今後，日本各地においてもその必要性が高まってくる可
能性がある。地域住民に対して一定の経済的基盤が提供されなければ，自ずと，
社会的・文化的に豊かな生活を送ることも難しくなるだろう。近時に至り，我
が国で，「限界集落」という用語が注目されている。『日本大百科全書』(小学館)[7]
によれば，限界集落とは，過疎化・高齢化が進展していく中で，担い手の確保
や社会的な共同生活の維持が難しくなり，社会単位としての存続が危ぶまれて
いる集落を指している。人口減と高齢化が進む日本では，今後，こうした限界
集落が大きな社会問題になってくる可能性がある。そうした中，人口減少，そ
れによる地域の経済損失への処方箋の１つとして，観光振興が注目されるよう
になっている。観光庁の調査によれば，2018年１〜３月期の速報値にみる訪
日外国人１人当たり旅行支出額は約15万円，国籍・地域別でみるとオースト
ラリアが約25万円，ベトナムが約23万円，中国が約23万円となっていた[8]。
同時期の日本人国内旅行の１人当たりの消費額は，宿泊旅行で約５万円，日帰
り旅行で約１万7000円であった[9]。
　かたや，総務省によれば，定住人口１人当たりの年間消費額は約124万円(た
だし2013年)である[10]。これらの数字に依拠すれば，定住人口が１人減少した
時の消費減少分の約124万円は，訪日外国人の場合で約８人 (124万円÷15万
円)，宿泊を伴う国内旅行者の場合で約25人 (124万円÷５万円)を誘致するこ
とで賄える計算になる。もちろん観光客を誘致するためにはそれ相応の投資や

7) CASIO EX-word 所収版。
8) 観光庁ホームページ (http://www.mlit.go.jp/kankocho/siryou/toukei/syouhityousa. html) を参照。
9) 観光庁ホームページ (http://www.mlit.go.jp/kankocho/siryou/toukei/shouhidoukou. html) を参照。
10) 総務省ホームページ (http://www.soumu.go.jp/johotsusintokei/whitepaper/ja/h27/ html/nc233100.html) を参照。

費用がかかるため，こうした単純な計算は余り意味がないかもしれない。しかし，ここにきて，公的組織や旅客鉄道会社の報告の中でこうした計算をよく目にすることがある。もちろんコスト（投資や費用）とベネフット（誘客による消費拡大）の両面を慎重に比較する必要があるが，観光産業には，とりわけ高齢化や人口減少が進む地域が今後直面するであろう財政や経済面の問題を一部解消できる潜在力を秘めていると言えよう。

ただし，観光客を誘客するためには，世界中の観光地との熾烈な競争に勝ち残る必要があり，そのために観光地としての競争力を磨き上げなくてはならない。その際には，そもそも観光地の競争力とは何か，そして競争力を構成する要因や要素は何か，という点をしっかり理解する必要がある。そのうえで，それら要因や要素に基づき，自らの観光地の競争力の現状をしっかり把握し，強みの構築そして弱みの補完を進める必要がある。繰り返しになるが，本章で取り上げた観光地競争力モデルこそが，その一助になるだろう。

参考文献

Azzopardi, E. and Nash, R. (2017), A Review of Crouch and Ritchie's, Heath's, and Dwyer and Kim's models of tourism competitiveness, *Tourism Analysis*, Vol.22, Issue 2, pp.247-254.

Cracolici, M. F. and Nijkamp, P. (2008), The attractiveness and competitiveness of tourist destinations; A study of Southern Italy regions, *Tourism Management*, Vol.30, Issue 2, pp.336-344.

Crouch, G. I. and Ritchie, J. R. B. (1999), Tourism, competitiveness, and societal prosperity, *Journal of Business Research*, Vol.44, Issue 3, pp.137-152.

Crouch, G. I. (2011), Destination competitiveness; An analysis of determinant attributes, *Journal of Travel Research*, Vol.50, No.1, pp.27-45.

Dwyer, L. and Kim, C. (2003), Destination competitiveness; Determinants and indicators, *Current Issues in Tourism*, Vol.6, No.5, pp.369-414.

Enright, M. J. and Newton, J. (2004), Tourism destination competitiveness; A quantitative approach, *Tourism Management*, Vol.25, Issue 6, pp.777-788.

Gomezelj, D. O. and Mihalič, T. (2008), Destination competitiveness; Applying a different models, The case of Slovenia, *Tourism Management*, Vol.29, Issue 2, pp.294-307.

Greenwood, V. A. and Dwyer, L. (2015), Consumer protection legislation; A neglected determinant of destination competitiveness?, *Journal of Hospitality and Tourism Management*, Vol.24, pp.1-8.

Heath, E. (2003), Towards a model to enhance destination competitiveness; A Southern African perspective. (ただし, University of Pretoria, UPSpace Institutional Repository; https://repository.up.ac.za/handle/2263/6058 より PDF 版を入手。頁数は付されていない)

Porter, M. E. (1990), *Competitive Advantage of Nations; Creating and Sustaining Superior Performance*, Free Press. (土岐坤ほか訳『国の競争優位』(上)(下) ダイヤモンド社, 1992 年)

Ritchie, J. R. B. and Crouch, G. I. (2003), *The Competitive Destination; A Sustainable Tourism Perspective*, CABI Publishing.

Ritchie, J. R. B. and Crouch, G. I. (2010), A model of destination competitiveness/sustainability; Brazilian perspective, *Revista de Administração Pública*, Vol.44, No.5, pp.1049-1066.

Zehrer, A., Smeral, E. and Hallmann, K. (2017), Destination competitiveness; A comparison of subjective and objective indicators for winter sports areas, *Journal of Travel Research*, Vol.56, No.1, pp.55-66.

Zhou, Y., Maumbe, K., Deng, J. and Selin, S. W. (2015), Resource-based destination competitiveness evaluation using a hybrid analytic hierarchy process (AHP); The case study of West Virginia, *Tourism Management Perspectives*, Vol.15, pp.72-80.

---------- 第2章 ----------

観光地ステークホルダー

1 —— はじめに

　カナダのカルガリー大学の L. R. Sheehan と J. R. Brent Ritchie は，*Annals of Tourism Research* 誌に掲載された Destination stakeholders; Exploring identity and salience (「観光地ステークホルダー——その正体と重要性の探究」) の導入部で次のように述べる。

　　「『もし，主要なステークホルダーが組織の支援から手を引いたなら，その組織は存在できなくなるだろう』(Clarkson, 1995 : 106)。本論文では，理論の検討や新たな実証的発見という手段を用いて，この組織の現実を観光地経営組織 (DMOs) に関連づけることになる。とりわけ，観光地の戦略的経営の基礎として，ステークホルダー理論を活用することの可能性を検討する。本研究の主たる目的は，典型的な観光地の主要な活動主体を実証的に明らかにする調査であり，DMO にとってのステークホルダーの相対的重要性，同じく他の組織からの脅威，そして他の組織との連携の可能性に対処する DMO の知覚された能力を明らかにすることにある」(Sheehan and Ritchie, 2005, pp.711-712。ただし Clarkson の文章は，Sheehan and Ritchie による引用であることから，本章の参考文献には挙げていない)。

　観光地および観光地経営組織 (destination management organization: 以下，DMO と略記) は組織体であり，企業と同じく，ステークホルダーの存在とその動向

が観光地やDMOの存続に大きな影響を及ぼすことになる。また，d'Angella and Go（2009）が「観光地は，相互依存的な複数のステークホルダーによって構成されるオープン社会システムとみなすことができるであろう」（p.429）と主張するように，観光地およびDMOは，多様なステークホルダーの活動をうまく調整することで，観光地というシステムの存続と成長を図る必要がある。

　なお，観光地ステークホルダーを語る際には，当然，観光地経営の主要組織とされるDMOの内容や役割を理解しておく必要があろう。逆も然りで，DMOを語る際には，ステークホルダーの内容や役割を理解しなければならない。しかし，1つの論文の中でステークホルダーとDMOの両方を論じようとすると，分量が多くなり，また内容も複雑になり過ぎる。そのため，それらを別々の章で扱うこととし，まず本章でステークホルダーを，次の3章でDMOを取り上げることにする。ただしステークホルダーの考察からDMOを完全に切り離すことはできないため，本章でも所々でDMOについて触れることを予め断っておきたい。

　本章の構成は以下の通りである。まず2節では，観光地ステークホルダーという見方の基礎となる経営学のステークホルダー理論への検討を行う。次いで，3節では，観光地のステークホルダーは誰か，という基本的な問題を分析した先行研究に目を向ける。観光地においてステークホルダーの活動調整を行う前に，そもそも誰が，何がステークホルダーであるかを知る必要がある。4節では，観光地ステークホルダーに関するその他の研究として，観光地ステークホルダーにネットワーク分析を適用した研究，観光地開発を主導するステークホルダーの特定を試みた事例研究，観光地マーケティングのマルチ・ステークホルダー市場志向という概念や見方を提唱した研究に目を向ける。5節では，観光地ないし観光地経営組織が，なぜ多様なステークホルダーを意識する必要があるのか，という点を検討して本章を締め括る。

2 —— ステークホルダー理論とは

　前掲 Sheehan and Ritchie（2005）の論文が，企業のステークホルダー理論の
検討によって始められるように，ステークホルダー研究は経営学分野で蓄積さ
れてきた。そこで本章でも，まず経営学のステークホルダー理論について概観
する。

　有斐閣『経済辞典（第4版）』によれば，「ステークホルダー」（stakeholder）
は「利害関係者。企業経営に利害関係を持つ者」（676頁）と説明される。
stake が利害関係，holder が所有者・保有者を意味することから，利害関係を
有する者となる。さらに同辞典で「利害関係者」を調べると，「組織の目的達
成に影響を与え，影響を受ける集団をいう。企業の場合には，株主，金融機関，
原材料供給業者，労働組合，顧客，流通業者，政府などが含まれる。いかなる
利害関係者が影響を与えるのか，いかに利害関係者との良好な関係をつくるの
かが重要である」（1263頁）と説明される。この辞典の解説だけで経営学にお
けるステークホルダーの捉え方がおおよそ把握できると思われるが，本節では
既存の代表的研究に目を向けることで，経営学におけるステークホルダーの捉
え方をもう少し詳しく解説していきたい。

　組織研究の権威 H. A. Simon は，著書 *Administrative Behavior*（『経営行動』）
の中の「組織の均衡」（equilibrium of the organization）の説明において，企業組
織に関わる主体として「企業家」，「従業員」，「顧客」を挙げる。Simon は，そ
れら主体をステークホルダーではなく，組織への「参加者」と呼ぶ。それら参
加者は，各々が個人的動機をもって組織に貢献する。すなわち，「企業家は利
益（支出を超える収入の超過分）を求め，従業員は賃金を求め，顧客は（ある価格
で）欲する製品」（Simon, 1976, p.17）を入手するために組織に貢献する。Simon
いわく，「組織のメンバーは，組織が彼らに提供してくれる誘因と引き換えに
組織に貢献している」（*Ibid.*, p.111）のである[1]。

1）邦訳にあたり参考文献リストに記された邦訳書を参照した。

　この誘因と貢献の関係性について，やや詳しく見ておこう。ここでは議論を単純にするため（それでは Simon の主張を正しく理解することにはならないが），経済的誘因を中心に考える。従業員は賃金という誘因と引き換えに組織に労働を提供し，顧客は製品という誘因と引き換えに組織に貨幣を支払い，企業家は利益（と連動した報酬）という誘因と引き換えに組織の運営を行う。もちろん，賃金，製品，利益などの経済的誘因だけでなく，昇進，地位，威信，忠誠心，信用そして組織目的それ自体が貢献を引き出す誘因となり得る。さらに Simon は，「1 つの集団による貢献は，その他の集団に提供する誘因の源泉」(Ibid., p.111) になっているとし，参加者間での相互依存性を指摘する。すなわち顧客が支払う貨幣は従業員の賃金の源泉，従業員が提供する労働は顧客が購入する製品を作り出す源泉になる。また，それら売買契約や雇用契約が「十分に有利」(Ibid., p.17) である場合，すなわち顧客が良い製品により多くの代金を支払い，良質な労働を提供する従業員に支払われる賃金が一定の範囲内に収まることで（すなわち売上 – 費用），企業家の誘因の源泉となる利益が生み出される。仮にそれら契約が不利となり企業に利益が残らない場合，企業家は，将来の顧客や従業員に提供する経済的誘因（すなわち将来の賃金や製品製造）の源泉を失うだけでなく，企業家自身による組織への貢献も続かなくなり，「組織は消滅」(Ibid., p.17) することになる。

　Simon は，これらの関係について，「もし，貢献を合計したものが，必要な量と種類の誘因を供給するのに，その量と種類において十分であるならば，その組織は存続し，成長するであろう」(Ibid., p.111) と説明する。つまり，参加者には自らの貢献よりも誘因が大きい（貢献＜誘因）と知覚させる一方，組織全体として貢献の合計が誘因の合計よりも大きい（貢献の合計＞誘因の合計）という均衡状態を作り出すことが，組織の存続と成長の条件になる。Simon 自身は，ステークホルダーという用語を使っていないが，上述の参加者間での組織の均衡という考え方は，組織とステークホルダーさらにステークホルダー間の関係をうまく表していると言えるだろう。

　組織の「資源依存パースペクティブ」(resource dependence perspective) を提唱したスタンフォード大学の J. Pfeffer と G. R. Salancik は，1978 年に公刊さ

れた著書 *The External Control of Organizations*（『組織の外部的コントロール』）の中で，自らの考え方の基本を「組織は，有効である限り生存できる。有効性（effectiveness）は，要求，とりわけ組織が資源や支援を獲得するために依存する利害団体（interest groups）の要求にうまく対処することで生み出される。…（中略）…組織生存の鍵は，資源を獲得し維持する能力にある」(Pfeffer and Salancik, 2003, p.2)（originally published in 1978）と説明する[2]。すなわち，組織は，自ら生存するために，外部の利害団体からの資源や支援に依存している。そして，資源や支援を継続的に獲得するために，それら団体の要求にうまく対処することで「有効性」を達成する必要がある。この有効性とは，「組織の産出物や活動に適用される外部的な基準である。分析の焦点となる組織（focal organization）〔焦点組織と和訳されることがある〕から影響を受けたり，それら焦点組織と契約を結んだ全ての個人，グループ，組織が用いる基準である。それぞれの組織の評価者によって査定される有効性は，焦点組織がいかに評価者のニーズに適合したか，基準を満たしたかを意味する」(*Ibid.*, p.34) という。資源や支援を提供する外部の組織や個人のニーズないし基準にうまく適合することが有効性であり，その有効性を達成できている組織は，外部から資源や支援を獲得し，存続していける。逆に，有効性を達成できていない組織は，資源や支援を得られず消滅することになる。

　経営学分野でステークホルダーについて論じた代表的研究の 1 つが E. R. Freeman と D. L. Reed の Stockholders and stakeholders; A new perspective on corporate governance（「株主と利害関係者——企業統治の新たな見方」）である。彼らによれば，「ステークホルダーという考え方は，見かけによらず実にシンプルである。それは，株主に加えて，企業が責任を果たすべきその他のグループ，すなわち企業の行動に利害を有するグループが存在する」(Freeman and Reed, 1983, p.89) ことを意味する。そのうえで彼らは，これらステークホルダー

2）本書は 1978 年に公刊された。しかし，ここでは，2003 年にスタンフォード大学が再版した版を参照した。よって公刊年は 2003 年となっている。引用頁数は，2003 年の再販 paperback edition からである。

を実際どのように捉えるかが問題であるとし，「ステークホルダーに関する2
つの定義」，すなわち「友好的あるいは敵対的なグループを含むより広義の捉
え方，〔それに対して〕スタンフォード大学研究所の定義の本質を捉えており，
より限定的な狭義の捉え方」(*Ibid.*, p.91) があるとし[3]，以下のように具体的に
説明する。

- 広義のステークホルダー。組織目標の達成に影響を及ぼす，あるいは組織
  目標の達成によって影響を受けると認識される組織や個人（従業員，対象
  顧客，株主に加え，公共利益団体，反対運動グループ，政府機関，同業組合，競争
  相手，労働組合，その他多くが，この意味でのステークホルダーに含まれる）。
- 狭義のステークホルダー。組織が自らの継続的存続に向けて依存してい
  ると認識される組織や個人（従業員，対象顧客，信頼できる供給業者，重要な
  政府機関，株主，信頼できる金融機関，その他の狭義の意味合いの全ての利害関係
  者）。(*Ibid.*, p.91)

　広義は企業の組織目標の達成に影響を及ぼす（あるいは影響を及ぼされる）活
動主体，狭義は企業が自らの存続のために依存する活動主体を意味する。そし
て，Freeman and Reed は，「取締役たちは，従業員，供給業者，顧客こそが
会社と利害関係を有する主体であると認識し，多くの人が敵対グループをその
中に入れることに反対する。しかし，企業戦略という観点に立てば，ステー
クホルダーはより広く理解されるべきである。すなわち，戦略では，企業目
標の達成に影響を与える可能性のある広義のグループを考慮する必要がある。
…（中略）…激動する環境の中で戦略を策定・実行していくのが企業であると
すれば，戦略の理論は，グループが友好的か敵対的かに関わりなく，それらを
外部の圧力や諸力として分析することを受け入れる広義のステークホルダーの

3）ステークホルダーという用語は，1963年にスタンフォード大学研究所の内部の備
　忘録の中でつくられたという。前掲の J. Pfeffer は1979年からスタンフォード大学
　で教鞭を執っており，スタンフォード大学研究所の考え方を継承していると考えら
　れる。

概念を持つ必要がある」(*Ibid.*, pp.91-92) と主張する。すなわち, Freeman and Reed は, 企業の目標達成に影響を与えるグループを友好的, 敵対的であるかに関わりなく広くステークホルダーとして捉えていくことが, 企業の目標達成や戦略遂行にとって重要になると指摘する。繰り返しになるが, 企業の取締役たちが陥りがちな狭隘な見方はもとより, 先に見た Pfeffer and Salancik による存続のための資源依存という捉え方も狭いとしたうえで, 企業の目標達成に影響を与える（与えられる）可能性のある広いグループをステークホルダーの中に含めて捉えるべきだという。

さらに Freeman *et al.* (2004) は, ステークホルダーを広く捉えることの意義について次のように述べている。

> 「今日の経済の現実は, 我々がステークホルダー論の中核として指摘する本質的事実を軽視している。すなわち経済的価値は, 皆が置かれた状況 (circumstance) をより良くしようとする人々が, 自発的に集まり, 協力することで創出されるものである。経営管理者は, ステークホルダーとの関係を作り上げ, 彼らを鼓舞し, 企業が彼らに約束する価値を実現するために最善をつくそうとするステークホルダーたちとの共同体を創出しなくてはならない。確かに, 株主はステークホルダーの重要な構成要素であり, 利益もこの活動の重要な特性の１つであるが, 利益への関心は, 価値創出過程の駆動力というより, むしろ結果である」(*Ibid.*, p.364)。

すなわち Freeman *et al.* は, 経済的価値は, 経営者はもとより, 状況をより良くしたいと考える多くの人々の協力によって実現されるものであり, 株主だけでなく, より広いステークホルダーとの関係を構築し, ステークホルダーと一緒に価値創出できる共同体を作り出す必要があるとする。経営環境の変化や競争の激化によって経済的価値の創出が難しくなればなるほど, 企業経営者たちはより広いステークホルダーとの協力体制を生み出し, ステークホルダーも自らの状況をより良くするために企業経営者に協力しなければならないと考えられる。

とはいえ，ステークホルダー間そしてステークホルダーと企業との間で，利害の不一致や対立が起こる可能性がある。それら不一致や対立について，Freeman（2010）は，「取締役たちは，その〔不一致や対立という〕問題を再考し，利害を調和させ，そして各ステークホルダーに対してより大きな価値を生み出せる方法を発見しなければならない。もしも，構想力（imagination）の欠如，時間の制約，その他の理由から，利害のトレードオフ（相反）が起こってしまった場合，全てのステークホルダーのためにトレードオフが少しでも緩和されるような方法を試行し，解決することが次善の方策になる」（p.9）と主張する。

以上のFreemanらの見解を纏めると，企業組織ないし経営者は，自らの目標達成や戦略遂行に向けて，それら目標達成に影響を及ぼす（及ぼされる）ステークホルダーを広く包摂する経営を行う必要がある。厳しい競争環境の中で，企業組織が経済的価値を生み出すためには，ステークホルダーとの価値創出に向けた共同体を作り出す必要があり，それこそが自社の目標達成だけでなく，ステークホルダー自身が置かれた状況の改善に結びつくことになる。もちろん，ステークホルダー間で利害の対立や相反が起こることもあるが，企業経営者は，時間の制約に向き合いながらも，対立を解消するための方法を見つけ出し，自社およびステークホルダーのために経済的価値を実現していかなくてはならない。

Freemanらの企業のステークホルダー理論によれば，広いステークホルダーとの良好な関係の構築と共同体の創出こそが，当該企業の生存と成長はもとより，共同体全体での経済的価値の創出さらにステークホルダー自身の状況改善へと繋がるという。そこでは，広義のステークホルダーという見方，そして広く多様なステークホルダーとの共同体の創出が鍵になると考えられる。

3 —— 観光地ステークホルダーとは誰か

ここでは，観光地ステークホルダーの代表的研究の1つとして本章冒頭でも引用したSheehan and Ritchieの論文の検討から始めたい。その論文には，destination stakeholder，すなわち観光地ステークホルダーという表題が付され

ているが，実際には DMO（destination management organization）＝観光地経営組
織のステークホルダーが分析対象となっている。観光地それ自体も確かに組織
やシステムであるが，観光地という組織に対してステークホルダーの重要性を
直接問うことはできない[4]。よって Sheehan and Ritchie は，観光地の様々な主
体や活動を調整することで観光地の競争力や魅力を向上させる役割や責任を負
う DMO という組織を分析対象にする。DMO であれば，その経営者や代表者に
ステークホルダーに対する考え方を尋ねることができるからである。

　Sheehan and Ritchie は，まず観光学分野の DMO やステークホルダー論
に関連する幾つかの先行研究をレビューする[5]。例えば，C. Bonham and J.
Mak, Private versus public financing of state destination promotion (*Journal
of Travel Research*, Vol.35, No.2, 1996)[6] によれば，観光地の宣伝・広告活動は観
光地の中の多くの活動主体が便益を受けるため，特定の組織にその費用を負担
させるのが難しい。すなわち観光地の宣伝・広告は公共財（public good）の特
性を有するため，公的資金の提供が必要になる。さらに Sheehan and Ritchie
自身の過去の研究 L. R. Sheehan and J. R. B. Ritchie, Financial management
in tourism; A destination perspective (*Tourism Economics*, Vol.3, 1997)[7] によ
れば，DMO 予算のかなりの部分が公共部門から提供され，それら資金は適切
な収益が期待される投資と見なされている。それら先行研究の指摘を踏まえ
Sheehan and Ritchie (2005) は，「主要都市や主要リゾートの観光地では DMO
にかなりの資源が提供されているが，それら DMO が観光地においてステーク
ホルダーをどの程度意識しているか，また DMO とステークホルダーとの間で
発生する問題をどの程度意識しているかは，まだ余り分かっていないように思
われる」(p.716) とし，観光学分野でのステークホルダー研究の更なる進展の

4）あえて言うなら，観光地は，様々な組織の複合体として成立するメタ組織である。
5）以下で参照する論文の幾つかは，間接的な参照，すなわち孫引きである。本来であ
　れば，全ての元論文にしっかり目を通すべきであるが，入手できなかった論文があ
　る。
6）同論文を入手できなかったため，間接的な参照（孫引き）である。
7）同論文を入手できなかったため，間接的な参照（孫引き）である。

必要性を指摘する。

　また，Jamal and Getz（1995）は，コミュニティー計画（community planning）における共同的な計画立案の促進要因として，鍵を握るグループの参加と彼らの協働を生み出す効果的なプロセスの必要性を主張した。その指摘を踏まえ，Sheehan and Ritchie（2005）は「鍵となるグループは誰か，それらグループと相互作用するためにどのような戦略を用いるか，という点に関する DMO の認識」（p.718）を解明しなくてはならないとした。さらに，イギリス地方政府の観光マーケッターにとっての主要ステークホルダー（primary stakeholder）と 2 次的ステークホルダー（secondary stakeholder）とを区分しようとした Wheeler, M., Tourism marketers in local government（*Annals of Tourism Research*, Vol.20, Issue 2, 1993）という研究ノートに対して[8]，Sheehan and Ritchie（2005）はもう少し洗練された分析手法の適用が必要になると指摘しつつも，「DMO そして研究者の両方にとって，この分類（主要・対・2 次的）は，経営努力をどこに集中するべきか，という点で非常に役立つ」（p.718）と評価した。

　以上のような先行研究の検討を踏まえ，Sheehan and Ritchie は，「DMO には，かなり多様なステークホルダーが存在する可能性がある。しかし，誰も，その存在に対して実証的根拠を示せていない。あるステークホルダーは支援者の中軸となり，他のステークホルダーは継続的な脅威となる。しかし先行研究では，実証的根拠に基づく DMO のステークホルダーの区分，それらステークホルダーが生み出す問題の種類，あるいはそれら問題に対応するために DMO が選択する経営戦略に関する根拠を示せていない」と指摘し，それら根拠を用意するための「探索的な」（exploratory）（*Ibid.*, p.718）研究が必要であるとした。

3.1.　実証研究の対象と方法

　以上のような問題意識から，Sheehan and Ritchie では，「DMO のステークホルダーの特定，ステークホルダーとの関係の形式，脅威なのか協力者な

8）ただし間接的な参照（孫引き）である。

のかという区分，そしてステークホルダーに関わる経営管理上の問題」(*Ibid.*, p.718) などが検討される。アンケート調査の対象は，DMO の CEO（最高経営責任者）であり，北米の主たる DMO が参加しており約 90 年の歴史を有する International Association of Convention and Visitor Bureaus の名簿の中から選定された。389 の組織が対象となったが，最終サンプル数は 91 であった。82 がアメリカ，6 がカナダ，3 が他大陸の DMO であった。

3.2. 誰なのか，なぜなのか

　紙幅の制約があり同論文の分析結果の全てを紹介できないので，以下では，観光地ステークホルダーを理解するうえで特に重要と思われる質問とその結果のみを示す。

　まず DMO の財源の上位 5 位までを尋ねた質問では，91 人中の 80 (87.9%) がホテル／ルーム税 (hotel/room tax) を上位 5 位までに挙げており最も多い回答数となった。その他の重要な財源は，販促分配金 (promotional participant; 56.0%)，会費 (membership dues; 47.3%)，広告料 (advertising; 38.5%) であった。より重要性の低い財源は，イベント主催料 (event hosting; 19.8%)，各州[9] の助成金 (state/provincial grants; 17.6%)，契約サービス料 (contract services; 13.2%) であった[10]。

　次に，DMO の重要なステークホルダーを尋ねた質問と回答を見る。回答者には，まず 10 位までの重要なステークホルダーを挙げてもらい，その中から最も重要な 3 つのステークホルダーを特定してもらい，それらステークホルダーをグループ化するという方法がとられた。その結果が表 2 - 1 である。91 人中 57 (62.6%) が「ホテル／ホテル協会」(hotels/hotels association) を上位 3 位のステークホルダーに挙げており，最も重要なステークホルダーと認識されていた。以下，2 位は「市／地方の政府」(city/local government; 60.4%)，3 位は

---

9) ちなみに Provincial は，カナダなどの行政区分（区域）であり，アメリカの州に相当する区分である。

10) この DMO の収益源に関して，3 章で取り上げる Getz *et al.* (1998) の分析結果と若干の違いがある。詳細は 3 章を参照されたい。

| 表 2 - 1 | DMO にとっての 3 つの最重要ステークホルダー |

ステークホルダー	最重要			合計	パーセント[a]
	# 1	# 2	# 3		
ホテル / ホテル協会	29	20	8	57	62.6
市 / 地方の政府	35	12	8	55	60.4
地域の政府	12	6	9	27	29.7
観光施設 / 観光施設協会	1	9	8	18	19.8
州の観光課	4	9	5	18	19.8
会員		9	2	11	12.1
取締役会 / 諮問委員会	5	3	2	10	11.0
コンベンションセンター / 宴会施設		5	3	8	8.8
地域社会 / 市民 / 住民	2	1	2	5	5.5
レストラン / レストラン協会		2	3	5	5.5
商工会議所		2	2	4	4.4
大学 / 単科大学		1	3	4	4.4
地方経済開発局		1	2	3	3.3
スポンサー	1	1	1	3	3.3
航空会社		1	1	2	2.2
連邦政府	1		1	2	2.2
ホスピタリティー産業		2		2	2.2
メディア			2	2	2.2
公共施設			2	2	2.2
地域のコンベンション事務局		1	1	2	2.2
旅行者	1		1	2	2.2
広告代理店			1	1	1.1
芸術 / 芸術協会			1	1	1.1
観光地経営会社			1	1	1.1
会議のプランナー			1	1	1.1
観光産業以外の産業			1	1	1.1
エリア内の観光以外の政策立案者			1	1	1.1
公園管理局		1		1	1.1
レクリエーション施設			1	1	1.1
小売業 / 小売業協会			1	1	1.1
旅行会社 / 旅行会社協会			1	1	1.1
ボランティア			1	1	1.1
その他		2	3	5	5.5
合計	91	88	79	258	

a　それぞれのステークホルダーの合計を回答数（91）で割って計算された。最も重要な 3 つのステークホルダーの 1 つとして回答者が認識した割合と頻度を表している。
（出所）Sheehan and Ritchie（2005），p.721 より転載。

「地域 [11] の政府」（regional/country government; 29.7%），4位は「観光施設／観光施設協会」（attraction/attraction association; 19.8%），5位は「州の観光課」（state/provincial tourism department; 19.8%），6位は「会員」（members; 12.1%），7位は「取締役会／諮問委員会」（board of directors/advisory board; 11.0%），8位は「コンベンションセンター／宴会施設」（convention centre/banquet facilities; 8.8%），9位は「地域社会／市民／住民」（community/citizens/residents; 5.5%），10位は「レストラン／レストラン協会」（restaurants/restaurant association; 5.5%）であった。

　さらに，なぜそのステークホルダーが重要なのかが自由回答方式で質問され，回答結果がテーマ別に分類された。その理由として，DMOの財源になるから，という回答が圧倒的に多かった（45.3%，回答258のうち117）。次いで，ホテルの部屋や会議場といった観光関連の建物（superstructure）を提供するから（10%超），観光名所など観光関連製品を提供するから（8.9%），DMOの統治に影響を及ぼす能力を有するから（おおよそ8%），という回答が続いた。これらを総合すると，北米などでは，ホテル／ホテル協会は，ホテル／ルーム税というDMOの最も重要な財源になっていることに加え，観光地に欠かせないホテルや宿を提供するため，DMOにとって特に重要なステークホルダーになっていることが分かる（後掲の図2−2も参照）。

　また「主要」（primary）と「2次的」（secondary）というステークホルダーの区別も調査された。Sheehan and Ritchie は，DMOとステークホルダーが「正式な（formal），公式な（official），もしくは契約的な（contractual）」関係（以下，形式的・契約的な関係と略記）にある場合は「主要」，そうでない場合は「2次的」と分類した。回答結果は以下の通りであった。最重要のステークホルダーであった「ホテル」と公式的・契約的な関係を結んでいるという回答は，半分に満たなかった（48%）。また「観光施設／観光施設協会」も重要なステークホルダーの4位に位置したが，公式的・契約的な関係にあるという回答は28%であった。つまりホテルや観光施設は「重要」なステークホルダーであったが，必ずしも「主要」なステークホルダーにはなっていなかった。この結果につい

11）この場合の country は地域を意味すると考えられる。

て，Sheehan and Ritchie（2005）は，「ホテルは，観光関連の建物という重要な構成要素を提供したり，ビジネス会議の実施に際してDMOの重要なパートナーになったりするが，彼らは直接的に資源を統制していない…（中略）…観光名所についても同じような説明が可能であろう」（*Ibid.*, p.772）という。他方，公式的・契約的関係を有する主要ステークホルダーとして，CEOの91％が挙げたのが「市／地方の政府」（重要なステークホルダーの2位），82％が挙げたのが「産業界の会員」（industry members; 重要なステークホルダーの6位）[12]，81％が挙げたのが「地域の政府」（重要なステークホルダーの3位）であった。次いで，80％が挙げたのが「取締役会・諮問委員会」（重要なステークホルダーの7位），76％が挙げたのが「州の観光課」（重要なステークホルダーの5位）であった。

3.3.　脅威それとも協力者

　次いで，各DMOが回答した最も重要な3つのステークホルダーが「DMOに対して問題を生み出すか」（*Ibid.*, p.722）という質問に対して，CEOに5段階で評価してもらった。CEOの約39％が問題を生み出すことに「強く同意」あるいは「同意」，20％が「どちらでもない」，41％が「同意しない」あるいは「全く同意しない」と回答した。そのうえで「ステークホルダーが作り出す最も深刻な問題」（*Ibid.*, p.722）について，自由回答方式で質問された。「資金提供に関する脅威」が36.7％と最も多く，そこから少し離れて「協力やコミュニケーションの乏しさ」（12.2％），「DMOを解散させる脅威」（8.9％），「販促方法での意見の相違および公平な分け前を超えて販促分配金を取ろうとする」，「DMOへの関心や理解の欠如」（いずれも5.6％）などが続いた。

　さらに，3つの最重要なステークホルダーが「DMOにとって脅威になる可能性」（*Ibid.*, p.723）が尋ねられた。その結果は表2−2の通りである。脅威になる可能性が高いと認識されたのは，「ホテル」，「市，地域，州の政府」，「取

12）この「Industry members＝産業界の会員」が，その他の箇所で用いられている「members＝会員」と同じかどうかは不明である。ただし，「会費を通じて資金源として貢献する」と説明されていることから，おそらくDMOの会員となっている産業界の会員を指しており，表記は異なるが同じ主体を表していると思われる。

| 表2-2 | CEO が，どの程度，ステークホルダーを潜在的な脅威とみているか |

ステークホルダー	同意のレベル					合計
	強く同意	同意	どちらでもない	同意しない	全く同意しない	
ホテル	17	12	14	6	7	56
市の政府	27	14	9	2	2	54
地域の政府	11	8	5	2	1	27
州の政府	6	7	1	1	3	18
観光施設		4	5	5	3	17
会員	2	3	2	3	1	11
取締役会	1	4	4	1		10
コンベンションセンター	5	1	1	1		8
住民	2	2	1			5
レストラン		2	1	2		5
大学/単科大学		1	1	1	1	4
商工会議所		1	1	2		4
スポンサー		1	2			3

（出所）Sheehan and Ritchie（2005），p.723 より転載。

| 表2-3 | CEO が，どの程度，ステークホルダーを潜在的な協力者とみているか |

ステークホルダー	同意のレベル					合計
	強く同意	同意	どちらでもない	同意しない	全く同意しない	
ホテル	44	10		2		56
市の政府	30	19	3	1	2	55
地域の政府	15	9	3			27
観光施設	13	4	1			18
州の政府	10	8				18
会員	8	1	1		1	11
取締役会	5	3	1			9
コンベンションセンター	5	1	1	1		8
レストラン	3	1		1		5
住民	3			1		4
大学/単科大学	1	3				4
商工会議所	4					4
スポンサー	2	1				3

（出所）Sheehan and Ritchie（2005），p.724 より転載。

締役会」,「コンベンションセンター」,「住民」であった。逆に「ステークホルダーがDMOの協力者となる可能性」(*Ibid.*, p.723) も尋ねられた。その結果は,表２－３の通りである。例えば「ホテル」は,56人中54人が協力者になると答えた。「市の政府」は55人中49人,「地域の政府」は27人中24人が協力者になると答えた。つまり,ホテル,市の政府,地域の政府はいずれも,脅威になり得るが,同時に協力者にもなり得ると認識されていた。

３.４. どのような戦略で対応するのか

　ステークホルダーとの関係を管理する最善の戦略を,以下の４つの中からCEOに選択してもらった。それら４つの戦略とは,協調から合弁や合併を含む「協働型戦略」(*collaborative* strategy),計画や意思決定のために意見や情報の提供を要請する「参加型戦略」(*involvement* strategy),批判的行動からCEOを守る「防御型戦略」(*defensive* strategy),変化を伴う脅威や協調を生み出すステークホルダーの能力を監視する「監視型戦略」(*monitoring* strategy)である。３つの最重要ステークホルダー全てを集計すると,協働型 (50.5%),参加型 (41.0%) という回答が多かった。他方,監視型 (6.7%) と防御型 (1.9%) という回答は非常に少なかった。また,第１位の重要なステークホルダーに対しては参加型 (48.6%) が最も多い回答となり,第２位と第３位の重要なステークホルダーに対しては協働型 (それぞれ55.6%,54.5%) が最も多い回答になっていた (*Ibid.*, pp723-724)。

　さらに「ステークホルダーとの関係を管理するために用いた最も成功した戦略」(*Ibid.*, p.724) について自由回答方式で尋ねられた。「取締役会にステークホルダーを参加させる」(27%),「対話する」(24.3%),そして「協調や提携の協定を結んで参加させる」(21.6%),という内容で整理できる回答が多く見られた。その他,「全てのステークホルダーが観光地でリーダーシップを発揮できるようにうまく調整する」(7.2%),「DMOとその役割をステークホルダーに対して教育する」(6.3%),「構成員やメンバーに価値を提供する」(5.4%),という回答が見られた。逆に「ステークホルダーとの関係を管理するために用いた最も失敗した戦略」(*Ibid.*, p.725) について自由回答方式で質問された。「対話

の欠如」(23.1%)，「1つ，ないし少数のステークホルダーに対応するために戦略を変更した」(7.7%)，「DMO の計画や決定からステークホルダーを排除した」(7.7%)，という内容の回答が相対的に多く見られた。Sheehan and Ritchie は，失敗した戦略として，1つないし少数のステークホルダーに対応するために戦略変更したという回答は特に興味深いとし，「少数の声の大きいステークホルダーからのロビー活動に CEO が対応することが，失敗の戦略として認識されていた…（中略）…まさに，この失敗こそが，多くの活動主体との関係を，正しく認識し，分析し，優先順位をつけて調整することの重要性を物語っている」(*Ibid.*, p.725) という。

3.5. 脅威と協力者の分類を DMO の戦略に関連づける

　Sheehan and Ritchie は，最後にやや複雑な分析を行っている。脅威になるのか，協力者になるのか，というステークホルダーの潜在性の分類の組合せから理論的に導き出された戦略（すなわち，理論に基づく戦略）と，実際に DMO が各ステークホルダー向けに選好する戦略（すなわち，実際に選ぶであろう戦略）との一致・不一致を確認するというものである。

　図2－1は，Savage *et al.* (1991) の研究を援用して，脅威（横軸）と協力者（縦軸）というステークホルダーの区分から DMO が採用すべき戦略を理論的に導き出し，そのうえで先の調査結果に依拠してステークホルダーを各セルに割り当てたものである。例えば，脅威になる可能性が高く，協力者にもなる可能性が高いのが左上の「良くもあり，悪くもあり」(mixed blessing) というセルであり，その場合は「協働型戦略」がとられるべきと考えられている。このセルには，先の「脅威それとも協力者なのか」という調査結果から，「ホテル，市の政府，地域の政府，州の政府〔の観光課〕[13]，取締役会，コンベンションセンター，地域住民」が配置される。脅威になる可能性が低く，協力者になる可能性が高いのが右上の「支援的」(supportive) というセルであり，そこでは「参

---

13) 論文の最初の方では State/Provincial Tourism Department と記されているが，論文の途中から State/Provincial Government と記されている。

		組織の脅威になるステークホルダーの潜在性 (表２−２より)	
		高	低
組織の協力者に なるステーク ホルダーの 潜在性 （表２−３より）	高	「良くもあり，悪くもあり」 戦略：協働 ステークホルダー：ホテル, 市の政府, 地域の政府, 州 の政府, 取締役会, コンベ ンションセンター, 地域住 民	「支援的」 戦略：参加 ステークホルダー：観光施設, 会員, レストラン, 大学/単科 大学, 商工会議所, スポンサー
	低	「支援的ではない」 戦略：防御 ステークホルダー：なし	「重要ではない」 戦略：監視 ステークホルダー：なし

前掲表２−２と表２−３で報告されたCEOの知覚に基づき，脅威そして協力者になる潜在性の高低によってステークホルダーが評価された。例えば，そのステークホルダーがDMOにとって潜在的な脅威を有するということに，より多くのCEOが，「同意，全く同意しない」ではなく，「同意，強く同意」した場合に，そのステークホルダーは脅威になる「高い」潜在性を有すると分類され，それ以外は「低い」潜在性を有すると分類された。

（筆者注）この図の基になったのは，Savage *et al.*（1991），p.65 に掲載された図２である。
（出所）Sheehan and Ritchie（2005），p.726 より転載。

図２−１	Savage *et al.*（1991）の特徴分類における主要ステークホルダーの位置

加型戦略」がとられるべきと考えられている。そのセルには，先の調査結果から「観光施設，会員，レストラン，大学／単科大学，商工会議所，スポンサー」が配置される。左下のセルは「支援的ではない」（nonsupportive）となり「防御型戦略」がとられるべきと考えられているが，今回の調査ではそこに配置されるステークホルダーはなかった。右下のセルは「重要ではない」（marginal）となり「監視型戦略」がとられるべきと考えられているが，同じくそこに配置されるステークホルダーはなかった。

　さらに，ステークホルダー向けに最善と思われる戦略を CEO に尋ねたうえ，その CEO の回答結果と理論的に導き出される戦略（前掲図２−１の中の「戦略：○○」という項目を参照）とを対比させたものが表２−４である。要するに，「理論的に導き出される戦略」（theoretically derived strategies）と「CEO が選好する戦略」（CEO's strategy preferences）とが対比され，「ホテル，市の政府，州政府，コンベンションセンター，レストラン」では両方の一致がみられたが，それ以外では不一致となった。つまり，ホテル，市の政府，州政府，コンベン

表2−4	CEO が選好する戦略と理論的に導出された戦略との対比

ステークホルダー	戦略	
	直接測定された[a]	理論的に導出された[b]
ホテル	協働	協働
市の政府	協働	協働
地域の政府	参加	協働
観光施設	協働	参加
州の政府	協働	協働
取締役会	参加	協働
コンベンションセンター	協働	協働
会員	協働	参加
住民	参加	協働
レストラン	参加	参加
商工会議所	協働	参加
大学 / 単科大学	協働	参加
スポンサー	協働	参加

a　CEO たち自身が好ましい戦略と述べた戦略。
b　ステークホルダーが DMO の潜在的な脅威や協力者になるという CEO
　　の知覚から作り上げられる理論的に導出された戦略（Savage *et al.* の
　　分類に基づく）。
（筆者注）b の説明がやや難解であるが，要するに Savage *et al.* の分析枠
　　　　　組みから導出された戦略（前掲の図2−1）を意味するものと
　　　　　思われる。
（出所）Sheehan and Ritchie（2005），p.727 より転載。

ションセンターについては協調や合併という「協働型戦略」で一致，レストラ
ンについては計画や意思決定のための情報提供を要請する「参加型戦略」で一
致がみられた。
　論文の最後の部分で，Sheehan and Ritchie は，ステークホルダーの重要度
を距離で表現した図2−2を用いて DMO とステークホルダーとの関係を可
視化する。DMO から距離が離れるにつれてステークホルダーとしての重要度
が低下する。ホテル，市の政府，地域の政府などは相対的に近い距離，かた
や大学，商工会議所，スポンサーなどは相対的に遠い距離にある。すなわち，

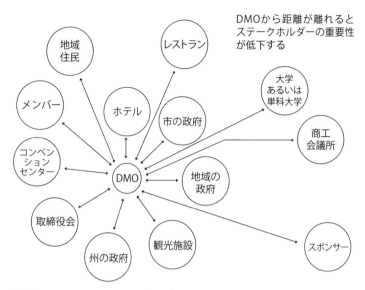

（出所）Sheehan and Ritchie（2005），p.728 より転載。

図2－2　DMO のステークホルダーという見方

DMO にとって，ホテル，市の政府，地域の政府などが相対的に重要なステークホルダーと認識されていることが分かる。

　それら重要なステークホルダーは，同時に脅威になり得るステークホルダーとしても認識されていた。ステークホルダーを重視する理由として最も多く挙げられていたのが，DMO の財源になっているからであった。またステークホルダーが生み出す問題として最も多く挙げられていたのが，資金提供に関する脅威であった。すなわち，CEO たちは，DMO の存続に欠くことのできない資金源となるステークホルダーたちを重視する一方，自らの存続に対する脅威としても認識していたのである。以上のことから，Sheehan and Ritchie は，DMO とステークホルダーの関係の現状は，資源依存パースペクティブが指摘するような状態になっている，との見解を示していた。

　他方で，Sheehan and Ritchie は，重要性の低いステークホルダーにも広く目を向けることの重要性を指摘した。ステークホルダーに対する失敗した戦略

として，対話の欠如，少数のステークホルダーに対応するための戦略変更，計画や決定からのステークホルダーの排除などが挙げられており，声の大きな少数のステークホルダーへの対応に注力し過ぎることには問題があるとした。すなわち，Sheehan and Ritchie は，CEO たちは生存に必要な資源で依存するステークホルダーを重視する傾向があるが（要するに資源依存パースペクティブ），それ以外のステークホルダーにも広く目を向けて対話しなくてはならない（要するに広義のステークホルダー論）と主張した。

4 —— 観光地ステークホルダー論のその他の研究

　Sheehan and Ritchie (2005) は観光地ステークホルダーに関する重要な研究の1つであるが，それ以外にも同テーマに関する興味深い先行研究は沢山ある。もちろん，紙幅と筆者の能力の制約があるため，観光地ステークホルダーに関する多くの研究をここで取り上げることはできない。ここで取り上げる論文を選んだ基準や理由について客観的根拠を欠くことを認めざるを得ないが，以下ではステークホルダーとそれらのネットワークに着眼した3つの先行研究を紹介する。

4.1. 観光地ステークホルダーへのネットワーク分析の適用
　イタリアの大学の研究者 A. Presenza と M. Cipollina は，*Tourism Review* 誌に掲載された Analysing tourism stakeholders networks (「観光ステークホルダー・ネットワークの分析」) という論文の中で，ネットワーク分析を用いて観光地でのステークホルダー間の繋がりを明らかにした。
　Presenza and Cipollina (2010) は，「観光客，サービス組織，観光業者の関係の重要性に着目する研究が近時増えているが，ネットワーク分析を適用してネットワークの観点から観光地を分析する研究はまだ少ない」と指摘する。同論文の狙いは，「ネットワーク分析を用いて，観光地ステークホルダー間に存在する多様な関係と，それらのマネジメントやマーケティング活動上の重要性を評価する」(p.18) ことにあるという。

　ネットワークは，頂点セット V（すなわち $V=\{1,......,n\}$），線セット L（すなわち $L=\{1,......,n\}$），関係性の強さを表す正のウェイト W，そして頂点の価値の関数 P によって，$N=(V,L,W,P)$ と表現できるという。ネットワーク分析の狙いの１つは，ネットワーク内の重要な結節点を見つけ出すことである。それら重要な結節点は，ネットワーク上の戦略的な位置づけを意味する。

　ネットワークの結びつきの度合いは，「密度」(density) や「中心性」(centrality) などで測定できるという。ネットワーク密度は，ネットワークの線の最大数（l^{max}）に対する実際の線の数の比率（$g=l/l^{max}$）として表現される。ネットワーク中心性には，次数中心性，近接中心性，媒介中心性などがある（以下の数式は，あくまでも同論文による説明である）。同論文では，次数中心性（Cd）は，ある結節点の他の結節点との関係性の最大値（n-1）に対する実際の関係性（d）の比率（$Cd=d/(n-1)$）と説明される。近接中心性（Cc）は，ある結節点（i）と他の結節点（j）の最短距離の和（$\Sigma_j dist(n_i,n_j)$）の逆数（$Cc=1/(\Sigma_j dist(n_i,n_j))$）と説明される。媒介中心性（$Cb$）は，結節点のセットの中で，結節点同士（結節点 j と k）の最短距離の間に，ある結節点（結節点 i）が位置する程度（$Cb=\Sigma_{j\neq k}\frac{g_{jk}^i}{g_{jk}}$）と説明される。同論文ではそれぞれの指標の意味が詳しく説明されていないが，一般的には，次数中心性はある結節点が他の結節点と直に繋がる程度，近接中心性はネットワーク内でのコミュニケーションの効率性（最短距離の和），媒介中心性はネットワークを他のネットワークに繋ぐ（逆に分断させる）役割を意味する（例えば Dziadkowiec *et al.*（2015）を参照）。

　Presenza and Cipollina（2010）は，イタリアの観光地 Molise 州のホスピタリティー企業に対して「１．貴方のマネジメント活動にとって，ローカルステークホルダーたちとの関係がどれほど重要か，２．貴方のマーケティング活動にとって，ローカルステークホルダーたちとの関係がどれほど重要か」(p.23) と質問し，最小１から最大10で点数をつけてもらった。有効回答数は200社であった。

　同論文でローカルステークホルダーとして挙げられたのは，地方政府（regional government），州政府（provincial government），市の政府（city government），観光

局（tourism bureau），観光コンソーシアム（tourism consortium），地方の観光協会（local tourism association），国の観光協会（national tourism association），ツアー催行業者（tour operator），旅行代理店（travel agency），観光サービス代理店（tourism service agency），その他業者（other operators），研究機関（research institutes）である。他方，回答側のホスピタリティー企業は，ゲストハウス（guest house），ホテル（hotel），農業体験観光企業（agri-tourism firms），ベッド＆ブレックファースト（bed and breakfast），キャンプ場（camping），ホリデーハウス（holiday house），レジデンス（residence），地方（あるいは田舎の）観光企業（rural tourism firms）である。

　まずマネジメント活動では，大部分のホスピタリティー企業が，各ステークホルダーの重要性に6を超える評価をつけたという。このことから，多くのホスピタリティー企業が，全ての観光ステークホルダーとの協働が重要であると認識していることが分かる。ただし，その中で，ホテル，キャンプ場，レジデンスは観光サービス代理店を相対的に重視していない，農業体験観光業者とベッド＆ブレックファーストがツアー催行業者を相対的に重視していない，ゲストハウスは研究機関に関心を示していない，という傾向が確認された。他方，ホテルは市役所との協働，ホリデーハウスは旅行代理店との協働を好む，という傾向が確認された。そして全体的に，宿泊関連業者は観光局（あるいはDMO）とのマネジメント活動での協働を好む，という傾向が確認された。

　一方，マーケティング活動での評価の平均値は，マネジメント活動よりも低かった。すなわちマーケティング活動では，マネジメント活動と比較して，ステークホルダーとの協働が重視されていない傾向が確認された。その中で，マネジメント活動と同様にマーケティング活動でも，多くのホスピタリティー企業が観光局との協働を望んでいた。ただし例外として，ベッド＆ブレックファースト，キャンプ場，レジデンスは「地方あるいは地域の政府」（local or regional governments）（Ibid., p.23）との協働，地方観光業者は旅行代理店との協働をより好む，という傾向が確認された。

　次にネットワーク中心性に関する分析は，以下のような結果となった。まずマネジメント活動における次数中心性では [14]，最も重要なステークホルダー

は観光局，最も重要でないステークホルダーは研究機関とツアー催行業者であった。近接中心性では，地方政府，旅行代理店，地方の観光協会が中心に位置した。媒介中心性では，州政府と観光局が主要なステークホルダーであったという（*Ibid.,* pp.23-26）。

　マーケティング活動の次数中心性では，最も重要なステークホルダーは観光局，最も選好されないステークホルダーはツアー催行業者，旅行代理店，観光コンソーシアムであった。近接中心性と媒介中心性では，州政府と旅行代理店が中心（論文では中間と記されている）の位置にあったという（*Ibid.,* p.26）。

　以上のPresenza and Cipollinaの分析結果を纏めると，観光地Molise州では，「観光局」，「地方および州の政府」が重要かつ中心的な位置を占めるステークホルダーであった。ちなみに，Presenza and Cipollinaは，観光局をtourism bureau（or DMO）（*Ibid.,* p.23）と表現しており，観光局とDMOを同じような役割を担う組織と捉えていると考えられる。また，Moliseでは，「マネジメントおよびマーケティング活動の両方で，公共セクター（観光局，地方および州の政府）の方が，民間のステークホルダー――ただし旅行代理店は例外――よりも重視されている」（*Ibid.,* pp.26-27）ことが明らかになったという。このようにネットワーク分析を用いることで，観光地内でのステークホルダーの繋がり，そこで重要な位置を占めるステークホルダーを識別することができる。ネットワーク分析は，観光地内でのステークホルダーの関係や位置づけの現状分析に効果を発揮する手法と言えるだろう。

4.2. 観光開発を先導するローカル・ステークホルダーの特定

　フィンランドの大学の研究者 A. Tuohino と H. Konu は，*Tourism Review* 誌に掲載された Local stakeholders' views about destination management; Who are leading tourism development? （「観光地経営に関するローカル・ステークホルダーという見方――観光開発をリードするのは誰か？」）という論文の中で，複数地域での事例研究を通じて，各地の観光地開発でリーダーの役割を担うス

14）ただし，in-degree と out-degree の数の比較によって次数中心性が把握されている。

テークホルダーの特定を試みた。

　Tuohino and Konu（2014）は，複数事例に基づく包括的な分析には説得力があるとし，あえて「対照的な結果が予測」（p.205）されるフィンランド国内の異なる特徴を有する複数の観光地を研究対象にした[15]。地域 1 ＝ Jyväskylä 地方は，Finnish Lakeland 地域の中央に位置する湖を中心とした観光地である。地域 2 ＝ Vuokatti/Kainuu 地方は，冬にスキーを楽しめる丘陵地帯である。地域 3 ＝ Savonlinna 地方は，ロシア国境と接する歴史と湖を中心とする観光地である。Jyväskylä は祭典，スポーツイベント，様々な観光リゾート，Vuokatti/Kainuu はウィンターリゾート，Savonlinna は文化的イベントや湖水リゾートを楽しめる夏のリゾート地というように，観光地としてそれぞれ異なる特徴や魅力を有する。調査手法はインタビューであり，2009 年末から 2010 年初めにかけて計 36 回のインタビューが実施された。様々な視点からの意見を得るため，1／3 は観光プロフェッショナル（例えば地域開発者），1／3 は観光起業家，1／3 は観光エキスパートに対して聞き取りが実施された[16]。

　インタビューは「3 つの異なる観光地での多様なステークホルダーの役割と関係性をより深く理解する」（Ibid., p.205）ために実施された。しかし同論文では，観光地の中で「ステークホルダーたちが，地域内での公共・民間の観光開発主体の役割と責任をどのように分析し，評価しているか」（Ibid., p.206）という点を解明することに焦点が絞られた。そして，各地の観光地開発の有り様について以下のような傾向が確認された。

　地域 1 ＝ Jyväskylä では，「観光地開発は，以前は公共ないし半官，例えば応用科学系の大学，大学，地域開発会社（the universities of applied sciences, universities or development companies）のような主体によってリードされていたが，民間企業主導への移行がより明らかになってきた」という。また同地の教育関係者は，「民間ビジネスのネットワークの役割が増す一方，地域開発会社

15）対照的な事例を取り上げることは，定性的な事例研究の効果的な手法の 1 つと理解されている。例えば，成功例と失敗例を対比することで，成功そして失敗の原因を探るなどの方法がある。

16）ただし，プロフェッショナルとエキスパートの違いは具体的に説明されていない。

の役割が減少している」(*Ibid.*, p.207) と証言していたという。

　地域２＝Vuokatti/Kainuu では,「中心的な役割を担うマーケティング会社が出現し, 同地域の推進力とみなされるようになった」という。民間企業が, 共同マーケティングにかなり関わるようにもなった。さらに, インタビューの語り手たちは,「そのマーケティング会社の強力な役割を認識しながらも, その状況に概ね満足していた」(*Ibid.*, p.207) という。

　地域３＝Savonlinna では,「観光開発は, 明らかに地方自治体の活動によってリードされていた。町が様々な観光開発指標を駆使しており, 政治的決定によって開発が主導されていた」のである。他方,「事業環境や企業間競争が細分化されているという理由で, 明確な推進力となる企業は見つけられなかった」という。例えば, ある観光エキスパートは「それぞれの分野に幾つかの活動主体」がいる, 別の語り手たちは「２つの民間所有の企業ネットワークがリーダーである。加えて, 福祉分野では, ４つの福祉・リハビリセンターからなるより大きなネットワークがリーダーである」(*Ibid.*, p.207), また「イノベーションセンター, 地方大学の観光学科, DMO, 夏の大きなイベント」(*Ibid.*, pp.207-208) がリーダーである, と語ったという。

　３つの地域の調査からは,「観光地のリーダーシップは, 情況依存的 (context-dependent)」と考えられる。また「地域内の各ステークホルダーのリーダーシップのレベルも, それぞれ異なって」おり,「ある地域ではマーケティング会社によってかなり管理されており, 他の地域では共同チェーン組織が支配していた」のである。また,「地域の教育機関の影響力も〔地域ごとに〕異なっていた」(*Ibid.*, p.210) という。

　各ステークホルダーが担う役割にも地域ごとに違いがあり, そこでは「異なる経営実践の文化やステークホルダー間の権力関係」が影響しているのではないかと考えられた。例えば, 地域２＝Vuokatti/Kainuu は強力な主体によって開発が主導されていたが, 地域３＝Savonlinna では分断された経営環境の中で各ステークホルダーが細分化された役割を担っていた。地域１＝Jyväskylä は, その中間に位置していた。さらに興味深い発見として, 地域１と地域３では, DMO の役割が全く重視されていなかった。それら地域でも

DMO への言及はあったが，リーダーとしては認識されていなかった。他方，公共部門は，観光地の開発や起業家的環境の促進という点で重要な役割を担っていると考えられていた。中小の観光事業者たちは観光開発のプロセスからは排除されていると感じており，特に地域3の事業者たちは自らの事業の展開だけに集中していた。それら事業者たちは「同地域の観光開発への明確なミッションやリーダーシップを持った強力なリーダーを望んでいた」が，「DMO がその役割を果たせていない」(*Ibid.*, p.211) と感じていたのである。

　Tuohino and Konu は，論文の結論部分で「観光地の〔ステークホルダーの〕リーダーシップの有り様は，本事例研究で取り上げた全ての観光地の観光地経営の文化という情況に（明らかに）依存している」と指摘した。また，「先行研究は，観光地の経営やマーケティングにおける DMO の強力なリーダーとしての役割を示唆し，強調していた。しかし本研究では，DMO の役割は地域ごとにかなり異なっており，DMO が観光地開発のリーダーでないことの方が多かった」(*Ibid.*, p.211) と分析していた。

　同論文は，複数事例分析という手法を用いて，先のネットワーク分析と同じ様に観光地内でのステークホルダーの関係性や重要性の現状を明らかにした。そして，ステークホルダーの役割が観光地の情況に応じて異なる，という重要な所見を示した。また，多くの先行研究では観光地経営での DMO の役割の重要性が強調されているが，同論文によって DMO が必ずしも重要なステークホルダーやリーダーとして認識されていない現実が解明されたことも興味深い。リーダーあるいは重要なステークホルダーが各観光地の情況に応じて異なる可能性が高いとすれば，同論文のように，事例研究などに基づきステークホルダーの役割や関係性の現状をしっかり把握する作業がより重要となろう。

4.3. マルチ・ステークホルダー市場志向に基づく観光地マーケティング

　ここまで実証的研究を取り上げてきたが，次に先行研究のレビューに基づき新たな分析枠組みの構築を試みた，やや理論的かつ演繹的な研究に目を向ける。N. D. Line と Y. Wang は，*Journal of Destination Marketing & Management* 誌に掲載された A multi-stakeholder market oriented approach to destination

marketing（「観光地マーケティングへのマルチ・ステークホルダー市場志向アプロー
チ」）という研究ノートで，次のように述べる。

　　「観光地マーケティングは，幾つかの点で，より伝統的なマーケティング
　　の情況（例えば，製品やサービス）に類似するが，観光地マーケティングの
　　ある側面は伝統的なマーケティングでは解釈できない。これらの違いの
　　中で最も重要なものは，観光地マーケティング組織が成功を収めるため
　　には，外部の様々なステークホルダー市場（例えば，地域の政治家，民間の
　　観光事業者，地域社会，産業界の仲介業者など）に寄り添わなければならない
　　ということである。観光地のマーケティング環境の特徴が非常に複雑なス
　　テークホルダー構造にあるとすれば，観光地マーケティングという研究領
　　域に対して，顧客中心で概念化された従来の市場志向の見方を単純に適用
　　することは論理的に辻褄が合わない，と我々は提案する。従って，本研究
　　の目的は，DMO の事業環境の中に多様なステークホルダー市場を取り込
　　むために，伝統的な顧客・競合企業中心の市場志向をより拡張していくこ
　　とにある」（Line and Wang, 2017, p.84）。

　すなわち，既に本書で繰り返し述べられてきたように，観光地での製品や
サービス提供は，多様なステークホルダーによって実施される。そのため，観
光地マーケティングでは，伝統的な顧客・競合企業中心の見方では不十分であ
り，多様な観光地ステークホルダーを意識した見方が必要になると指摘される
のである。

4.3.1.　マルチ・ステークホルダー市場志向とは何か

　まず，「マルチ・ステークホルダー市場志向」（multi-stakeholder market
orientation）と従来の「市場志向」（market orientation）とが対比される。従来の
市場志向では，「顧客と競争相手（すなわち市場レベルのステークホルダー）こそ
が価値創造の中心になる」（*Ibid.*, p.85）と捉えられてきた。中でも顧客が特に
重要であり，顧客市場の情報を収集・伝達することが，競争上の優位性や長期

的な経営業績の維持に繋がると考えられてきた。

　こうした市場志向の考え方に対して，先に見た Freeman らの企業のステークホルダー理論は，多様なステークホルダーの繋がりによる価値創造を重視することで，マーケティング理論の顧客と競合企業を中心とする伝統的な見方にも変更を迫ったという。Line and Wang によれば，ステークホルダー理論に対して「外部環境における活動主体間の繋がりを十分に認識できていない」という批判が向けられることもあるが，ステークホルダー理論は，2者間の関係だけでなく，多様な組織や企業が一体となった共同体による価値創造を重視しているという（これについては，本章2節を参照されたい）。そして，「ステークホルダー・マーケティング論の支持者たちは，もはや〔外部ステークホルダーと当該企業との〕2者間での直接的な関係という捉え方を価値創造に適用していないというのが，本論文の前提」(*Ibid.*, p.85) になると指摘した。

　ステークホルダーに関する情報創出についても，顧客や競合企業の情報だけでなく，より多くの活動主体の情報に目を向けなければならないという。また情報伝達についても，組織内部だけでなく，ネットワークを構成する全ての活動主体に情報が隈なく伝わり，それら情報がシステム全体での価値創出に結びつくように利用されなければならないという。

　そのうえで，Line and Wang は，観光地マーケティングでは，通常の製品・サービスのマーケティング以上に，マルチ・ステークホルダー市場志向の重要性が高まると主張する。というのも，「観光地が提供するものを最終のお客〔観光客〕に対して開発，生産，供給するまでには，多様かつ多数のステークホルダーが関わっているが，このプロセスで提供される全てのものを単一組織のみで所有できない」(*Ibid.*, p.86) からである。要するに，観光地の製品やサービスは，観光地を構成する民間部門と公共部門に跨る多様なステークホルダーの活動の調整によって観光客に提供されるという特性を有する。また，それら観光地のステークホルダーは多様な利害と方針を持つことから，時に衝突しかねない利害や方針を1つの共有されたビジョンにまとめ上げるために，より包摂的なマルチ・ステークホルダー市場志向という視点が必要になる。

　Line and Wang は，先行研究のレビューに基づき，観光地のステークホル

(出所) Line and Wang (2017), p.90 より転載 (ただし〔 〕内は筆者が加筆)。

図 2 - 3	観光地マーケティングへのマルチ・ステークホルダー市場志向アプローチの概念的枠組み

ダーが「観光客」(tourists),「競争相手」(competitors),「地域共同体」(community entities),「地域観光産業」(local tourism industry)(ただし,本文で local tourism industry,図中で local industry と記されている),「仲介業者」(intermediaries) の5つのグループないし市場に分類できると主張した (図2-3を参照)。それらステークホルダーと DMO との関係性が,相互の情報の流れ,さらにステークホルダー全体への情報拡散という観点から分析される。以下では,ステークホルダー・グループないしステークホルダー市場ごとに,Line and Wang の見解を紹介する[17]。

---

17) 全体ないし包摂が重要としながら,ステークホルダーごとに検討するという点に矛盾を感じるかもしれない。しかし,映像などと違い,言語の特性により,順に説明するという方法をとらざるを得ない。

4.3.2. 観光客との関係

　まず，DMOにとっての「顧客は誰か？」という問いが重要になるという。Line and Wangによれば，観光地マーケティングでは，顧客が「直接顧客」（direct customers）と「間接顧客」（indirect customers）」（*Ibid.*, p.87）とに分けて捉えられる。

　ツアー旅行，ミーティング，会議，その他イベントなどグループ観光の誘致こそが，DMOの重要な役割の1つである。このことから，DMOの「直接顧客」は，それらグループの意思決定に大きな影響を与える「ミーティングプランナー，協会の役員，そして他のグループの代表者」となる。観光地のマーケティング担当者たちは，それら直接顧客のニーズを的確に把握することで，顧客ニーズと観光製品との適合性を生み出す必要がある。また，DMOは，その適合を生み出すために，製品を提供する供給者側のニーズも把握しなくてはならない。まさに，この過程は，「DMO，直接の（グループ・レベル）顧客，鍵となる産業界の利害関係者たちによる価値共創」（*Ibid.*, p.87）の様相を呈するという。

　一方，「間接顧客」は，自らのニーズを満たすために，ある観光地を選択する「個人の観光客」（independent tourists）を意味する。これら個人の観光客を観光地に誘致するために，「観光地イメージ」（destination image）の創出と維持を通じて，自らの観光地が観光客のニーズを充足する能力を有することを伝えなければならない。また，観光地を構成する全てのステークホルダーが，観光地イメージを創出し，それを顧客や潜在顧客に伝えるという重要な責任を負っていることを自覚しなくてはならないという。その中で，DMOは，（1）個人の観光客のニーズを把握し，それらニーズを充足するためのイメージや価値提案（value proposition）を作り出す，（2）それらイメージや価値提案に対するステークホルダーの承認を得る，（3）イメージや価値提案の実現に責任を負う全てのステークホルダー市場に対してイメージや価値提案をしっかり伝える，という3つの役割を担っている（*Ibid.*, p.87）。

　なお，価値提案＝value propositionは，マーケティング用語の1つであり，

他社との比較の中で自社が提供できる優れた価値を意味する。すなわち，他の観光地との差別化に繋がる自らの観光地だけが提供できる独自の価値である。

4.3.3.　競争相手との関係

　観光客に観光地を売り込む際には，当然，競争関係を意識する必要がある。すなわち「機能的特性という点では，観光地はどこも似通っているため，差別化できる特徴がなければ，直ぐに他の観光地にとって替わられ」(*Ibid.*, p.87) てしまうため，競争相手よりも優れた観光地イメージを作り出す必要がある。DMO は，差別化されたイメージを創出するために，競争相手の戦略と能力をよく理解し，それら競争相手の情報を踏まえて観光産業や地域共同体が受容できる独自の価値提案を示さなくてはならない。

　また，全ての観光地が競争相手になるわけでなく，「他の観光地と協調する」(*Ibid.*, p.87) こともできる。これら協調には，州（県）と市の関係のような「垂直的協調」と，地域間協力のような「水平的協調」(*Ibid.*, p.88) がある。これら協調をうまく実行するためには，どの観光地が協調相手，競争相手になるのかを見分ける能力が大切になる。

　さらに近時に至り，「クルーズ船」(cruise ship) や「統合型リゾート」(all-inclusive resort) (*Ibid.*, p.88) といった新しい競争相手も台頭してきており，それら新規参入業者との競争関係もしっかり監視する必要がある。もちろん，それら新しい競争相手と協調関係を結ぶこともできる。

4.3.4.　地域共同体との関係

　DMO は，「政治的な負託」(political mandate) を受けて活動するのが一般的である。そのため「DMO のマーケティング機能は，伝統的な市場（例えば，観光客向け）を越えて地域共同体へと広がっており…（中略）…（特にアメリカでは）DMO は，観光地マーケティングよりも政治的重要度が高いと位置づけられがちな地域内のその他の組織や活動——例えば法の執行や公的な教育——と，資源の獲得をめぐってしばしば競合」することになる。このことから，「DMO のマーケッターは，彼らの活動が地域共同体に良い効果をもたらしているとい

う情報を絶え間なく発信することで，DMO という組織を，地域ステークホルダー（例えば，政治家，地域住民，地域のリーダーなど）に売り込んでいかなければならない」のである。また地域共同体や政治家の意見によって DMO のマーケティング活動の範囲が決まってくるため，「DMO のリーダー達は，政治的資本（political capital）をめぐって競合する他の組織を理解したり，政治的環境の動向をしっかり監視したりするなど，政治問題にも常に関心を持ち続け」（*Ibid.*, p.88）なければならない。

　ただし，確かに政治家は DMO のマーケティング活動に影響を与えるが，「政治家は結局，地域共同体を代表している」ことになる。よって「アドボカシー活動のプラットフォームないしは共同体向けの広報活動を通じて，自らの価値提案を〔政治家を選出する〕地域共同体の内部にうまく売り込むことが，DMO の観光地マーケティング活動のますます重要な側面」（*Ibid.*, p.88）になるという。

　以上のことから，地域共同体向けの DMO のマーケティング活動では，「（1）地域共同体やその代表〔例えば政治家〕のニーズを理解し，（2）これらニーズにうまく対応することで，DMO が掲げるミッションへの支持をとりつけなくてはならない」のである。また DMO には，「観光客や地域の観光産業のニーズを把握したうえで，DMO のマーケティング活動の評価に責任を持つ政治家たちに，それらニーズをうまく伝えていく力」（*Ibid.*, p.88）が求められるという。このように，DMO は，観光客や産業界のニーズさらに地域共同体やその代表である政治家のニーズをしっかり把握し，それらニーズを反映した価値提案を掲げて自らの存在意義をしっかり訴求していかなくてはならない。それができなければ，他の公的活動（例えば，法の執行や公的教育など）との競争（例えば，限りある公的な予算をめぐる）に勝ち，地域社会や政治からの支持を得ることは難しくなる。

4.3.5. 地域観光産業との関係
　地域観光産業とは，具体的には「宿泊業者，飲食業者，小売業者，観光施設業者」（*Ibid.*, p.88）および「輸送会社」（*Ibid.*, 90）を意味するという。

　それら地域観光産業は，観光閑散期に需要を創出するという DMO の役割に期待を寄せる。他方，DMO は，「自ら掲げたミッションを実行するために，産業界と良好な関係を維持し，各々の私企業の活動をうまく調整」(*Ibid.*, p.88) していく必要がある。DMO は，多くの企業を会員として取り込むだけでなく，競合する企業間の活動をうまく調整することも求められる。DMO の包含的ないし統合的なマーケティング戦略を通じて，競合する企業が共に利益を得られるような協調体制を作り出さないと観光地全体でのブランド構築は難しくなる。

　産業界は観光地の価値創出に不可欠なステークホルダーとなることから，DMO は，産業界のニーズや期待をしっかり把握し，それら情報を他のステークホルダー市場とも広く共有していく必要がある。

4.3.6. 仲介業者との関係

　仲介業者は観光産業の一部と捉えることもできるが，Line and Wang は「地域観光産業は観光地で生み出される需要から直接利益を得る私企業を意味するのに対して，仲介業者は，観光流通システムをより広いマクロ環境へと拡張させる多数の旅行取引業者や調査組織を意味する」とし，両者を区別した方が良いという。この仲介業者は，「旅行代理店，ツアー主催者，調査機関（コンサルタント会社や大学），サーチエンジン，観光ウェブサイト（TripAdvisor, TripTuner, Expedia ほか）」(*Ibid.*, p.89) などである。

　DMO にとって仲介業者は無くてはならないステークホルダーであり，大半の DMO が自らのステークホルダー・ネットワークの中に最低1つの仲介業者を取り込んでいるという。仲介業者は，潜在的な機会に関する新規かつ貴重な情報を DMO メンバーたちに提供することができる。また，仲介業者は，「観光地の中で観光客と観光業者を繋げる流通経路としての役割を果たし，観光客が観光地を選択する際に大きな影響を与える」(*Ibid.*, p.89) ことになる。

　DMO は，自らと仲介業者の関係だけでなく，その他のステークホルダーと仲介業者との関係にも目を配る必要がある。例えば，DMO は，「仲介業者と観光地の観光業者の繋がりを促進し，関係を維持」(*Ibid.*, p.89) するための場

やバーチャルな空間を用意しなければならない。

4.3.7. マルチ・ステークホルダー市場志向の意義

　以上の分析を踏まえ，Line and Wang は，「観光地マーケティングへのマルチ・ステークホルダー市場志向アプローチ」の理論的・実践的意義について論じる。

　まず，理論的意義として，「これまで深く論じられてきた（しかし１つに統合されていなかった）観光地マーケティングの種種な側面を，統一的かつ多面的な概念枠組みへと統合」(*Ibid.,* p.89) した点が強調される。Line and Wang は，「選び出されたステークホルダーの組合せあるいは観光ステークホルダーの一部の部分集合における組織間関係に関する研究がこれまで一般的であり，包括的なステークホルダーとの関係性の中で価値を共創するという DMO の統合的視点は，とりわけ定量的な分析視角では余り用いられていない」(*Ibid.,* p.90) という。今後の研究の方向性として，本論文で提示されたマルチ・ステークホルダー市場志向に基づく観光地マーケティングという概念的枠組みを，定量分析ができるように操作化していく必要があるとする。

　どちらかといえば，Line and Wang は，実践的貢献の説明に注力している。熾烈な競争と予算縮小に直面する DMO は，自ら掲げる価値提案に対するステークホルダーからの支持を獲得し続けなくてはならない。Line and Wang によれば，「重要なステークホルダーたちとの全体的な価値創出に基づく組織的〔包括的〕な戦略」(*Ibid.,* p.90) こそが，広くステークホルダーから支援を取りつける重要な方策になる。そのために，全てのステークホルダー市場のニーズ充足や情報収集を意識したマルチ・ステークホルダー市場志向という見方が不可欠となり，そうした視点を持てる DMO や観光地こそが，ステークホルダーからの支援を獲得でき，観光地間の厳しい競争を生き残れることになる。

　また，DMO が自らの存在価値を地域社会にどれだけ上手く売り込めるかが，ステークホルダーからの支持の獲得に大きな影響を及ぼす。このことから，マルチ・ステークホルダー市場志向に基づく観光地マーケティングは，観光地に

おける自らの価値や正当性を自らで広めるアドボカシー（advocacy）の活動と
しても理解できるという。なお，アドボカシー＝ advocacy には，「擁護」,「支
持」,「政策提言」という日本語の訳があてられる。そのままアドボカシーとカ
タカナ表記されることも多いと思われるが，あえて日本語で理解すれば，自
らの価値や政策を提示しつつ支持を得るための活動となろう。Line and Wang
は，「DMO のアドボカシー計画の策定と実行こそが…（中略）…成功する観光
地マーケティングの本質」であると言う。すなわち，アドボカシー活動でのス
テークホルダーとの対話を通じて，DMO は,「ステークホルダーの期待を継
続的に理解するための重要な情報」を入手し,「各ステークホルダーのニーズ
と期待に応える戦略目標の立案に，それら情報を活用」(*Ibid.*, p.91) していく
ことができる。Line and Wang は，価値創造プロセスの中により多くのステー
クホルダーの意見を取り込むことが，ステークホルダー市場全体での価値最大
化の重要な条件になると言う。

　さらに DMO は，対話を通じて得たステークホルダーたちの意見や情報を他
のステークホルダーにも伝達し，ステークホルダー全体での情報共有を図る必
要がある。Line and Wang は，「DMO は，常にステークホルダーに関する情
報を生み出し，次いでそれら情報を重要なステークホルダー全体に拡散してい
くことで，地域社会における自らの価値提案への理解を促進できると共に，ス
テークホルダーからの信頼を向上」できると主張する。また，DMO を介して
各ステークホルダー市場の情報を広く共有することで，「観光地全体で一緒に
生み出した価値提案を実行する際の各主体の役割に関する共通理解が生み出
され，それによってステークホルダー全体での価値最大化が実現」(*Ibid.*, p.91)
されていくという。

　以上，やや概念的かつ理念的な議論ではあるが，Line and Wang の「観光
地マーケティングへのマルチ・ステークホルダー市場志向」という見方を検討
してきた。そこでは，Freeman らの企業ステークホルダー理論と同じく，多
様なステークホルダー・グループ（ないしはステークホルダー市場）を観光地の
価値創出過程に包摂していくことの重要性が強調されていた。より具体的に言
えば，5 つのステークホルダーとの対話に基づき DMO の価値提案や戦略目標

を創出すること，それら価値提案を通じて5つのステークホルダー・グループ（ないし市場）からの支持を確立すること，DMOが促進者となることで各ステークホルダー市場の要望や情報をステークホルダー・ネットワーク全体で共有すること，それら情報共有を通じて価値提案や戦略目標の実現に向けた各ステークホルダーの役割を明確にしていくことが肝要になる。

5 ── なぜステークホルダーを意識する必要があるのか

　最後に，観光地ないしDMOは，なぜ，多様なステークホルダーを意識する必要があるのかという基本的な問題に立ち返り，本章を締め括る。経営学および観光学の先行研究によれば，ある組織とステークホルダーとの関係の捉え方には，大きく2つの視点があった。1つは資源依存パースペクティブ，もう1つはステークホルダー・パースペクティブである。

　資源依存パースペクティブはPfeffer and Salancik（2003）が示した見方であり，組織は自らの存続に必要となる資源を外部から獲得しなければならず，それら資源を提供してくれる外部の組織や個人に依存することになる。そして，組織は，それら資源を提供してくれる組織や個人の要求や基準にうまく対応（＝適合）し，資源を獲得し続けなければならない。観光地やDMOも組織であり，自らの存続のために外部の組織や個人から資源を獲得しなければならず，そのために外部の活動主体の要求や基準にうまく対応する必要がある。Sheehan and Ritchie（2005）は，DMOのCEOたちが「重要」なステークホルダーを同時に「脅威」と認識していたのは，自らの組織の存続に欠かせない資源（特に資金）を引き上げられると懸念しているからではないかとし，まさにDMOのCEOたちが外部ステークホルダーとの関係を資源依存パースペクティブで捉えていることの証左になるとした。

　対するFreeman and Reed（1983）は，株主重視という見方はもちろん，生存に必要な資源を得るために外部利害団体の要求に応えるという資源依存パースペクティブの見方も狭隘であると批判した。Freeman and Reedは，企業が経営戦略を策定し実行するためには，外部の活動主体が，友好的か，敵対的か

に関わりなく，戦略や目標の実現に影響を与える主体を広くステークホルダーとして包摂する必要があると主張した。さらに Freeman（2010）は，競争激化により経済的価値の実現が難しくなってきている中で，企業経営者たちは，自らの状況をより良くしたいと思う外部ステークホルダーたちと協力して価値創出共同体を作り上げる必要があるとした。つまり企業経営者は，多様なステークホルダーを包摂した価値共同体の創造を通じて自らの企業目標や経営戦略を実行すると共に，その過程を通じてステークホルダーの状況を改善するという役割を担うことになる。

　本章では，観光地や DMO のステークホルダーを分析対象とした幾つかの先行研究の内容を検討した。Sheehan and Ritchie（2005）は，DMO の CEO たちのステークホルダーへの認識や見方は，現状では自らの存続に欠かせない資源を提供するステークホルダーに注力する資源依存パースペクティブになっているとしたうえで，今後は重要度の低いその他のステークホルダーにも広く目を向ける必要があると指摘した。そのうえで，彼らは，「全てのステークホルダーを包摂していく視点を採用し，それらステークホルダーが DMO の目標達成に影響を及ぼす可能性を注意深く調査し，それらステークホルダーと適切な関係を構築しようとする DMO が，ステークホルダーとの関係から得られる潜在的価値を極大化できたり，ステークホルダーとの新しい形での協働に気づけたり，ステークホルダーによって生み出される脅威を最小化できるだろう」（p.730）と主張した。まさに Freeman らのステークホルダー理論と同じく，観光地や DMO の経営でも，多様なステークホルダーを包摂する見方に立つことが，より大きな価値の創出に結びつくと捉えられたのである。

　Presenza and Cipollina（2010）や Tuohino and Konu（2014）は，それぞれ定量・定性的な分析手法を駆使し，実際の観光地でのステークホルダーの位置，関係，役割の現状を解明しようとした。Presenza and Cipollina によれば，イタリア Molise 州では観光局や地方・州の政府が重要な位置を占めていた。他方，Tuohino and Konu は，フィンランドの3つの観光地では観光開発を主導するステークホルダーがそれぞれ異なり，ステークホルダーの位置づけや役割は各地の情況の影響を受けるという見解を示した。また Tuohino and Konu

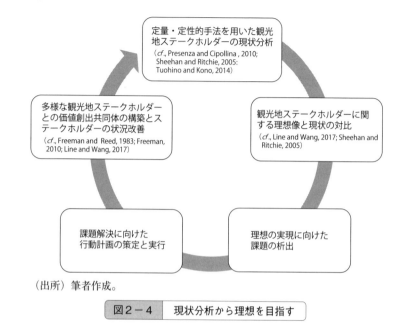

定量・定性的手法を用いた観光地ステークホルダーの現状分析
(*cf.*, Presenza and Cipollina , 2010; Sheehan and Ritchie, 2005: Tuohino and Kono, 2014)

観光地ステークホルダーに関する理想像と現状の対比
(*cf.*, Line and Wang, 2017; Sheehan and Ritchie, 2005)

多様な観光地ステークホルダーとの価値創出共同体の構築とステークホルダーの状況改善
(*cf.*, Freeman and Reed, 1983; Freeman, 2010; Line and Wang, 2017)

理想の実現に向けた課題の析出

課題解決に向けた行動計画の策定と実行

（出所）筆者作成。

図２－４　現状分析から理想を目指す

は，DMO の役割を強調する先行研究が多い中，フィンランドの３つの観光地ではDMO が必ずしもリーダー的な役割を担っていないことを明らかにした。両研究は，観光地でのステークホルダーの関係や位置づけの現状を析出するものであり，ステークホルダーの関係がどうあるべきかという規範的考察には深く踏み込んでいないと考えられる。しかし図２－４で示されるように，観光地の中でステークホルダーのあるべき関係（理想的関係）を作り出していくためには，その前段階として，ステークホルダーの位置，関係，役割の現状をできるだけ客観的に明らかにするという作業が欠かせない。とりわけ，地域の情況によってステークホルダーの位置づけや関係性が異なるとすれば，現状を適切に把握することの重要性はいっそう高まると言えよう。

　Line and Wang (2017) は，「観光地マーケティングへのマルチ・ステークホルダー市場志向」という概念を用いて，多様なステークホルダーひいてはステークホルダー市場全体を意識する必要性を主張した。Line and Wang は，DMO とステークホルダーの多面的関係，さらにステークホルダー同士の関係

にも目を向ける統合的ないし包摂的な視点の重要性を指摘した。DMO は，ステークホルダーや地域社会に対して自らの価値や政策を訴求するアドボカシー活動を展開し，その対話の中から拾い上げられたステークホルダー市場の意見やニーズに基づき観光地全体の価値提案や戦略目標を創出する必要があるとした。さらに DMO は，各ステークホルダー市場に関する情報をステークホルダー・ネットワーク全体で共有することで，価値提案や戦略目標の実現に向けた各ステークホルダーの役割を明確にしていかなくてはならないとした。

　しかしながら，このように多様なステークホルダーを包摂しステークホルダー全体での価値創出を重視する観光地ステークホルダー・パースペクティブないしマルチ・ステークホルダー市場志向という見方に対して，観光地経営に携わる実務家からは，時間や資源の制約があるため，観光地を構成する全てのステークホルダーと対話し，全てのステークホルダーと情報を共有することは容易でない，との意見や批判が出されるかもしれない。また，時間と資源の制約があるため，ステークホルダーの重要性や脅威の程度に応じた優先づけはやむを得ないという考えを持ってしまうかもしれない。確かに Sheehan and Ritchie（2005）の中でも，多くのステークホルダーとの関係をうまく調整するために，正しい分析に基づくステークホルダーへの優先づけの必要性を指摘した言説が見られる。しかし，観光地間の競争が激化する中，自らの観光地に観光客を呼び込み，観光地として永く生き残ることはますます難しくなっている。このことから，Line and Wang（2017）が言うように，他の観光地との熾烈な競争に勝ち残るためには，観光地全体で共創する独自の価値提案と観光地イメージが不可欠である。また，（序章や 1 章において観光ビジネスの 1 つの特徴として強調されていたように）観光地を構成する多様なステークホルダーによって提供される観光客への全体的体験の質こそが，観光地を選択し評価する基準になるとしたら，全てのステークホルダーが自らの観光地の価値提案をしっかり共有・理解・納得し，その実現に向けて各々の役割を適切に果たしていく必要がある。1 人のステークホルダーの行為によって，観光客や訪問者の観光地での全体的体験の質が大きく棄損される可能性がある。とすれば，もちろん大変なことではあるが，図 2 - 3 や図 2 - 4

に示されているように，DMO あるいは地方公共団体の観光関連部局は，観光地の多様なステークホルダーとの対話と連携を基に，広く支持される独自の価値提案や観光振興戦略を策定し，それらを実現するための価値創出共同体を作り出す必要がある。

　それらの図で示された考え方は，理想論に過ぎないと揶揄されるかもしれない。とはいえ，Sheehan and Ritchie（2005）や Line and Wang（2017）が指摘するように，観光地の経営と開発を任された DMO ないし観光局などの観光振興組織は，自らの存続に必要な資源や資金を提供してくれるステークホルダーだけに目を向けるのではなく，観光地全体での生き残りに向けて，より多様なステークホルダーを広く包摂する統合的視点を持たなければならない。さらに，ステークホルダー側もその共同体に貢献することで，自らの経済状態を改善できる可能性が高まるという認識を持たなくてはならない。観光地が魅力を失い観光客が減少していけば，DMO はもとより，その他の観光地ステークホルダーの成長や存続も自ずと難しくなることから，全てのステークホルダーは，利他というより，むしろ利己的視点から観光地ステークホルダー共同体への積極的な参加と貢献が求められるだろう。

　繰り返しになるが，結論として，観光地の経営や開発を任された観光振興組織（例えば，DMO や地域の観光関連部局）は，資源や資金で依存する影響力のあるステークホルダーだけの意見を傾聴するのではなく（いわゆる資源依存パースペクティブ），観光地というシステムを構成する多様なステークホルダーを包摂した価値共同体を組織し（いわゆるステークホルダー理論），そこでの対話と情報共有を通じて創出された独自性のある価値提案，戦略目標そして観光地イメージを梃子にして観光客の誘客を実現し，観光地全体での経済的価値の最大化を目指す必要がある。

【参考文献】

d'Angella, F. and Go, F. M.（2009）, Tale of two cities' collaborative tourism marketing: Towards a theory of destination stakeholder assessment, *Tourism Management*,

Vol.30 Issue 3, pp.429-440.

Dziadkowiec, O., Wituk, S. and Franklin, D. (2015), A social network analysis of South Central Kansas Workforce Innovations in Regional Economic Development, *Journal of Place Management and Development*, Vol.8, No.1, pp.6-22.

Freeman, R. E. and Reed, D. L. (1983), Stockholders and stakeholders; A new perspective on corporate governance, *California Management Review*, Vol. 25, No.3, pp.88-106.

Freeman, R. E., Wicks, A. C. and Parmar, B. (2004), Stakeholder theory and "the corporate objective revisited", *Organization Science*, Vol.15, No. 3, pp.364-369.

Freeman, R. E. (2010), Managing for stakeholders; Trade-offs or value creation, *Journal of Business Ethics*, Vol.96, pp.7-9.

Jamal, T. B. and Getz, D. (1995), Collaboration theory and community tourism planning, *Annals of Tourism Research*, Vol.22, No.1, pp.186-204.

Line, N. D. and Wang, Y. (2017), A multi-stakeholder market oriented approach to destination marketing, *Journal of Destination Marketing & Management*, Vol.6, pp.84-93.

Pfeffer, J. and Salancik, G. R. (2003), *The External Control of Organizations; A Resource Dependence Perspective*, Stanford University Press (originally published by Harper & Row in 1978 and reprinted in 2003).

Presenza, A. and Cipollina, M. (2010), Analysing tourism stakeholders networks, *Tourism Review*, Vol.65, No.4, pp.17-30.

Savage, G. T., Nix, T. W., Whitehead, C. J. and Blair, J. D. (1991), Strategies for assessing and managing organizational stakeholders, *Academy of Management Executive*, Vol.5, No.2, pp.61-75.

Sheehan, L. R. and Ritchie, J. R. B. (2005), Destination stakeholders; Exploring identity and salience, *Annals of Tourism Research*, Vol.32, No.3, pp.711-734.

Simon, H. A. (1976), *Administrative Behavior; A Study of Decision-Making Processes in Administrative Organization (3rd Edition)*, Free Press. (松田武彦ほか訳『経営行動』ダイヤモンド社, 1989 年)

Tuohino, A. and Konu, H. (2014), Local stakeholders' views about destination management; Who are leading tourism development?, *Tourism Review*, Vol.69, No.3, pp.202-215.

第3章
DMO（観光地経営組織）
---

1 ── はじめに

　我が国でも「日本版 DMO」（2020年9月現在「登録 DMO」に名称変更されている）として注目されている Destination Management Organization を取り上げる。例えば，国土交通省観光庁のホームページの中にも DMO に関する項目が設けられており，観光立国を目指す日本にとって重要な組織と位置づけられている[1]。

　カナダの研究者 T. Bornhorst, J. R. Brent Ritchie and L. Sheehan は，*Tourism Management* 誌に掲載された論文 Determinants of tourism success for DMOs & destinations; An empirical examination of stakeholders' perspectives（「DMO と観光地の観光成功要因──ステークホルダー・パースペクティブの実証的検証」）の中で，次のように記している。

　　「観光地間での競争が激化し続けている。代替的な観光地が次々と増える中，観光地の競争優位の構築では，観光システムの全要素を効果的に管理し，成功を確実にするための能力が求められる。この目標達成を支援するため，多くの観光地は，観光産業に対してリーダーシップを発揮する destination management organization（DMO）を創設してきた。これま

---

[1] 国土交通省観光庁ホームページ（https://www.mlit.go.jp/kankocho/page04_000048.html）を参照。

でにも DMO の役割について探究されてきた（Getz, Anderson and Sheehan, 1998）。しかし DMO が経営している観光地の競争力をより強化し最終的な成功へと繋げるために，DMO がどのように効果的に組織化され，どのように運営されれば良いかを解明するために，まだ行うべき調査が多く残っている」（Bornhorst *et al.*, 2010, p.572）（引用文中の参考文献については後ほど本章でも詳しく取り上げる）。

　Bornhorst *et al.*（2010）が指摘するように，観光地が競争を生き残るためには，観光システムを構成する全ての要素を効果的に管理する必要があり，その役割を期待されているのが DMO である。まさに観光地経営における扇の要の役割を期待されている DMO であるが，その役割や組織化・運営の方法については，（2010 年時点で）まだ探求すべきことが多く残されているという。

　ところで，DMO をどのように邦訳したら良いだろうか。例えば，日本政策投資銀行地域企画部（2017）『観光 DMO 設計・運営のポイント――DMO で追求する真の観光振興とその先にある地域活性化』は，Destination Management/ Marketing Organization を DMO と略記し，訳語はあてず，そのまま DMO と表記している。また高橋一夫（2017）『DMO　観光地経営のイノベーション』では，『日本再興戦略 2015 年改訂（アクションプラン）』からの引用文の中で「観光地経営体（日本版 DMO）」という表記が見られるが，本のタイトルからも分かるように基本的に DMO とそのまま記している。さらに Kotler *et al.*（2003）の邦訳書『コトラーのホスピタリティ＆ツーリズム・マーケティング』では，Destination Marketing Organization が「デスティネーション・マーケティング組織」と訳されており，「Organization＝組織」以外の部分は翻訳されていない。さらに最終更新日が 2020 年 5 月 15 日付の観光庁ホームページでは，DMO に対して「観光地域づくり法人」という日本語の名称が付されている。また法人登録の厳格化により「日本版 DMO」の名称を「登録 DMO」に変更

2）国土交通省観光庁ホームページ（https://www.mlit.go.jp/kankocho/page04_000048. html）を参照。

したとも記されている²⁾。DMO に対して，どのような経緯と，どのような理由で，どこを，どのように邦訳し，「観光地域づくり法人」という訳語をあてたのかは不明であり，また筆者の能力ではその名称が DMO の役割や機能を適切に表現しているかどうかが判断できない。DMO を敢えて邦訳するのであれば，Destination＝観光地，Management＝経営，Organization＝組織，すなわち「観光地経営組織」，あるいは高橋 (2017) でも記されている「観光地経営体」になるのではないかと筆者は考える。しかし本章では，日本語の定訳がないという現状，そして無理に邦訳することで誤った名称を広げてしまうリスクを勘案し，そのまま DMO と記す。

　2 節では，DMO の役割の解明を試みた論文を紹介する。そこでは，DMO の役割として，都市の売り込みなどのマーケティング機能が重視される一方，観光地計画ならびに製品開発などが軽視されているという実情が明らかにされる。3 節では，DMO と観光地の成功要因を析出する論文を取り上げる。そこでは，DMO の成功要因と観光地の成功要因の類似点や相違点が明らかにされる。4 節では，DMO による観光地ブランド化を扱った論文を紹介する。観光地ブランド化の具体的手段として観光地のロゴやタグラインに着目し，それらロゴが実際にどのようにデザインされているのか，さらにどのようにデザインされるべきなのかが明らかにされる。5 節では，DMO による情報通信技術への対応を扱った文献を紹介する。Web2.0 の特徴とされるソーシャルメディアのユーザー生成コンテンツによる観光への影響，ならびにそれら影響への DMO の対応が明らかにされる。

2 —— DMO の役割とは

　まず，観光地において DMO が果たす役割に目を向ける必要があろう。日本政策投資銀行地域企画部 (2017) にも DMO の役割などが記されているが (同書 2 章 5 節)，その本では内外の研究者たちの DMO に関する先行研究はほとんど参照されていない。もちろん，「日本版 DMO」を分析対象とすることから，海外で蓄積されてきた DMO の研究は参考にならないとの判断があったのかも

しれない。また同書は，実務家が実態調査に基づき執筆した実践書の位置づけであり，学術的研究とは一線を画するということなのかもしれない。

　一方，本章では，海外で蓄積されてきた学術論文に基づき DMO の役割を理解する。もちろん，日本とは経営環境や背景が異なるとの批判を受ける可能性もあるわけだが，本章では，まずもって海外の学術的知見に学ぶこととする。我が国では日本版 DMO ないし登録 DMO と呼ばれており，海外の DMO との差別化が意識されているのかもしれないが，DMO 自体はもともと欧米で創設され，それがやや遅れて日本に持ち込まれてきたと考えられる。このことからも，まず先行する欧米で DMO の役割がどのように分析され，そして，どのような役割を期待されていたかを知る必要があろう。ここでは数ある論文の中から，冒頭の Bornhorst *et al.* 論文の中でも参照されていたカナダ・カルガリー大学の D. Getz, D. Anderson and L. Sheehan の Roles, issues, and strategies for convention and visitors' bureaux in destination planning and product development; A survey of Canadian bureaux（「観光地の計画と製品開発におけるコンベンション＆ビジター事務局の役割，問題そして戦略――カナダの事務局の調査」）という論文に依拠して DMO の役割を理解することから始める。

2.1.　マーケティング重視の実情と矛盾

　Getz *et al.*（1998）によれば，「Destination Management Organization という用語はコンベンション事務局やビジター事務局（convention and visitors bureaux）に対して使われているが，それら組織の主な仕事，しばしば唯一の仕事になっているのが，マーケティングとセールスである」という。一方，「観光地経営の他の機能，とりわけ計画や製品開発は，大半の DMO で，自らの任務とは見なされず，実践の中でも軽視されている」（p.331）という。ちなみに，「コンベンション事務局」というのは国際会議や大規模会議などを誘致するための組織，「ビジター事務局」というのは観光客を誘致したり案内したりするための組織を指すのが一般的である。

　Getz *et al.* は，D. Pearce による *Tourist Organizations*（Longman, 1992）と

いう著作の中でのアメリカの観光客向け組織（tourist organization）の事例[3]，
Bramwell and Rawding（1996）による伝統的製造業が衰退する中で観光地
マーケティングに取り組むBradford, Birmingham, Manchester, Sheffield,
Stoke-on-Trent という英国の5都市の観光組織の実証研究，さらにカナダの
Canadian Tourism Commission やアルバータ州 Alberta Tourism Partnership
の実際の取組を踏まえ，やはりDMOが計画や製品開発には注力していない実
態が見受けられるとした。なお Getz et al. によれば，「観光地計画」は，「自ら
が担当する地域をより魅力的かつ成功を収められる観光地にするために，目的
を設定したり，戦略を策定・実行したりする過程」と定義される。また「製品
開発」は，「訪問客が使用・購入するパッケージ商品を含む観光名所やサービ
スの創造」（Getz et al., 1998, p.331）と定義される。なお，この製品には，パンフ
レットやトラベルガイドのような有形情報も含まれることがあるという。

　こうした計画や開発が軽視される状況に対して，Getz et al. は，「製品なき
マーケティングというのは矛盾をはらむ表現であり，また計画なき製品開発が
賢明ではないことを多くの専門家が分かっているとすれば，ここにDMOの役
割に関して純然かつ根本的な疑問が生じる」（Ibid., p.332）という。すなわち，
マーケティングとセールスの役割が重視されているDMOであるが，製品がな
いのにマーケティングができるのか，計画がないのに良い製品ができるのか，
という矛盾が指摘される。それら矛盾を踏まえ，Getz et al. はDMOの役割と
はそもそも何か，という疑問を投げかける。

　こうした疑問を提起したうえで，彼らは，以下の2つの課題に取り組むこと
になる（Ibid., p.332）。

1．カナダのコンベンションセンターとビジター事務局（すなわちDMO）が，
　どのように，どの程度，観光地の計画や製品開発に関与しているかを解

3）Pearce（1992）を入手できず，Getz et al.（1998）からの間接的な参照（孫引き）である。
　一応，Pearce（2021）の最新著作 Tourist Destinations; Structure and Synthesis を入
　手し，同様の内容が記されていないかを確認したが，該当する記述を見つけること
　はできなかった。

明する。

2. それら事務局が，現在あるいは将来において，観光地の計画や製品開発
に関与する際に直面する問題を精査する。

2.2. 分析対象

　質問票は，カルガリー・コンベンション・ビジター事務局とカナダ・コンベ
ンション・ビジター事務局協会の代表者たちとの協議を経て作成された。な
お同論文では，コンベンション・ビジター事務局 = Convention and Visitors
Bureaux が CVB と略記されている。以下では，前後の文脈に応じて CVB な
いし事務局と記す。質問票は，カナダの 27 全ての CVB にファックスで送信
され，郵送，ファックス，電話インタビューで回答を得た。27 のうち 25 の
CVB から回答があった。25 のうち，8 つは地方政府の部門，残りは独立の非
営利組織（産業および地方政府も会員になれる）であった。

　それら組織の最も大きな収入源は，政府の補助金や地方税であった。大半の
組織が会費を徴収していたが，それらは主たる収入源になっていなかった。カ
ナダ国内の CVB においては，新たな収入源の確保が求められており，それが
CVB が製品開発に乗り出す理由になっていた。

2.3. 分析結果

　以下，Getz et al. の分析結果を順に確認していく。彼らは，点数評価でなく，
質問に対して記述式で回答をしてもらう方式を用いた。特に新しい研究分野を
切り開く際は，こうした記述方式が有効になるという。

2.3.1. 観光地計画のレベル

　まず観光地計画のレベルが確認される。観光地計画のレベルを知るために，
「あなたの CVB には，観光地計画のための何らかの活動主体（例，諮問委員会，
基本計画検討グループ）がありますか？　もしあるなら，どのような体制です
か？」（Ibid., p.333）と質問された。この質問に対して，23 のうち 18 の CVB，
すなわち 78% が肯定的な回答を示したという。そして，計画への関与の仕方

は，表3－1のように整理されていた。回答数が2つあったものとして，諮問委員会（advisory board）を通じての活動，供給サイドを考慮したマーケティング計画ないし事業計画，新規の観光開発あるいは経済開発グループ内でのリーダーシップの発揮があった。

さらに，「あなたの観光地では（マーケティングだけでなく）製品開発を含む観光地計画を立案していましたか？」（*Ibid.*, p.333）という質問が行われた。この質問に関しては，23のうち13，すなわち56.5％のCVBが製品開発を含んだ

表3－1　観光地計画への関与の仕方

- 諮問委員会（advisory board）を通じての活動（回答数2）
- 供給サイドあるいは供給計画を考慮に入れたマーケティング計画あるいは事業計画（回答数2）
- 新規の観光開発あるいは経済開発グループ内でのリーダーシップ（回答数2）
  〔以下の〕回答数はそれぞれ1つ
- 幾つかのステークホルダーと協力して観光振興の新構想の検討を開始（回答数1）
- 供給サイド〔観光関連業者〕向けのレポート作成の委託業務：他の観光地との比較
- 一度きりの遺構観光振興ワーキンググループへの関与
- ボランタリーボード（voluntary boards）における市の経済振興局へのコンサルタント業務
- 幾つかの観光施設や観光地向けの戦略計画
- 州政府や連邦政府と協働
- フォーカス・グループ（focus groups）〔自由に意見を出してもらうグループ〕を活用
- コンベンションセンターのタスクフォースに出席
- 事務局の製品委員会の推進
- 地域経済振興組織と協力して製品ニーズを分析
- 問題分析に向けた事務局取締役の委員会
- Livable Region計画への参加〔なおLivable Regionは固有名詞だと思われる〕
- 市や商業地区の振興計画に参加
- 様々なその場限りのグループ
- 州の諮問委員会
- コンベンション・コンソーシアム
- Vision 2000の裏方の推進部隊
- 新たなイベント，観光施設，ホテルへのコンサルタントとしての活動
- 我々自身の観光地計画を持つ

（注）〔 〕は筆者による加筆。
（出所）Getz *et al.*（1998），p.333 より転載。

観光地計画にはなっていないと回答した。

　以上の結果から，8割弱のCVBが観光地計画のための何らかの活動や体制を持っているが，6割弱が製品開発を含む計画になっていないことが明らかになった。

2.3.2.　製品開発の政策

　次に，製品開発の政策について質問された。まず，「あなたのCVBは，観光地の製品開発に関する政策を持っていますか？　もしあるなら，到達目的は何ですか？　観光地の製品開発に関わる場合，あなたのCVBの基準は何ですか？　3つ，4つ挙げてください」(*Ibid.*, p.333) と質問された。

　23のうち6，わずか26％のCVBのみが製品開発向けの政策を有すると回答するに止まった。製品開発の到達目的は表3-2，製品開発に関与する基準は表3-3として整理されている。それら回答を踏まえ，Getz *et al.* は，「〔製品開発の到達目的に関して〕場当たり的なアプローチおよび洗練度の低さを暗示している。同じく，基準のリストは，わずかな数のCVBだけが製品の不足や弱点を識別したうえで，それらを計画的に是正していくというアプローチを採用し，大半のCVBでは，供給サイドからの要望に対処するという受動的アプローチになっていることを示唆する」(*Ibid.*, p.333) と指摘する。

　すなわち，製品開発向けの政策を有するCVBは3割を下回り，しかも洗練

表3-2	製品開発の到達目的

・高質な製品の開発を促す
・収入増加に繋がる観光地マーケティング活動におけるリーダーシップおよび調整機能の提供
・新たな中心街の観光名所の開発
・大学との協働
・ツアー製品開発の委託
・高所得者層を引きつけたり，季節変動を克服する需要創出への投資
・観光製品とニーズとのギャップを識別し，優先順位をつけ，それに取り組む基準づくり
・製品，収入，マーケティングの充実に向けた戦略連携を促す

（出所）Getz *et al.* (1998), p.334 より転載。

表3−3	製品開発に関与する基準

・宿泊客および宿泊日数の増加をもたらすイベント，観光名所，施設を支援
・プロジェクトをケース・バイ・ケースで分析
・ベネフィット／ROIを評価
・成果駆動型
・それが観光地の模範になるか？
・マーケットが必要としていることか
・コンサルテーション
・長期的な成果
・意思決定の分権化
・強みに基づく
・財務的な可能性
・全体戦略への適合性
・メンバーから要求された時
・少なくとも収支がトントンになる必要がある
・コミュニティーのニーズに対応
・メンバー全員の利益となる
・入手のしやすさ
・季節性を克服する
・マーケティングの全体目標に適合する製品開発を優先する
・資源

（出所）Getz *et al.*（1998），p.334 より転載。

度が低く，場当たり的かつ受動的なアプローチに止まっているという。

2.3.3. 製品開発の優先度

　製品開発の優先度に関して，「計画のあるなしに拘わらず，観光地において観光名所やサービスを開発する際の，あなたのCVBの優先度と狙いは何ですか？　例えば，あなたが最も必要とする観光施設やサービスは何ですか？」と質問された。Getz *et al.* によれば，「〔製品開発に関する〕公式の目的を設定している水準は低いにも拘わらず，20の事務局がこの質問に回答した」（*Ibid.,* p.334）ため，回答者の個人的見解と捉えるべきだという。

　そのうえで，それら回答結果を，表3−4のように，観光名所（attractions），イベント・体験（events and activities），サービス（services），プロセス（process），

表3－4	製品・サービス開発における優先度の分類	

カテゴリー	数	％
観光名所	13	32.5
イベント・体験	11	27.5
サービス	6	15.0
プロセス	5	12.5
ツアー・移動手段	5	12.5

（注）元の表には回答内容まで細かく示されていたが，紙幅の関係で，ここでは省略した。
　　　回答内容に興味のある方は，Getz *et al.* の論文を参照されたい。
（出所）Getz *et al.* (1998), p.334 より転載。

ツアー・移動手段（tours/transportation）という4つのカテゴリーで整理している。ちなみに，プロセスとは，「各要素を促進したり，CVBがどのように製品開発を進めたりするか，ということに関連する回答群」を意味する（*Ibid.*, p.334）。同表によれば，製品・サービスの開発の優先度としては，「観光名所」に分類される回答が最も多く，その次が「イベント・体験」になっている。すなわち，分析対象のCVBでは，観光名所やイベント・体験の開発の優先度が高いと考えられていた。

2.3.4. CVBが所有・管理する製品・サービス

　CVBが所有・管理する製品・サービスについて「以下に挙げられた製品とサービスの中で，あなたのCVBが所有および・あるいは管理するものは何ですか？　加えて，それぞれが，あなたのCVBの予算にどのような影響を与えているのかを，3つの□のうち1つにチェックを入れてください。すなわち純収入に対する〔各製品やサービスの〕影響は：□黒字，□中立，□赤字」（*Ibid.*, p.334）と質問された。

　結果を見ると，カナダのCVBは，会議場センター（conference center）とは分離されるのが一般的であり，1つのCVBが会議場を所有し，もう1つのCVBが会議場を管理していた。一方，多くのCVBが情報センター（information center）を所有・管理していた（なお，この情報センターとは観光情報を提供する場

所と考えられる）。7つのCVBが情報センターを所有，5つのCVBが情報センターを管理，5つのCVBが情報センターの所有と管理の両方を行っていた。しかし，多くの事務局では，情報センターによるCVBの収益への効果は赤字あるいは中立と回答していた。すなわち情報センターは，収益源というより，むしろコスト発生源になる可能性が示唆された。

製品開発では，次の2つの分野での取組が目立っており，6つのCVBがお祭り・イベント（festivals and events），6つのCVBがツアーサービス（tour services）の開発を挙げていた[4]。また，5つのCVBが集中予約システム（central reservation system）の開発を挙げていた。それらが，CVBに収入をもたらす潜在力を有するというのが理由であった。

2.3.5. イベント，その他の製品あるいはサービスにどの程度関与するか

「イベント，その他の製品あるいはサービスに関して，あなたのCVBの関与の度合いについて，以下のボックスの最適なものにチェックしてください。またその詳細〔な理由〕についてもお答えください」（*Ibid.*, p.335）と質問された。

CVBによるイベント分野への関与はかなり高かったが，大部分は，調整および勧誘の業務に限定されていた。96％のCVBが他組織が行うイベントの勧誘業務を支援し，65.2％のCVBが自らでイベントの勧誘を行っていた。自分たちでイベントを直接的に所有・実施するCVBは39％（23のうち9事務所），イベントに資金援助するCVBは48％であった。

CVBがイベントに関わる理由として，「・幾つかのイベントは事務局の収入になりうるから　・多くのイベントが観光の潜在力を発揮するためにマーケティングの援助を必要としているが，多くの都市で，事務局以外にそれを担える組織がないから　・イベントは一般的にボランティア組織——企業メンバーではなく——によって実施されることから，〔支援すべきか，支援すべきでないかと

4）上述の開発の優先度と開発の取組とで回答傾向にややズレが見られる。イベントについては高い優先度と取組で一致しているが，ツアーは優先度が相対的に低くなっていた。

いう判断で〕葛藤が生じないから　・イベントは相対的に小さい資本投資で実行・宣伝できるため　・産業界のメンバーたちが，需要の季節変動を解消したり，観光地の良い評判を広げたりするために，イベントを支援したり，イベント実施を要望したりするから」(*Ibid.*, p.335) などが挙げられていた。ちなみに，3つ目の「葛藤が生じない」の部分は，ボランティア組織が主催するイベントについては，特定の企業の利益獲得に結びつかないため，公平性や公正性の観点から支援しやすい，ということを意味していると思われる（ただし明確に説明されていないので，真相は不明）。

　その他の新規の製品やサービスの開発者に対して助言を行うことはあるが，恒常的な財務支援を実施している CVB はなかった。CVB が調査や製品・サービス分析を行うのは一般的であった。中には調査部門を擁する CVB もあったが，専属調査員が1人ないしはゼロという状態で進められていた。

　イベントへの政策を有するかという質問に対して，60％の CVB（25のうち15）が「はい」と回答した。42％の CVB がイベント向けの予算がある，17％の CVB がイベント関連活動のために1人ないし2人の人材を擁すると回答した。

2.3.6. 観光地の製品開発に関与する際の問題

　「あなたの見解として，観光地の製品開発に CVB が関わる際の主たる問題は何ですか？」(*Ibid.*, p.335) と質問された。

　それら回答は表3-5のように整理されるが，Getz *et al.* は，「CVB の管理者は，製品開発に関わる際に，重大な哲学的〔ないし理性的〕問題（philosophical concerns）は抱えていないようであり，むしろ規則（マーケティングのみに CVB の業務が厳しく制限されている場合もあった）や資源による制約を受けている」(*Ibid.*, p.335) と分析していた。

　製品開発に関与している CVB では，リーダーシップを求められている，その仕事をやる人が他にいないから，などの理由が挙げられた。地方政府の部局が CVB の役割を担う場合は，より柔軟な形で製品開発に関わっているが，その活動は政治的問題に結びつけられていることがある。

表3−5	観光地の製品開発に CVB が関わる際の問題

- 実現するための資源，資源配分，資金，人材支援および能力の制約（回答数10）
- 強制できない，促進者や触媒としての活動，生産者ではない（回答数4）
- 適切な市場の識別，訪問者の理解（回答数2）
- 産業間あるいは地域間での公平・公正さ
- 持続可能な製品の推奨
- 観光地の製品開発に向けた成長戦略におけるリーダーシップの発揮
- 政治的駆け引き（特定製品の状況をめぐる微妙な駆け引きの発生）
- 投入物のみの提供
- 彼らが置かれている状況下での独自性のある挑戦（国立公園）
- 財務的支援（パートナー）
- 事務局はいつも受動的
- ニーズ分析（どのようなニーズの方向性か？）
- 専門能力の不足
- トレンドの発見
- 誠実な強み・弱みの分析
- 強力な資源開発という内容が欠如した製品開発
- 横断的な宣伝・広告およびジョイントベンチャー
- 創造性。我々が計画を始めなければ彼らはうまくスタートできない
- 誰がリーダーシップを発揮するのか
- 誰が，何をするかという，それぞれの活動領域に関わる問題（メンバー，市，DMOの役割）
- 資金が不足する際，我々は，長期ビジョンに基づく仕事をあきらめる傾向がある

（出所）Getz *et al.*（1998），p.336 より転載。

　考慮すべき重要な事柄として，全てのメンバーへの公平性，そして CVB の活動とメンバーの活動との競合が挙げられていた。また，観光地計画や製品開発に関する CVB 側の専門知識の欠如を指摘するコメントも見られた。

　なお，「CVB は，目的や目標に関して短期志向になる傾向があり，即効性があり，計測しやすい結果を生み出すことを重視することから，長期的計画は，隅のほうに追いやられ，避けられてしまう」（*Ibid.,* p.336）とのコメントがあったとし，Getz *et al.* は，この問題についてより深い考察が必要になるとした。

2.3.7. 事務局の関与へのメンバー側の懸念

　「あなたの CVB のメンバーたちは，観光地の製品開発への CVB の関与ある

表3-6	CVB が製品開発に関与することへのメンバー側の懸念

- ・メンバーたちができることに手を出さない（回答数2）
- ・メンバーたちの市場シェアを保護する（競争は望まない）
- ・事務局はマーケティングだけを行うという条件にメンバーたちが同意する
- ・事務局の従来の仕事ではない
- ・事務局が製品開発に関与すべきであると何人かのメンバーたちが提言している
- ・調整すること：推進するのではない
- ・短期と長期の優先事項の競合

（出所）Getz *et al.*（1998）, p.336 より転載。

いは関与の可能性について何らかの懸念を示しましたか」（*Ibid.,* p.336）と質問された。

　8名から回答があり，メンバーたちから表3-6のような懸念が示された。それらの内容からは，「産業界は，事務局〔の活動〕と〔産業界の〕メンバーたちの競合を避けて欲しい」（*Ibid.,* p.336）と考えていることが分かるという。

2.4．Getz *et al.* の分析と所見

　Getz *et al.* は，以上の調査結果を踏まえ，幾つかの問題を指摘している。

　まず，Getz *et al.* は，CVBは，宣伝・広告だけを行うことが多く，製品，価格，流通，パッケージング，計画，連携そして人材を含む「包括的マーケティング」（comprehensive marketing）を実施していないと指摘する。そのような状態になってしまう原因は，「DMO〔CVB〕が，一般的に，観光地のインフラ，観光名所，サービスの供給と価格に対して余り影響力を持っていない」（*Ibid.,* p.336）ことにあると分析されていた。

　次いで，公共部門の一部局として観光振興に関わる組織もあるが，特に北米ではCVBやDMOへの産業界の参加と統治が拡大してきている。それに伴い，公共部門による観光政策への関与の低下という傾向が見て取れ，「その明らかな帰結として，戦略的な観光計画からの後退」（*Ibid.,* p.336）が起こっているという。すなわち，産業界のメンバーがCVBやDMOを統治することで，短期的かつ確実な成果を生み出すマーケティングが重視されるようになり，長期的

視点に基づく観光計画が後退していくと分析されるのである。特にこの指摘は，日本でも開設が相次ぐ日本版 DMO ないし登録 DMO における所有や組織の有り様に対して重要な示唆を与えると言えよう。よって，この問題については，本章の結論部分で改めて検討する。

3 —— DMO と観光地の成功要因

　次に，本章の冒頭で引用した Bornhorst *et al.* (2010) の論文 Determinants of tourism success for DMOs & destinations; An empirical examination of stakeholders' perspectives に目を向ける。同論文は，カナダの 25 の観光地を分析対象として，観光地の成功要因と DMO の成功要因との類似性や差異性を明らかにしようとした定性的な探索型研究である。観光地と DMO の両面から成功要因を捉え，それらを比較しようとする視点が興味深いので，その内容をやや詳しく見ていきたい。

3. 1. 分析方法

　Bornhorst *et al.* (2010) によれば，「構造主義者たちは，定性的分析手法を用いることで，人々が現象をどのように見ているか」を明らかにするという。同論文では，その定性分析を通じて，観光地のステークホルダー・グループが「DMO や観光地の成功を，どのように知覚しているか」(p.582) を解明するとした。

　Bornhorst *et al.* は，質問への回答者を選ぶ際に，対象に対する知識の平等性を重視すべきであるとした。回答者は，観光地での DMO の役割を知っている必要があり，「本研究では，DMO という存在を意識しており，その活動に参加する可能性のあるステークホルダー」(*Ibid.*, p.582) を回答者に選んだ。本書 2 章で見たように，観光地ステークホルダーには観光客，訪問客，住民なども含まれているが，DMO の役割を理解しているという基準で，以下の 8 つのステークホルダー・グループが回答者として選ばれた (*Ibid.*, p.582)。

1．観光名所・施設の管理者（attraction manager）

2．イベント管理者（event manager）

3．政治家（politician）

4．ホテルの総支配人（hotel general manager）

5．コンベンションセンターの管理者（convention centre manager）

6．商工会議所の会頭（chamber of commerce president）

7．DMO 執行役員（DMO operational executive）

8．DMO 会長（DMO chair）

　分析対象はカナダの 25 の観光地であり，平均 35 分の電話インタビューで回答者に質問され，「データ収集の一貫性の確保およびエラーを減らすため，研究チームの中の 1 名が全てのインタビューを実施した」（*Ibid.*, p.582）という。最終的に 84 のインタビューが実施され，全インタビューを終えるまでに 7 ヵ月を要した。インタビューの内容はノートに逐次記録され，質的分析支援ソフト NVivo を用いてコード化された。3 人の専門家および審査員によるコード化の正当性評価では，90％を少し上回る信頼性が確保されたという（*Ibid.*, p.583）。

3.2. 観光地の成功要因

　最初に「観光地の成功要因」に関する回答結果を確認する。回答者には「あなたは，成功する観光地をどのように定義しますか？」（*Ibid.*, p.583）と質問された。それら回答は，①経済的成功（economic success），②効果的なマーケティング（effective marketing），③製品やサービスの提供（product and service offerings），④訪問客の経験の質（quality of visitor experiences），⑤内部ステークホルダーの相互作用（internal stakeholder interaction）という 5 つの鍵テーマに分類された。それぞれのテーマは，表 3 − 7 のように定義づけられている。

3.2.1. 経済的成功

　経済的成功に区分される変数は，全回答の 48％を占めており，全ステーク

表3-7	観光地の成功を表す鍵となるテーマの定義

主要テーマのカテゴリー	定義
・経済的指標	観光地の成功を測定する幾つかの経済的な成果に言及した回答群
・効果的なマーケティングの主導	効果的なマーケティング，例えば観光地認知，ブランドあるいはイメージの展開に関係すること，宣伝・広告，調査，あるいはマーケティングに直接関連するその他の独自領域に言及した回答群
・製品とサービスの提供	訪問客が実際に触れることになる観光地で提供される製品あるいはサービスへの言及
・訪問客の経験の質	観光地の質に対する訪問客の評価について言及した回答群
・内部ステークホルダーとの関係	観光地内でのステークホルダーの相互作用に言及した回答群（ただしマーケティングのテーマとして示された連携マーケティングは除外）

(出所) Bornhorst *et al.* (2010), p.583 より転載。

ホルダー・グループが観光地の成功を決定する重要な変数と認識していた。成果測定指標に分類される回答が多くなっており，その中でも回答者の約80％が言及したのが「訪問者数」であった。つまり，多くの回答者が，訪問者数の伸びで観光地の成功を知覚していることになる。他の指標として，平均客室単価 (average daily rate)，客室稼働率 (occupancy percentage)，RevPar (revenue per available room; 販売可能な客室1室あたりの売上) が示されたという。Bornhorst *et al.* は，「経済的成功は，観光地の成功を表すアウトプット側の測定指標になる」(*Ibid.*, p.583) と指摘する。

3.2.2. 効果的なマーケティング

　全ステークホルダー・グループが，観光地の成功に向けての効果的なマーケティングの重要性に言及していた。中でも，「強力なイメージ」(strong image) と「高水準の知覚」(high level of awareness) (*Ibid.*, p.583) の2つが重要な鍵になることが確認された。

　「イメージ」については，競合する観光地と異なる独自性を観光客に気づかせるもの，と理解されていた。イメージの測定は困難であるが，何人かの回答者は，インタビューの中で，「市場の中で抱かれる観光地へのプラスの知識」，

「観光地の外にいる幾つかの不特定なグループによって明確に定義されるもの」,「ターゲット市場が抱く印象」,「観光地を選択する際の特別な理由（例えば, スキーに最高な場所)」(*Ibid.*, p.583) などと語っていたという。

　「知覚」も観光地の成功への重要な要素であり, その測定については,「観光客や潜在的な観光客の頭の中に真っ先に浮かんでくる観光地という尺度」,「当該地域が潜在的市場として真っ先に頭に浮かんでくるかを測定することが, 成功する市場としての生存可能性を決める」,「メディアに取り上げられる量」,「市場が存在する各国でのブランド認知度」(*Ibid.*, p.584) などと語っていたという。

　Bornhorst *et al.* は,「イメージと知覚は, 訪問者を〔観光地に〕引きつける潜在力に対して直接的な影響を及ぼす変数になる」(*Ibid.*, p.584) と指摘する。

3.2.3. 製品とサービスの提供

　Bornhorst *et al.* は,「製品とサービス提供というテーマに分類される変数は, 訪問客を引きつけるインプットと考えられるだろう」(*Ibid.*, p.584) と説明する。

　幾つかの製品やサービスは他のものより重要であると回答者は述べていたという。とりわけ,「提供される製品そして建物（superstructure）〔この場合は, 観光関連の建物であり, ホテル, 会議場, 歴史・文化的建造物などを広く指すものと思われる〕の幅と質が重要になると考えられていた」という。また, 何人かの回答者が,「観光地は, ターゲット市場〔すなわち消費者〕の好みに基づき, 製品を可能な限り幅広く提供する必要がある」(*Ibid.*, p.584) と述べていた。その他のカテゴリー, 例えば自然の魅力, 体験型観光, イベント, 文化, インフラストラクチャーなどへの言及は, 万遍なく分布していた。

3.2.4. 訪問者の経験の質

　訪問後の反応は, 訪問者の経験の質としてコード化された。Bornhorst *et al.* は,「消費者の経験は, 実際に製品やサービスの消費が行われた観光地の成功を示す『成果』指標になる」(*Ibid.*, p.584) と指摘する。

　ここでは，幾つかのステークホルダーが，「再訪問」（repeat visitation）が観光地の成功指標になると述べていた。また，「プラスの口コミ」（positive word-of-mouth）も，全体としての経験やその価値を示す重要な指標になる。この場合の価値（value）とは金銭的な意味であり，例えば，幾つかのステークホルダーは，「支払ったドルに対する価値」，「ドルに対する価値であり，不当な支払いを要求されないこと」，「優れた価値」，「品質に見合った価格」（*Ibid.*, p.584）と表現していた。

3.2.5. 内部ステークホルダーの相互作用

　回答者の26％が，内部ステークホルダーの相互作用を観光地の成功要因とみなしていた。多くの回答者が，「観光地の地域住民による観光への支援，より具体的には，喜んで迎え入れられていると観光客が感じられる地域社会」について言及していた。Bornhorst *et al.* は，「ツーリズム・システムには，製品やサービスの提供者のみならず，観光地での訪問客と地域住民の相互作用も包摂される」（*Ibid.*, p.584）という。

　さらに，「全体としての製品・サービスのミックスが強くても，受け入れ側の住民が観光当局を支持しておらず，訪問客を軽視することがあると，観光地はうまくいかない」ため，「立地と訪問のしやすさ」（location/accessibility）（*Ibid.*, p.584）も重要な変数になるという。実は，筆者は，この「立地と訪問のしやすさ」に関する分析が，よく理解できていない。おそらく訪問客を歓迎している地域の雰囲気が「訪問のしやすさ」に繋がる，ということなのかもしれない。一方で，「立地と訪問のしやすさ」というのは，物理的な位置ないし交通機関の整備状況などを意味するのではないかとの疑問が持たれる。

3.2.6. 観光地の成功要因のまとめ

　Bornhorst *et al.* によれば，回答者たちは観光地の成功を定義づけるために幅広い変数を用いており，図3－1（特に図の下段・中段部分）のように「それら変数は，インプット，プロセス，そして成果〔アウトプット〕に分けられる」という。そのうえで，Bornhorst *et al.* は，回答を分析した結果として，「製品

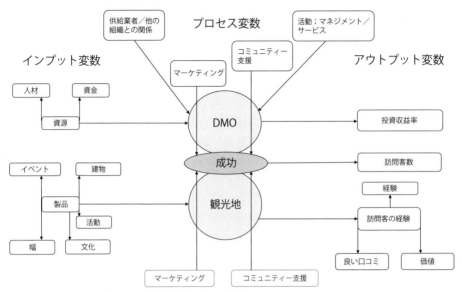

（出所）Bornhorst *et al.*（2010），p.585 より転載。

図3－1　理想的な DMO と理想的な観光地の成功要因の比較

やサービスのような強力なインプット変数と，有効なマーケティングやステークホルダー間の効果的な関係性（プロセス変数）とをうまく組み合わせて提供することが，最終的に，経済的指標や訪問者の経験の質（成果変数）で測定される観光地の成功に繋がるだろう」*(Ibid.,* p.584) と指摘する。

3.3. DMO の成功要因

次に，「DMO の成功要因」に関する分析結果を確認していきたい。まず，回答者に「あなたは，成功する DMO をどのように定義しますか？」*(Ibid.,* p.584) と質問された。それら回答は，①内部ステークホルダーの関係，②業務活動，③資源，④成果の測定という4つの鍵テーマに分類された。それぞれのテーマの定義や意味は，表3－8で説明されている。

| 表3-8 | DMO の成功の鍵となる決定因の定義 |

主要テーマのカテゴリー	定義
・内部ステークホルダーとの関係	ステークホルダーとの相互作用の形態。対話，連携（マーケティング以外），協働，ステークホルダーの同意，コミュニティー内での注目度，コミュニティーの賛同，政府との関係
・業務活動	マーケティング，マネジメント，製品開発，政策立案，サービス提供など
・資源	資金調達あるいは人材問題
・成果測定	DMOが持つ，あるいは増やしたい要因，観光地の成果，DMOの内部的成果の決定因

（出所）Bornhorst *et al.*（2010），p.585 より転載。

3.3.1. 内部ステークホルダーとの関係

　60％を超える回答者が，DMO の成功にとって，観光地内部のステークホルダーと効果的に相互作用する能力が重要になると回答していた。具体的には，「ステークホルダーと協力しインプットを獲得する」，「サプライヤーの話を聞く」，「ステークホルダーと協働する」，「観光ステークホルダーを集結させる中心点」，「地域コミュニティーからの賛同」，「政府の政策問題へのロビイスト」（*Ibid.*, p.585）という発言があった。

　「内部ステークホルダーとの関係づくり」という回答率が高くなったが，その中で，観光施設とイベントの管理者たちは，怒りの感情を露わにしたという。すなわち，彼らは，DMO が自分たちを過小評価していることに不満を感じていた。「全てのパートナーのニーズを考慮する」，「ホテルだけに目を向けるな」，「ホテルだけでなく，観光に利害を持つ広いコミュニティーを代表せよ」，「ホテルだけでなく，イベントや観光施設などのサプライヤーとも協働せよ」（*Ibid.*, p.585）という回答が見られた。

　また，多くのステークホルダーからの回答の中で確認されたキーワードやキーフレーズは，「協働」（collaboration），「対話」（communication），「会員のニーズ」（membership needs），「共に働く」（work with）（*Ibid.*, p.585）であったという。

3.3.2. 業務活動

最も多く言及されたのが，この業務活動というテーマに関連する内容であったという。この業務活動には，マーケティング，マネジメント，そして非常に少ない割合ではあるがサービスや製品の開発が含まれていた。

中でも，マーケティングは，DMO の成功にとって最重要の業務と考えられていた。73％の回答者が，マーケティング活動を DMO の成功促進要因と捉えていた。そして，「共同マーケティング」（partnership marketing），「調査」（research），「販売」（sales）が，マーケティング・ミックスの最も重要な3つの要素であった。またマネジメントに関連するコードとしては，「戦略を策定する」（developing strategies），「計画する」（planning），「集中する」（being focused），「革新性」（innovativeness），「目的や目標で導くこと」（being goal and objective driven）（*Ibid.*, p.586）という要素が確認された。

DMO による観光地のサービス整備に言及した回答者の数は非常に限られていた。回答者の1人は DMO のコンベンションサービスに触れ，他の人は観光客向け情報センターのサービスの質に言及した。回答者のうち3人だけが，製品開発が DMO の責任であると回答した。このことから，「多くのステークホルダーは，製品やサービスの準備は供給業者にまかせ，訪問者を観光地に引き込むこと〔マーケティング活動〕こそが DMO の役割であると理解している」（*Ibid.*, p.586）と分析される。この点は，DMO がマーケティング機能に集中しているという前掲 Getz *et al.* (1998) の分析にも通ずるが，改めてステークホルダーたちが製品・サービス開発よりマーケティングこそが DMO の役割であると認識していることが分かる。

3.3.3. 資　源

資源に関しては，2つの主たるサブ・テーマとして「資金」（funding）と「人材」（personnel）が確認された。回答数は少ないが，DMO 従業員による観光地の理解度を示す「観光地知識」（destination knowledge）（*Ibid.*, p.586）というサブ・テーマも確認された。

　人材に関して，幾つかのステークホルダーが「DMOのリーダーには，政治的な敏腕さ，ビジョンを示す能力，ダイナミック〔変化に適応可能〕な性格といった，幾つかの重要な特性が求められる」と回答した。また，少数のステークホルダーは，「優れた取締役会」（good board of directors）がDMOの成功に不可欠であると回答した。Bornhorst *et al.* は，回答者たちが「効果的なトップ経営陣が，DMOの成功に直接的な影響を及ぼす」(*Ibid.*, p.586) と考えていると指摘する。

　「観光地知識」を成功要因として挙げた6人のうち4人は，観光施設やイベントの管理者であった。これは上述のホテルだけに目を向けるなという不満にも関連する。Bornhorst *et al.* は，「観光地の全ての特性に精通するDMO」，「観光地の情況を知ること」，「観光製品に関して，それは観光地が全体となって提供すべきであることを理解する」(*Ibid.*, p.586) という回答には，DMOの戦略の中での優先度が低くなっている観光施設やイベントの管理者たちのやるせない気持ちが表れているのではないかと指摘する。

3.3.4. 成果の測定

　成果変数として最も多く言及されていたのは「観光地への訪問者〔数〕」(visitors to the destination) である。また，幾人かのステークホルダーは，訪問客を獲得するために投下された資金の投資収益率（ROI）を確かめるために，DMOのマーケティング・プログラムを細かく追跡する必要性があると述べていたという (*Ibid.*, p.586)。

3.3.5. DMO成功要因のまとめ

　DMOの成功要因についても，前掲図3-1（特に図の上段・中段部分）のように，インプット，プロセス，アウトプットとして整理できるという。

　Bornhorst *et al.* は，成功要因を整理する際に，DMO＝マーケティング組織，DMO＝マネジメント組織（マーケティング機能を含む）という2つの学説上の定義を引き合いに出す。彼らによれば，本研究を通じて，「観光地の中にDMOという組織を置く目的には，両方の定義〔すなわち，マーケティングとマネ

ジメント〕が含まれるとステークホルダーたちが認識している」(*Ibid.*, p.586) ことが明らかになった。

　本論文の実務に対する有効な発見の1つは，「観光地における DMO の関係性マネジメントの重要性を浮かび上がらせた」ことにあるという。すなわち，DMO の経営陣が観光地内での関係性をうまく管理できなければ，資金などの資源投入もうまくいかなくなり，DMO の存続が危機に晒される。ステークホルダーからの支持ならびに資源提供がなければ，マーケティングやサービス提供もうまく進まず，DMO は失敗に帰する。DMO と住民との信頼関係が崩れると，観光客に対して住民が敵対的な態度を見せるようになるかもしれない。政府との関係構築がうまくいかず，公的資金が得られなければ，DMO の存続は難しくなるだろう。Bornhorst *et al.* は，DMO の成功に向けて「全てのステークホルダーに対する効果的な関係マネジメントが不可欠になる」(*Ibid.*, pp.586-587) と指摘する。

3.3.6. Bornhorst *et al.* による分析と提言

　以上の調査と分析を踏まえ，Bornhorst *et al.* は，観光地と DMO の成功要因における①相違点，②共通点，③提言を示す。

① 相違点

　観光地と DMO の成功要因の相違点が以下のように整理される。観光地の成功に固有の変数としては，①製品とサービスの提供，②立地と訪問のしやすさ，③訪問者の経験の質，④地域社会のサポートがあった。一方，DMO の成功に固有の変数としては，①供給業者との関係性，②効果的なマネジメント，③戦略計画，④集中および目標による先導，そしてインプット変数として⑤資金と⑥人材（これら2つは観光地の成功要因としては言及されなかった）があった。

② 共通点

　次に観光地と DMO に共通する成功要因として，①地域社会のサポート，②マーケティング，③観光地としての成果があった。地域社会のサポートとマー

ケティングはプロセス変数，観光地としての成果はアウトプット変数となる。

ただし，地域社会のサポートは，相違と共通の両方で挙げられている。すなわち，観光地に固有の変数と指摘されているにも拘わらず，共通点としても挙げられている。残念ながら，Bornhorst *et al.* は，この点について説明していない。もしかすると，単純な間違いかもしれない。しかし，トップ・ジャーナルの審査を通過した論文なので間違いとは考えにくい。例えば，同論文を細かく読むと，観光地では地域社会のサポートが最重要の成功要因となっているが，DMO では内的関係の中の2番目の成功要因になっており，順位が相違するという判断かもしれない。もしくは，論文からは項目毎の回答数を細かく確認できないが，観光地と DMO とで同項目の回答数に大きな差があるのかもしれない。ただし，真相は不明である。

③ 提　言

以上の分析を踏まえ，Bornhorst *et al.* は以下のような提言を行う。

「地域社会との関係性」に関連して，ステークホルダーとの頻繁な対話および観光地の良いイメージの創出が重要になると指摘する。頻繁な対話や良質なイメージが，DMO や観光地の成功に対するステークホルダーの認識に影響を及ぼすと分析される。例えば，地域の報道機関が DMO や観光の取組をどれだけプラスに伝えるかで，ステークホルダーの成功への認識が影響される。このことから DMO は，ステークホルダーとの対話に注力しつつ，報道機関や地域観光産業からのプラスの意見をうまく活用していく必要があるという。

次いで「マーケティング活動」も成功の認識に影響を与えるため，「マーケティング・キャンペーンを通じて創出される観光地のイメージ，それに対する知覚に十分な注意を払う必要がある」(*Ibid.*, p.587) と指摘される。観光地イメージがプラスに知覚されると，DMO の成功がより良く知覚されるという。このことから，観光地の良質なイメージ作りに繋がるマーケティング活動こそが，DMO と観光地の成功への認識にとって重要になる。

「経済指標」は，DMO や観光地の成功の証拠と理解される。とりわけ訪問者数などの数的尺度が，観光地の成功指標になるという。DMO がこれら数的

指標にプラスの影響を与えることは可能であるが，DMO が統制不能な要因（政治的な出来事，為替変動など）がこれら指標に大きな影響を及ぼす。このことから，Bornhorst *et al.* は，DMO の管理者は，こうした限界を理解したうえで，定性的尺度からも DMO の成功を捉えた方が良いと提言する（*Ibid.*, p.587）。

　DMO の成功に固有の要因として，供給業者との関係，効果的なマネジメント，戦略計画，集中と目標による先導などが挙げられた。それらは DMO のみならず，全ての組織にとっても重要な要因となることから，Bornhorst *et al.* は，「DMO はまさに組織であり，組織としていかに有効に運営・管理されるかで，その成功の度合いが決まる」（*Ibid.*, p.587）と主張する。また，「うまく運営・管理された DMO は，専門知識と責任感を持ち合わせた人材，さらに観光地の他のステークホルダーから尊敬される優良な人材を引きつけ，繋ぎ止められるだろう」（*Ibid.*, p.588）とも述べる。

　観光地の成功に固有の要因は，製品・サービス提供，訪問者の経験，立地と訪問のしやすさ，地域社会のサポートであった。Bornhorst *et al.* は「ステークホルダーたちは，観光地の成功を，有形かつ物理的な観光地の特性（製品，立地，訪問しやすさ）と，有形性の低い特性（サービス，経験，地域社会の姿勢）との組合せで捉えている」，さらに 1 章でも触れた観光地競争力の分析枠組みを援用しながら「こうした要因は…（中略）…天然賦存要因（立地および天然資源に関連する製品）と創造・増強要因（サービス，訪問しやすさ，地域のサポート）の両方を含む」と指摘する。そのうえで，彼らは，「天然賦存要因の幾つか〔立地，天然資源〕については，DMO が，統制はもちろんのこと，影響を及ぼすことさえできない。しかし，少なくとも，その他の観光地を構成する幾つかの要因〔例えば，製品，サービス，訪問のしやすさ，地域の姿勢やサポート〕については，DMO が影響を及ぼすことができる」と分析する。すなわち，DMO は「観光地の成功に影響を及ぼす可能性を有する」（*Ibid.*, p.588）と理解されるのである。

　以上の分析や提言からは，Bornhorst *et al.* が，DMO のプロセス部分での活動を特に重視していることが分かる。すなわち，ステークホルダーとの頻繁な対話に基づく良好な関係づくり，マーケティング活動を通じた観光地の良質な

イメージの構築こそが，ステークホルダーによる DMO の成功そして観光地の成功という認識を生み出せる。成功していると認識される DMO は，資源や人材の獲得などインプット部分でも成功を収められる。それら DMO の有能な人材たちがステークホルダーからの更なる支持や賛同を引き出せる。また，観光地の成功要因についても，有形資源と無形資源の組み合わせ，あるいは天然賦存要因と創造・増強要因の組合せとして理解できるとされるが，DMO は，創造・増強要因，すなわちサービス，訪問のしやすさ，地域のサポートに対してプラスの影響を及ぼすことができる。Bornhorst *et al.* は，もともと乏しいインプットしか持たない観光地（例えば，立地の悪さ，アクセスの悪さ，天然資源の乏しさ，製品・サービスの独自性の欠如）では，いかに DMO が効果的に機能し，ステークホルダーとの関係をうまく管理・調整しようとも，成功を収めることは難しいという。しかしながら，インプット → プロセス → アウトプットという流れの中で，DMO がプロセス部分の各要素を効果的に管理・調整することで，DMO と観光地の両方の成功（の認識）を達成できる可能性が高まると考えられる（*Ibid.*, p.587）。

4 —— DMO と観光地ブランディング

　上述のように DMO による広範なステークホルダーとの対話やマーケティング活動を通じた観光地の良好なイメージ構築こそが，DMO と観光地の成功というステークホルダーたちの認識を生み出すと捉えられる。そこで本節では，観光地イメージ構築の具体的方策の 1 つでもある DMO による観光地ブランディングに着目する。ここでは，*Journal of Travel Research* 誌に掲載された C. Blain, S. E. Levy, J. R. Brent Ritchie の Destination branding; Insights and practices from destination management organizations（「観光地ブランディング —— DMO 側からの洞察と実践」）という論文を取り上げる。

4．1．分析対象
　同論文の分析対象は，観光地で用いられる「ロゴ」(logos) や「タグライン」

(taglines) である。なお, 後者のタグラインは, 自社の製品やブランドの特性やメリットを短く表現するもので, 具体的には Intel の「インテル, 入ってる」, Nike の「JUST DO IT.」などが, それにあたる。

　Blain *et al.* (2005) によれば,「DMO の管理者グループへの探索的調査からは, 多くの DMO が, 観光地のロゴや関連する『タグライン』の展開をもって, より包括的な観光地ブランディングのプロセスと同一視している傾向が明らかになった…（中略）…その解釈は普遍的ではないかもしれないが, 我々が助言を求めた CVB〔コンベンション・ビジター事務局〕の CEO たちのグループによれば, 彼らの同僚たちが概してブランディングの概念を, 観光地が名刺, レターヘッド, 販促用商材に用いるロゴや関連する『タグライン』と同一視していた」(pp.328-329) という。

　これら DMO の管理者グループの考え方に基づき, Blain *et al.* は「ロゴに関連づけられた観光地ブランディングの問題に焦点を合わせる」(*Ibid.*, p.329) という。例えば, ロゴの使用法, DMO がロゴを開発する理由, ロゴのデザインに参加するステークホルダーやその他のインプット, DMO による観光地ブランドの定義, そして DMO の観光地ブランディングの実践について調査と分析が行われる。

4.2. 観光地ブランディングとは

　分析結果を見る前に, そもそも観光地ブランドあるいは観光地のブランド化とは何か, という問題への Blain *et al.* の見解を紹介する。まず, ブランド研究の権威 D. Aaker (1991) による「売り手あるいは売り手グループの財やサービスを識別 (*identify*) するもの, そしてそれら財やサービスを競合から差別化 (*differentiate*) するもの」[5] というブランドの定義を引き合いに出す。そこでは, ブランドが, 財やサービスを識別し, 競合品から差別化する役割を担うものと捉えられる。

　また, 観光地ブランドを扱った研究として Hankison (2004) が紹介される。

---

5) ここでは Aaker (1991) の邦訳書の9頁で確認した。ただし原著は確認していない。

Hankison は，場のブランディングに関する先行研究を分析したうえで，それら研究内容を包摂した「より一般的なモデル」として「関係性ネットワークブランド」(relational network brand) を提唱した (Hankison, 2004, p.114)。そこでは，場のブランディングが，コア・ブランドと4つのステークホルダー・グループとの関係性によって捉えられる。コア・ブランドは，「ブランドの個性」(brand personality)，「ブランドのポジショニング」(brand's positioning)，「ブランドの実体」(brand reality) (Ibid., pp.115-116) の3要素からなる。そのうえで，コア・ブランドは，以下にみるステークホルダー・グループとの関係の中で効果的に拡充され得るとした。すなわち，製品やサービスの提供者，観光地への交通手段や観光地内での駐車場・オープンスペースおよび衛生設備や景観を提供するインフラ関連業者，観光客および地域住民を含む消費者との関係構築，そして宣伝・広告や情報発信時のメディアの有効活用によって，観光地ブランドが強化されるという。

また，Blain *et al.* (2005) は，ブランドとはそれら関係が構築される中心に位置するシンボルと考えられることから，そのシンボルの1つになり得る「ロゴのデザインはブランディングの重要な構成要素」になると主張した。さらに，訪問客は個々のサービスを購入するというより，むしろ観光地での全体的体験を購入しているため，「訪問客の体験」(visitor *experience*) (p.329) という要素をブランディングの中に取り込む必要があると指摘した。それらを踏まえて，Blain *et al.* は，同論文の共著者の1人 J. R. Brent Ritchie が以前に提唱した以下のような観光地ブランドの定義を示す。

　「観光地ブランドとは，観光地を識別し，差別化する名前，シンボル，ロゴ，文字商標あるいはその他の図柄。さらに，観光地と独自に結びついた記憶に残る観光体験を約束するもの。また観光体験の楽しい思い出の回想を強化・補強するもの」(Ritchie and Ritchie, 1998, p.17)。

　その定義の中でも示されているように，ブランドによる「約束」(promise) も重要になるという。Blain *et al.* によれば，この約束は必ず履行されるもので

はないが，訪問客が観光地で感じる快適さを補強するものでなくてはならない。しかしながら，DMOにとって，この約束はやや重荷になる。というのも，観光地サービスは複数の活動主体によって提供されるものであり，DMOがそれらを全て統制できないからである。まさに，この統制が及ばないことが，観光地の特性を曖昧にし，また観光地のブランド化を困難にする原因にもなる。

　さらに，観光地ブランディングの定義に，観光地イメージの研究成果も取り込む必要があるという。そこでは，観光地イメージを測定する方法を検討したEchtner and Ritchie（1991）に基づき，観光地イメージとは，観光地を構成する個々の特性への知覚であると同時に，観光地で創出される「全体的印象」（holistic impressions）（p.44）であると説明される。

　Blain et al. は，以上はあくまでも売り手の視点からの説明であり，買い手の視点にも目を向ける必要があるとした。

　第1に，ブランドは，品質の証となる。例えば，国際的に認知された高級ホテルブランドは，良質な施設と顧客サービスを期待させる。確かに，観光地では，訪問客に提供されるサービスや製品にバラつきが生じるためブランド化は難しくなる。しかしBlain et al. は，DMOとステークホルダーがビジョンを共有することで，訪問客の期待にうまく応えられる可能性があるという。

　第2に，ブランドは，訪問者の探索コストの削減に資する。購入する製品の価格が高くなればなるほど，消費者は探索に時間とコストを費やす。そして，旅行にはかなりの支出が伴うので，探索にある程度の時間とコストをかける。Blain et al. は，観光地の高い認知度は，情報を調べる探索コストを引き下げる効果があり，最終的に訪問客による観光地の選択に貢献できると主張する。

　第3に，ブランドは，訪問客に観光地の独自性を伝えられる。このことから，観光地のブランディングにおいては，訪問客への独自価値の提案が求められる。他に類を見ない独自性により，価格の引き下げ競争に巻き込まれずに済むともいう。

　以上の考察を踏まえ，Blain et al. は，前掲Ritchie and Ritchie（1998）の観光地ブランディングの定義を以下のように修正する。

「（1）観光地を識別し，差別化する名前，シンボル，ロゴ，文字商標，あるいはその他の図柄の製作をサポートし，（2）観光地と固有に結びつけられた記憶に残る旅行体験を約束し，（3）観光地での体験の楽しい思い出の回想を強化・補強するマーケティング活動であり，それらはその他の代替的な観光地との競争に対峙しながらも訪問客に当該観光地への訪問を選択させる観光地イメージの創出を狙うものである」(Blain *et al.*, 2005, pp.331-332)。

4.3. 観光地ブランディングでロゴを中心に据える理由

それら観光地ブランドへの理解を踏まえ，Blain *et al.* は，ロゴを研究対象にする理由を説明する。Coca-Cola のサイン，マクドナルドのゴールデンアーチ，ナイキの Swoosh を見れば，いかにロゴが製品の認知や差別化に役立つかが分かる。ロゴは，まさに消費者のブランド知覚に役立つものであり，イメージ伝達におけるムダを省いたり，伝達速度を速めたりできる。観光においても，ロゴは，観光地の特性やイメージを効果的に伝えるのに役立つだろうと指摘される。とりわけ，どこの観光地を訪問しようかと思案している消費者に対して，ロゴを通じて，観光地を知覚させたり，観光地の特徴を伝えたりできるという。

しかし，Blain *et al.* は，同論文の目的は，効果的なロゴを作成するための要素や決定因を探ることではないという。観光地ブランドにおいてロゴが重要になる可能性がある一方，ロゴの開発やデザインに関連する要素を解明しようとする先行研究が少ないため，まずもってロゴの作成や利用に関する観光産業界，とりわけDMOの実務家たちの見方や考え方を解明する必要があるという。すなわち，同論文の目的は，DMO におけるロゴの開発や利用の実態を明らかにすることにある。

4.4. 実証研究の手法

質問票は，文献レビューおよび実務家へのインタビューを基に作成された。質問票の妥当性を確認するために，4人の DMO 上級マーケティング管理者に対して事前テストを行った。調査対象は International Association of

Convention and Visitor Bureaus のメンバーであり，409 の DMO に質問票を送付した。回収数は 99 通，回収率は 24.2％であった。

4.5. 研究結果

4.5.1. ロゴ利用とロゴ・デザインの理由

　まず，観光地ロゴ（destination logos）を持っているかが質問された。回答した DMO の 97％がロゴを持っていた。一方，返信がなかった DMO に，返信しなかった理由を記入できるリマインド用ファックスを送ったところ，ロゴがないので回答しなかったという理由が一定割合（30％）で確認された。Blain *et al.* によれば，ロゴを持たない理由として，製作するための資源不足などが考えられるが，ブランディング意識がそもそも欠けている可能性があるという。

　観光地ロゴを持つ DMO では，印刷物（98％），商品（73％），ビデオ（68％）にロゴを利用（例えば印刷するなど）していた。さらにロゴ・デザインへの 8 つの理由に関して，5 段階（1 ＝全く重要でない，5 ＝非常に重要である）で評価してもらった。表 3 － 9 のような結果となったが，それら平均値の差を検定するために pairwise *t* 検定が実施された。上位 3 位の「我々の観光地イメージを支援する」（4.78 ポイント），「我々を表現するラベルを提供する」（4.66 ポイント），「他

表3－9　観光地ロゴ・デザインへの DMO の理由

理由	平均	標準偏差
我々の観光地イメージを支援する	4.78	0.512
我々を表現するラベル（label）を提供する	4.66	0.654
他の観光地から我々を差別化する	4.59	0.649
訪問客の観光地での経験への期待と合致するイメージの創造	4.24	0.981
商品に利用するため	4.05	1.004
組織の全体的なイメージや戦略計画を支援する	3.89	0.96
1 つのシンボルのもとで観光地の企業や組織をまとめる	3.68	1.084
商標保護のため	3.43	1.066

（出所）Blain *et al.*（2005），p.333 より転載。

の観光地から我々を差別化する」（4.59 ポイント）が，有意に高い回答であった。

　Blain *et al.* は，それら回答からは，「イメージとブランドに密接な繋がりがあること」が分かるという。そのうえで「ロゴというのは，観光地にとって分かりやすいラベルであり，ブランドへの知覚を呼び起こし，強化することを助長できる」（*Ibid.*, p.334）と指摘される。

　もう１つの重要な理由は差別化であり，「観光地ロゴが観光地の差別化に実際に資するか否かにかかわらず，差別化が，観光地ブランドの重要な尺度になると回答者が知覚していること」（*Ibid.*, p.334）が重要であるという。

　加えて，４位の「観光地での経験への期待に合致するイメージの創造」（4.24 ポイント）という理由は，特に観光地選択で失敗したくないと考えるリスク回避型の顧客に対して観光地での経験の質を保証することに繋がるという。５位の「商品に利用するため」という理由もまた重要であり，訪問客が家に戻った後で，ロゴの付されたマグカップやショットグラスで飲み物を飲んだり，ロゴ入りのＴシャツを着たりした時に，観光地のことに触れたり，観光地での休暇を思い起こすキッカケになると指摘される。

　以上のように，DMO が観光地ロゴを持つ理由として，観光地イメージの支援，観光地イメージの伝達，他の観光地からの差別化が，有意に高くなっていた。

4．5．2．ステークホルダーの関与と観光地ロゴ・デザインへの投入物

　ロゴのデザインに誰が関与しているかを明らかにするために，デザイン過程に対して「鍵となるステークホルダーが行使する影響のレベル」が質問された。重要なステークホルダーたちの影響度が５段階で評価され，表３-10 のような結果となった。DMO の社長（4.37 ポイント）とマーケティング・マネージャー（4.35 ポイント）がロゴ・デザインに最も影響を有する一方，DMO の会員が最下位（2.79 ポイント）であった。Blain *et al.* は，DMO は会員に貢献することを期待される組織であり，ロゴは最終的に DMO 会員たちの製品やサービスの中で利用されるものである。しかしながら，DMO 会員の影響力が最も小さいという結果になった。その理由について，「会員間に多くの競合関係があり，ロ

表3－10	ロゴのデザインへのステークホルダーの影響		

ステークホルダー	平均	標準偏差
社長（回答数＝89）	4.37	1.122
マーケティング・マネージャー（回答数＝77）	4.35	1.023
外部コンサルタント（回答数＝83）	4.28	1.063
マーケティング／広報スタッフ（回答数＝81）	4.22	1.037
マーケティング委員会（回答数＝65）	3.49	1.522
取締役会（回答数＝90）	3.41	1.348
会員（回答数＝70）	2.79	1.423

（出所）Blain *et al.*（2005），p.334 より転載。

ゴのデザイン過程に全ての会員を参加させると，政治的な駆け引きにより結果が出ない可能性がある」(*Ibid.*, p.334) と，DMO 経営者たちが信じているからではないかと推察されている。しかし，ロゴは製品やサービスの中で使われ，また観光地イメージは観光地の全体験を観光客に伝えるものである。このことから，Blain *et al.*は，観光地で製品やサービスを提供するホスピタリティー企業[6]が，ロゴのデザイン過程に参加した方が良いと考えるのが論理的だという。

　加えて，観光地ブランドの目的は，訪問客を観光地に誘客することである。そのため，訪問客からの意見は，観光地ブランド化にとって価値ある情報になるという。よって，ホスピタリティー企業ならびに訪問客をどれくらいロゴのデザイン過程に関与させているかを，5段階（1＝全く関与させず～5＝かなり関与させる）で評価してもらった。その結果は表3－11のようになっており，多くのDMO が，ホスピタリティー企業（35％）や訪問客（40％）を「全く関与させていない」（すなわち1）ことが明らかになった。さらに，1と2を合計すると，訪問客を関与させていないDMO の割合が60％，観光関連企業を関

6）ホスピタリティー企業に関して，本文や表の中で，観光関連企業，地域観光を基盤とする企業などと説明されている。ここでは，DMO 会員である宿泊業者，お土産業者など，広く観光関連企業を指すものと考えられる。後掲表3－11 も参照されたい。

表3−11	ロゴのデザインへの関与および事前テスト

	全くない				かなりある
	1	2	3	4	5
ロゴ・デザインへのステークホルダーの関与度					
（回答した全DMOに対して）（%）					
訪問客の関与	40	20	14	17	9
観光関連企業*の関与	35	19	17	24	5
コンサルタントを雇った場合のステークホルダー					
の関与度（%）					
訪問客の関与	42	19	14	17	9
観光関連企業*の関与	32	19	17	27	5
DMO によるロゴの事前テストの程度（%）					
DMOのロゴ事前テスト	36	19	20	17	9

（筆者注）本文では hospitality firms ＝ホスピタリティー企業と記されるが，表では *tourism business＝観光関連企業と記されている。ホスピタリティー企業あるいは観光関連企業のいずれかに表記を統一したいところであるが，ここでは原文に従う。

（出所）Blain *et al.*（2005），p.335 より転載。

与させていない割合が54％となった。ホスピタリティー企業（29％）や訪問客（26％）をロゴ・デザインに関与させている DMO は，少ないことが判明した（4と5の合計）。

　観光地ロゴを有する DMO の87％が，ロゴをデザインするために外部コンサルタントを雇用していた。コンサルタントは自分たちの専門知識に基づきロゴをデザインするため，コンサルタントの雇用は，必ずしも地域のホスピタリティー企業や訪問客の関与には結びつかないことが推察される。他方，コンサルタントたちは，重要なステークホルダーたちをデザイン・プロセスに関与させる必要性をより強く意識しているとも考えられる。回答の結果，コンサルタントを雇った DMO の32％がホスピタリティー企業を，26％が訪問客を関与させていた（4と5の合計）。しかし Blain *et al.* は，コンサルタントを雇った DMO の32％がホスピタリティー企業を，42％が訪問客を「全く関与させてい

ない」（すなわち1）という結果に驚かされたと述べる。

　また成功を収めるロゴやブランドには，観光地イメージや観光地の体験が正確に反映される必要がある。顧客が関与する事前テストを実施することで，ロゴを通して伝えようとしているイメージが顧客に正しく知覚されているかを確認できる。26％のDMOが事前テストを実施している（4と5の合計），36％が全く実施していない（すなわち1）という結果になった。

4.5.3. 観光地ブランドの定義と実践

　自分自身で観光地ブランドをどのように定義しているかと質問された。91.9％が回答し，それら内容を分析した結果，以下の7つのテーマが析出された。回答者の33.3％が，訪問者が抱く観光地への「イメージ」であると回答した。21.1％が「記憶に残る認知や知覚」，17.7％が「差別化」であると回答した。15.5％が「一貫性」，14.4％が「ブランドメッセージ」であると回答した。11.1％が「情緒的反応」を呼び起こすもの，同じく11.1％が「期待を形成する」ものと回答した。これら回答結果に基づき，Blain *et al.* は，DMOの実務家たちは「認知され，しっかり差別化された一貫した観光地イメージこそが，観光地ブランドの成功の主要因」（*Ibid.*, p.336）になると認識しているのではないかと指摘した。

　最後に，観光地ブランド化の実践に関して質問された。まず，実践の中で観光地ブランドというコンセプトが，どの程度用いられているかを5段階で評価してもらった（1＝全く用いず，5＝大いに用いる）。その結果，DMOの73％が，そのコンセプトを実践の中で使っていることが分かった（4と5の合計）。さらに，DMOが狙う観光地イメージを訪問客に知覚させることに成功しているかと質問された。おおよそ半分のDMO（47％）が，成功していると回答した。他方，観光地のロゴやイメージへの訪問客の知覚を測定しているかという質問に関しては，ロゴで34％，イメージで25％のDMOが，全く測定していないと回答していた。

4．5．4．Blain *et al.* の分析と所見について

　ここで，Blain *et al.* の分析と所見に目を向ける。まず Blain *et al.* は，調査結果を踏まえ，前掲の観光地ブランディングの定義を次のように修正すべきであると主張した。

「（1）観光地を容易に識別し，差別化する名前，シンボル，ロゴ，文字商標，図柄の製作をサポートし，（2）観光地と独自に結びついた記憶に残る旅の体験への期待を一貫して伝え，（3）訪問客と観光地の感情的な結びつきを強化・補強するものであり，（4）顧客の探索コストと知覚されたリスクを減らすものである。それら活動が一体となり，顧客の観光地の選択に良い影響を与える観光地イメージを提供する」(*Ibid.*, p.337)。

　前掲の定義から大きく変わるわけではないが，「一貫性」「感情的な結びつき」そして「探索コストと知覚リスクの低減」という内容が付加されていると考えられる。

　さらに，Blain *et al.* は，本調査を通じて，DMO による観光地ロゴのデザインや開発に関わる7つの実態や実践的な留意事項が明らかになったという。すなわち，①かなり多くの DMO が観光地ロゴを展開し，ビデオや印刷物の中で利用している，②ロゴは観光地のイメージや特性を反映するよう考案され，様々な広告媒体で使える柔軟性があり，記憶にも残るようデザインされる，③上手にデザインされたロゴは，観光地ステークホルダーや DMO 会員による観光地ビジョンやミッションへの支持を促す，④ブランドのイメージやメッセージは，DMO の実践および活動全般を通じて一貫性と統一性を保つべきである，⑤ロゴのデザインでは，DMO の社長およびマーケティング・マネージャーが強い影響力を有する，⑥DMO は，ロゴのデザイン過程に，DMO 会員，地域ホスピタリティー企業，訪問客という重要なステークホルダーたちを関与させていない，⑦多くの DMO では実践されていないが，観光地ブランド化で有効性を維持するために，観光地固有の提供価値を表現でき差別化に繋がるロゴを

デザインする，訪問客の知覚とDMOが意図するイメージとが合致するよう事前テストを実施する，そしてロゴや観光地イメージへの訪問客の知覚を継続的に測定しロゴをより洗練させたものにしていくことが重要になるという。以上の考察を踏まえ，Blain *et al.* は，DMOが，より広く地域ステークホルダーや訪問客をロゴ・デザインに関与させることで，観光地ブランド化の有効性を向上させていけるのではないかと示唆する。

　Blain *et al.* の論文は，観光地ブランド化とDMO経営という研究課題の中間領域に位置づけられる研究であり，その両面から重要な知見が示されていると筆者は考えている。また観光地のブランド化という抽象的課題に対して，ロゴやタグラインという具体的事象から解明を試みている点も非常に興味深い。ロゴが，商品やサービスのブランド化に効果を発揮することは，既にナイキやマクドナルドによって実践的に証明されており，もって観光においてもロゴやタグラインが観光地ブランド化に効果を発揮する可能性がある。そして，DMOによるロゴ・デザインに関する幾つかの実践的含意，例えばDMO会員，ホスピタリティー企業そして訪問客のデザイン・プロセスへの関与，事前テストの必要性，訪問客の知覚測定に基づくロゴの改善と洗練化などを指摘した点が有用であろう。

5 ── DMO による情報通信技術対応

　インターネットという情報通信技術が出現したことで，観光産業は大きな変化に直面した。例えば，欧州における観光客の旅の予約方法は，2003年時点でインターネット＝13％，旅行代理店＝65％，電話＝22％であった。しかし2013年時点では，インターネット＝76％，旅行代理店＝18％，電話＝5％と，10年間で大きく様変わりした（Oliveira and Panyik, 2014, p.6）。こうした変化にうまく適応していくことが，観光関連組織には求められる。言うまでもなく，DMOも，こうした変化に対応しなくてはならない。ここでは，序章でも取り上げたS. Pikeの *Destination Marketing; Essentials*（『観光地マーケティング──エッセンシャルズ』）の4章 The destination marketing organization（DMO） and social media (「観光地マーケティング組織 (DMO) とソーシャルメディア」) などに依拠して，DMO による情報通信技術への対応に目を向ける。ちなみに，Pike (2016) は観光マーケティングの教科書であることから，DMO の M を Marketing と記している。

5. 1. Web2.0

　Pike (2016) は，インターネット時代の到来，中でも「Web2.0 という変化こそが，印刷機の発明以来の記述的対話への最も重要なインパクトと見做されるだろう」(p.77) と指摘する。企業ウェブサイトそして電子商取引は，1995 年のアマゾンやイーベイの設立によっていっそう加速された。観光業でも，1996 年にオーストラリア観光委員会 (Australia Tourism Commission) が 11000 頁もの情報量を誇る観光分野での最初の消費者向けウェブサイトを立ち上げた。しかし，これら Web1.0 時代には，インターネットは一方向かつ静態的な利用，すなわち読むだけの情報伝達が主であり，ユーザーが他ユーザー向けに情報発信するなどユーザー間の相互作用を促すものではなかった。

　2004 年に，ユーザー同士が協力し合いアプリケーションやコンテンツを変更していけるプラットフォームを表現するために「Web2.0」という概念ないし言葉が初めて使われた。Web2.0 は，インターネット技術の向上というより，むしろ Adobe Flash，RSS (really simple syndication)，Java Script など新しいプログラムによってもたらされた。これにより，いわゆる現在で言うところのソーシャルメディアを通じてユーザー生成コンテンツ (user-generated content) が簡単に発信できるようになった。その中でFacebook と YouTubeの 2 大ソーシャル・メディアが興隆し，CNN，New York Times，ESPN，BBC などの伝統的メディアが縮小を余儀なくされた。

　2013 年までにはソーシャルメディアがインターネット上で最も利用される媒体や手段となり，消費者たちは彼らの時間の1／3をソーシャルメディアに費やすとも言われている。そして，Pike は，Web2.0 のユーザー生成コンテンツは，観光業に以下のような影響と変化をもたらしたと指摘する (*Ibid.*, p.79)。

・インターネットが旅を予約する主要ツールとなる。

・そのうえで，旅を計画する際は高度な情報探索が必要になるが，そこではユーザー生成コンテンツがますます活用されるようになっている。

・観光や観光サービスは基本的に無形のサービスであり，その品質に関してリスクが伴うが，その中で，ユーザー生成コンテンツが信頼ある口コミ情報とみなされつつある。

・携帯型のソーシャルメディア・アプリやナビゲーション機器が，より活用されつつある。

・観光地では訪問者・住民向けの広域 *free wifi* が提供されつつある。

・旅行者向けのソーシャルネットワークへのコンテンツ投稿には，人に自慢したいという欲求を満たす価値がある。

・他のブランド・カテゴリーとは違い，旅行者は，オンラインの登場により，無数の観光地の中からほぼ自由に目的地を選べるようになっている。

　こうした変化により，観光地経営を担う DMO も，Web2.0 のユーザー生成コンテンツへの戦略的な対応を求められるようになった。

５.２.　観光客のソーシャルメディアの使い方
　まず，消費者である観光客のソーシャルメディアの活用に目を向けるが，Pike は，①旅行計画時，②旅行中，③旅行後という３つの流れに沿ってそれを整理する[7]。

① 旅行計画時
　レジャーを目的とする旅行客の約85%がインターネットを使って旅行を計

7）筆者も，2019 年にトランスコスモス財団ホームページで公開されている村山貴俊・秋池篤・松岡孝介の共同研究（http://www.trans-cosmos-zaidan.org/common/pdf/research/2018_06.pdf）の中で，日本人の観光客を対象にアンケート調査を実施し，旅行前，旅行中，旅行後の情報受発信で用いる情報媒体を分析した。

画するようになっているという。そしてインターネットが，消費者を「有能な観光客」(skilful tourist) へと変容させつつある。Pike は，それら有能さを，「・価格と品質の最良の組み合わせを見つけられるよう旅行行程を最適化する　・短期的に提供される〔特別な〕オファーをうまく利用する　・安全，計画，快適さに関わる旅の制約条件を正しく予測する　・旅の目的〔理想〕を旅の現実にうまく合わせられる能力」(*Ibid.*, p.84) と捉えた。

　Pike は，Leung *et al.* (2013) の研究に依拠し，消費者は計画段階でソーシャルメディアを最も活用し，意思決定の前段階の重要な情報源にしていると指摘する。また，2013 年の European Travel Commission reports に依拠し，旅行計画時に最も利用される情報は，重要な他者からの推奨 (56％)，ウェブサイト (46％)，観光地での個人的経験 (34％)，旅行代理店や観光事務局 (21％)，観光パンフレット (11％) の順であったとする[8]。

　さらに供給サイドから発信される情報，例えば宣伝・広告を通じて形成されるイメージよりも，ユーザー生成コンテンツの方が信頼度が高いことを示した調査もあるという。例えば，LeadSift (2013) の調査によれば，92％の消費者が友人，家族そしてオンライン上でフォローしている人からの推奨を信頼し，52％が夏の休暇を発案する際にソーシャルメディアを使っていた[9]。40％の旅行者は計画時にソーシャルメディアのコメントから影響を受け，50％の旅行者が他人のレビューや経験を基に旅行計画を練っているという ITB World Travel Trends Report の調査もあった[10]。また，@australia というInstagram アカウントのフォロワーたちへの調査からは，国際的なフォロワー

---

[8] European Travel Commission reports を入手できなかったため，Pike (2016) からの孫引きになっている。

[9] LeadSift の調査については，https://leadsift.com/ および https://leadsift.com/?s=tourism を参照されたい。

[10] ITB World Travel Trends Report の情報は，Pike (2016) の著書でも，Oliveira and Panyik (2014) からの孫引きとして示されている。ITB World Travel Trend Report の原本を入手できないため，本章でも Oliveira and Panyik (2014) の p.7 に記載されている内容を参照した。

の91％が同Instagramによって休暇の訪問先としてオーストラリアのことを学ぼうと刺激され，87％のフォロワーがそれらコンテンツによってオーストラリアを訪問したいと思うようになったことが明らかにされたという[11]。ちなみに，Pikeによれば，これらオンライン上のユーザー生成コンテンツは，オンライン口コミ（online word-of-mouth），マウスの口コミ（word of mouse），電子口コミ（eWoM）などと呼ばれる。

　一方，Pikeは，観光地および観光地の事業者たちは，ユーザー生成コンテンツの中に含まれる悪質かつ負の評価のリスクに晒されていると指摘する。また，知らない他者が発信するコンテンツよりも，ブランド力を有するウェブサイトからの情報の方がより高い信頼に繋がるという示唆もある。電子口コミ＝eWoMには，個人の社会的関係を越える広いネットワークに繋がれるという利点がある反面，やはり知らない他者からの情報への信頼度は低くなる。ユーザー生成コンテンツには，人々の経験や視点をリアルに伝える価値がある一方，それら内容が正確かつ信頼できるものではないことがある。

② 旅行中
　ユーザー生成コンテンツは，旅行者に対して過去に類を見ないレベルで，多様かつ新しい情報を提供できる。ソーシャルメディアは，オンライン上での出会い，友人や家族への連絡，体験共有，旅行計画などで利用される。LeadSift（2013）の調査によれば，Twitter旅行者（Twitter traveler）の85％が海外でスマートフォンを使い，74％（75％）がソーシャルメディアを，48％（44％）がオンラインでの共有ビデオと写真を用いていた（Pikeは75％，44％と記しているが，LeadSiftのレポートでは，それぞれ74％，48％と記されている）。また，回答者の47％は当初の計画通りに旅行しているが，それ以外は，旅先において計画を修正・変更しているという。Pikeは，旅先のバーチャルなコミュニティーを通じて情報を積極的に探索し，旅の予定を逐次変更していく旅行客の姿や行動が見て取れると分析する。

11）@australiaの調査結果を直接確認できないことから，Pike（2016）からの孫引きである。

③ 旅行後

　LeadSift の調査によれば，76％の Twitter 旅行者が，帰宅後に自分自身の休暇の体験をソーシャルメディアに書き込むという。Pike によれば，「旅行後にブログなどで友人と経験を共有することがユーザー生成コンテンツの一般的な理由となり，また，そのコンテンツが他の旅行客による旅〔観光地〕への評価」として利用されていくのである。また，「利他的か，享楽的かという投稿への動機は，旅に関連するコンテンツ生成で，どれだけの役割を担いたいかという各人の特性に依存する」(Pike, 2016, p.86) と考えられるという。

　Pike は，ユーザー発信コンテンツの影響力を示す１つの事例として，TripAdvisor の観光地トップ 20 のリストを挙げる。その選考過程では，観光地のホテル，レストラン，観光名所に対するユーザーによる年間の評価やレビューの量と質を要因としたアルゴリズムが用いられる。すなわち，ユーザーのレビューや評価が，観光地の順位リストに影響を及ぼすのである。そして，それら観光地の順位が，消費者の観光地の選択や旅行の計画にも影響を及ぼすことになる。ちなみに 2020 年 6 月時点で，TripAdvisor の HP 上 [12) でトップ 20 リストを確認できなかったが，2020 年度 Popular Destinations 25 が掲載されており，トップ 10 は，1 位＝ロンドン（イギリス），2 位＝パリ（フランス），3 位＝クレタ（ギリシア），4 位＝バリ（インドネシア），5 位＝ローマ（イタリア），6 位＝プーケット（タイ），7 位＝シシリア（イタリア），8 位＝マヨルカ（バレアレス諸島），9 位＝バルセロナ（スペイン），10 位＝イスタンブール（トルコ）となっていた。綺麗な写真と共に各観光地の魅力が訴求されており，確かに消費者の旅の選択に影響を及ぼすと考えられる。

---

12) TripAdvisor（https://www.tripadvisor.com/TravelersChoice-Destinations-cPopular-g1）を参照。

5.3. DMO のソーシャルメディア戦略

5.3.1.5つの一般戦略

以上では観光客の行動を見たが，次に DMO の戦略に目を向ける。Pike は，Munar (2012)[13] や Gyimóthy et al. (2014) が提唱した，ソーシャルメディア向けの「DMO の5つの一般戦略」(five generic DMO strategies)，すなわち「模倣」(mimetic)，「宣伝」(advertising)，「分析」(analytic)，「浸透」(immersion)，「ゲーム化」(gamification) を取り上げている。ここでは，Gyimóthy et al. (2014) に依拠して，5つの一般戦略の内容を簡単に紹介する。

まず「模倣戦略」は，「DMO がソーシャルメディアやバーチャルコミュニティーのスタイルやeカルチャーを模倣し，それを自らのホームページに適用」(Gyimóthy et al., 2014, p.5) し，観光客が経験を共有する場を用意することである。しかし同戦略では，DMO のホームページの主たる目的がユーザー同士の交流ではなく観光地の公式的なプロモーションになるため，ホームページ上に用意されるソーシャルネットワークは作為的に作られたものになるという弱みがある。このことから，ユーザーたちは，真の関与ではないと感じてしまい，自発的そして積極的には情報発信しないという。

「宣伝戦略」は，「従来の宣伝・広告のプラットフォームと同じようなやり方で，ソーシャルメディアを利用する」(Ibid., p.6) ことである。具体的には，Facebook，YouTube，Twitter 上に URL リンクやバナーを貼付し，ソーシャルメディアのユーザーたちを観光地のホームページに誘い込む手法である。自分たちが伝えたいメッセージを消費者に押し込むだけというのが，この戦略の弱みとなる。

「分析戦略」は，「『作為的な (artificial)』ソーシャルネットワークのサイトを創出するものではなく… (中略) …既にウェブ上にあり利用可能なユーザー

---

13) Munar (2012) の Social media strategies and destination management (*Scandinavian Journal of Hospitality and Tourism*, Vol.12, Issue 2) は入手できなかった。そのため，Munar が共著者として名を連ねており，同じ内容が含まれている Gyimóthy et al. (2014) を参照・引用した。

生成情報を利用」(*Ibid.*, p.8) することで，観光のトレンドや将来起こりうる負の影響への予測精度を高め，それらへの対応を準備することである。しかし，この分析戦略を実施する DMO はまだ少ないという。

「浸透戦略」は，DMO が，観光地の公式ウェブサイトと切り離された場所に，「『純粋（pure）』なソーシャルネットワークのサイトあるいはユーザーたちの貢献の体系によって成り立つウェブ・コミュニティーを立ち上げる」(*Ibid.*, p.10) ことである。例えば，Visit Sweden が 2007 年に立ち上げた Communityofsweden.com は，他のソーシャルネットワークとも繋がり，最小限の統制で運営されるユーザー・コミュニティーであったという。同サイトは 2013 年 4 月に閉鎖されたが，2015 年 2 月時点で Visit Sweden のサイトから多言語のソーシャルネットワークにも繋がる仕組みが構築されていたという。例えば，Facebook, Twitter, Pinterest, Flikr, Sina Weibo in China, Kaixin001 in China, Tencent Weibo in China など中国系ソーシャルメディアとも繋がるようになっていたという (Pike, 2016, pp.91-92)。さらに，筆者が調べたところ，2020 年 6 月時点で Visit Sweden のサイトから Instagram, YouTube, Facebook に誘う，あるいは YouTube から各観光名所の URL に誘うという仕組みが作られていた。なお，この浸透戦略の弱みは，悪質で負の影響を有するユーザー生成コンテンツが投稿されるリスクであり，それに対する DMO の検閲・統制が難しいことにある。

「ゲーム化戦略」は，ゲームとは関係のないウェブサイトの中に「ゲームの技術やデザインを応用」(Gyimóthy *et al.*, 2014, p.10) することである。例えば，VisitBritain's Love UK Facebook は，Facebook 上にある 300 の観光名所のページから 1 つのページを閲覧すると休暇（2000 ポンド相当）・ショッピング（1000 ポンド相当）の割引券のくじ引きに参加できるようにした。また Visit Norway というサイトでは，2009 年以降に 6 億回超もプレイされることになるオスロの観光名所を宣伝する The Homenkollen Ski Jump というゲームを提供した [14]。このゲーム化戦略は，より多くの人に情報を届けられる利点があるが，

---

14) 宮城県では，Pokémon GO[TM] というゲームを観光キャンペーンに利用した。

ユーザーによる継続的関与を生み出すことが難しいという。

5.3.2. 明確なオンライン戦略の必要性

　さらに，Pike によれば，「単にソーシャルメディアに遅れないように努力するだけでなく，正しい戦略を持つことが重要になる」という。オンラインのプラットフォーム（ホームページやソーシャルメディア）を立ち上げるのは，それほど難しいことではないが，「ユーザー生成コンテンツを管理，監視することは容易でない」ともいう。単にステークホルダーに見てもらうだけでなく，「ソーシャルメディア・マーケティングへの投資によって何を達成したいかという明確なビジョン」（Pike, 2016, p.95）が必要になると指摘する。

　Pike は，先行研究を踏まえ，ソーシャルメディアを活用する際の問題点を幾つか挙げている。例えば，ソーシャルメディアへの投資効果のエビデンスが不足しているためどのように投資を進めれば良いかが分からない，ソーシャルメディアに投資する財源が不足するだけでなく DMO などの人材が高度なコンテンツ管理の手法を学ぶ時間も不足している，ソーシャルメディアをマーケティングに活用する際のルールが欠如していたり曖昧である，新たな手段が追加されただけで発信されるコンテンツは以前と同じである，といった問題が指摘される。加えて，DMO や国の観光組織によるソーシャルメディアやユーザー生成情報の活用を分析する学術研究が不足しているとも指摘される。ただし近時に至り，筆者の知る限り，観光とソーシャルメディアを論じる R. Minazzi (2015), *Social Media Marketing in Tourism and Hospitality* や M. Sigala and U. Gretzel (2018), *Advances in Social Media for Travel, Tourism and Hospitality; New Perspectives, Practice and Cases* など良質な著書も公刊されており，ここ数年で同分野での研究の蓄積が進んでいると言えよう。

　そのうえで，Pike は，DMO のソーシャルメディアへの戦略的対応への指針ともなり得る 2 つの研究を紹介する。1 つは，Gunelius, Susan が *Content Marketing For Dummies*（Wiley, 2011）（『誰でも分かるコンテンツ・マーケティング』）の中で示したという 10 の要素からなる「ソーシャルメディア・マーケティング法則」である[15]。そこでは，以下の諸点に注意を払いながらソーシャ

ルメディアを管理・運用する必要があると指摘されている。

1．傾聴　消費者がいかに特定のソーシャルメディアに関わっているかを学び，そして彼らにとって何が重要なのかを理解する。
2．集中　全てのソーシャルメディアに関わることは不可能であることから，最も関連の深いメディアに集中する。
3．品質　全ての消費者に届けようとするよりも，特定の影響力を有する消費者と結びつくことが重要である。
4．忍耐　かなり長期にわたり関わることになる。
5．結合　消費者はより良質なコンテンツをシェアしたいと望む。
6．影響　大きな影響力を有する消費者を識別する。
7．価値　興味深く，かつ信頼に値するコンテンツは，会話に価値をもたらす。
8．承認　関係性を築こうとしている人々を承認する。
9．接近可能性　視聴者が常時つながれる状態にする。
10．互酬性　他者が発信したコンテンツを共有する。

　著作のタイトル（「誰でも分かる」）からして入門書であり，その内容は非常に分かり易く，しかもソーシャルメディアを活用する際の注意事項が的確に指摘されていると言えよう。
　もう1つは，Hamill *et al.*（2012）が示した国の観光関連組織による「ソーシャルメディア発展サイクル」（social media development cycle）であり，それら過程は図3－2のような1から10までの流れで整理できるという（pp.113-115。ただし頁数は Amazon Kindle 電子書籍版）。

15）同書は入手できなかった。Pike の中でも，Shao *et al.*（2012）からの孫引きになっている。なお，Shao *et al.*（2012）は，Sigala *et al.*（2012）の中に所収されている。ここでも Shao *et al.*（2012）を参照した。https://www.entrepreneur.com/slideshow/299334 で Susan Gunelius 自身の解説が読める。ただし上述の10の法則とは内容がやや異なる。

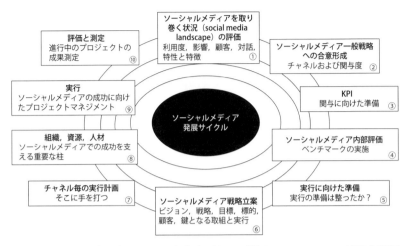

（出所）Hamill *et al.*（2012），p.113より転載（ただし，頁数はAmazon Kindle電子書籍版）。

図3－2　ソーシャルメディア発展サイクル

1．ソーシャルメディアを取り巻く状況の評価（evaluate your social media landscape）。ソーシャルメディアは，産業にどのような影響を及ぼすか。どれほど重要か。自分たちの顧客層がどのようにソーシャルメディアを使っているか。顧客の行動にどのような影響を及ぼすか。彼らがDMOについてどのような発言を行っているか。

2．ソーシャルメディア一般戦略への合意形成（agree your generic SM strategy）。メディア・チャネルの選択，それぞれのチャネルへの関与度を決める総合的な一般戦略への合意形成。

3．重要業績評価指標（key performance indicators）。ソーシャルメディアの成果，事業業績およびROIを監視・測定する指標への合意形成。戦略実行にとって重要となる組織，人，資源も考慮に入れた指標の設定。

4．ソーシャルメディアへの内部評価（internal social media audit）。理想の戦略やベストプラクティスと現行シナリオとのギャップの確認。

5．実行に向けた準備（readiness to engage）。

6．ソーシャルメディア戦略立案（social media strategy development）。

7．チャネル毎の実行計画（channel action plans）。優先度の高いメディアの実行計画の策定，全体目標への関連づけ，KPI の適用。

8．組織，資源そして人の問題（organisation, resource and people issues）：役割，責任，決定過程，コントロール構造などの決定。

9．実行（implementation）。ソーシャルメディア戦略の成功に向けたプロジェクト・マネジメント。

10．監視と測定（monitor and measure）。

　まさに，企業の事業戦略や全社戦略と同じように，ユーザーによるソーシャルメディア利用方法やその影響度（すなわち現状）を分析したうえで，重要なチャネルを選択し，また実行に向けた資源の裏付けがある形で KPI を設定する。さらに，理想と現実との対比から取り組むべき課題を明確にし，ソーシャルメディア戦略を立案する。その戦略の実行に向けて組織を編成し，実行の成果を測定し，計画の見直しに繋げる，という流れを構築する必要性が指摘されている。

5.4. Pike の分析について
　以上の議論を整理しておこう。Pike（2016）は，情報通信技術の進化により，旅行の有り様が変わったという。例えば，旅行予約の主たる手段は，2003 年時点で旅行代理店（65%）であったが，その 10 年後の 2013 年時点ではインターネット（76%）が取って代わった。インターネットの出現によって一般の消費者が有能な旅行者となり，とりわけ旅行計画時においてソーシャルメディア上のユーザー生成コンテンツを積極的に活用するようになった。また旅行中にもネット上のコミュニティーから積極的に情報を探索し，計画を修正する旅行者の行動が確認される。ネット上でやりとりされる電子口コミ＝eWoM は，個人の繋がりを越えた広いネットワークへの参加を可能にするが，知らない他者からの情報の信頼度は必ずしも高くない。また，ユーザー生成コンテンツには，旅行者のリアルな経験を伝えるという価値が認められる一方，情報の信頼度という新たな問題を生み出すことになる。

　観光客の行動に大きな影響を及ぼすソーシャルメディア上のユーザー生成コンテンツに，DMO は戦略的に対応する必要があると指摘された。例えば，「浸透戦略」は，観光地のホームページから切り離された形で，多言語のソーシャルメディアを用意するという戦略である。現在では，DMO あるいは自治体が運営する観光ホームページ上から YouTube, Instagram, Facebook などにリンクが貼られたり，逆にそれらソーシャルメディアから観光地や観光名所などのホームページに誘う，という仕組みが使われている。浸透戦略が重視するのは，DMO や公的観光組織のホームページないしは統制とは切り離されたところに，ソーシャルメディア上でユーザーが自由に交流できる場を用意することであった。他方，そのような状況では，負の情報が自由に発信されてしまい，DMO がそれを監視できなくなるという問題が発生する。まさに自由と統制のバランスという課題に向き合わなければならない。また「分析戦略」は，ネット上にあるユーザー生成情報を分析することで，観光の将来トレンドを予測したり負の影響を回避したりする戦略であった。この分析戦略を実行している DMO はまだ少ないとされたが，近時，ビッグデータの活用にも注目が集まる中，ユーザー生成情報の分析を活用した観光振興戦略の立案と実行の必要性が今後より高まってくると考えられる。

　オンライン向けの明確な戦略という議論の中で示された Gunelius の「ソーシャルメディア・マーケティング法則」は，簡素でありながらも示唆に富む内容であった。中でも，消費者のソーシャルメディアへの関わり方や消費者が重視していることを学ぶ「傾聴」，影響力のある消費者，いわゆるインフルエンサーと呼ばれる人を識別する「影響」，全てのソーシャルメディアではなく最も重要なメディアを選択する「集中」，情報発信した人々への「承認」など，重要かつ興味深い内容が示されていた。それらは，Hamill *et al.* のソーシャルメディア発展サイクルの中でも，ステップ１「状況の評価」およびステップ２「メディア・チャネルの選択と各チャネルへの関与度の決定」として指摘されていた。すなわち，通常の企業戦略と同じように，現状をしっかり認識し，重要なところに資源を投下する選択と集中が重要になる。加えて，インフルエンサーの識別や情報発信者の承認というソーシャルメディア戦略に固有な要素へ

の意識づけも必要になると言えよう。

6 —— DMO はどうあるべきか

　本章では，まず DMO の役割や DMO の成功要因を分析した研究を取り上げた。また，DMO が取り組むべき具体的な課題として，DMO によるロゴを用いた観光地ブランド化，さらに DMO によるユーザー生成コンテンツへの戦略的対応を分析した研究にも目を向けた。ここでは，それら先行研究の主張を改めて整理しつつ，今後，とりわけ我が国の日本版 DMO や登録 DMO が担うべき機能や役割を検討することで本章を締め括る。

　Getz *et al.* (1998) は，カナダの CVB における観光計画や製品開発向けの政策の有無を調査した。その結果，先行研究でも指摘されていたように DMO は，宣伝・広告活動に従事することが多く，観光地計画や製品開発を含む活動になっていないことが明らかになった。すなわち DMO が，マネジメント組織ではなく，マーケティング組織になっているという実情がつまびらかにされた。これに対して，Getz *et al.* は，製品なきマーケティングには矛盾があり，また計画なき製品開発にも矛盾があると指摘した。加えて，DMO への産業界からの参加や統制の拡大と公共部門の関与の低下によって，長期的視点での観光振興計画が後退し，短期的成果が期待できるマーケティングを重視する傾向が強まっているのではないかとも示唆された。

　観光地の真の競争力を構築するためには，Getz *et al.* が強調するように，長期的視点から観光地の振興戦略を立案し，その戦略に沿って魅力的な新製品や新サービスを開発し，観光地として統一的イメージを創出する取組が必要となろう。しかし産業界からの短期的成果への要求が，そうした長期的視点を駆逐してしまう可能性がある。仮に今後，日本版 DMO ないし登録 DMO に対しても産業界からの参加や統制が広まると，長期的な観光地戦略の立案や製品開発の取組が後退していく可能性もある。さらに言えば，DMO の会員企業の現行の製品やサービスの宣伝・広告だけに注力する，まさに産業界（特に影響力や発言力を有する企業）の宣伝・広告費の一部を公的資金で肩代わりする組織へと

転化していってしまうのではないかとの懸念が持たれる。ちなみに，オーストラリアの著名な観光学研究者 Graham Brown 教授との対話によれば[16]，DMO が観光振興を主導するのは北米の特徴であり，欧州ではむしろ公的セクターが観光振興を主導することが多いという。日本でも，いずれ DMO を，民間主導とするか，公的セクター主導とするか，という重要かつ難しい選択を迫られるかもしれない。それぞれ利点と欠点があると思われるが，その際には DMO への産業界の参加と統制によって短期的成果が重視され長期的視点の観光開発が後退する可能性があるという Getz *et al.* の示唆に改めて目を向ける必要があろう。

　DMO と観光地の成功要因の差異点と共通点を探った Bornhorst *et al.*（2010）の研究では，DMO による観光地での関係性マネジメントの重要性が指摘された。インプット → プロセス → アウトプットという流れの中間に位置するプロセスにおける DMO の関係性マネジメントこそが，DMO と観光地両方の成功の鍵を握ると考えられていた。

　すなわち，DMO の経営陣が，観光地内のステークホルダーと良質な関係を築けなければ（プロセスの失敗），観光地ステークホルダーからの良質な製品やサービスの提供および DMO による資金や人材などの資源の調達（インプット）がうまく進まず，訪問客の誘客（アウトプット）を実現できなくなると考えられる。Bornhorst *et al.* の調査では，ホテルなど宿泊業者だけを優先すべきでない，製品とサービスは観光地全体で提供されることを認識すべきである，という DMO に対するステークホルダーからの批判的意見が確認された。仮にホテルが訪問客に良いサービスを提供したとしても，DMO の姿勢や経営に不満を持つ観光名所，飲食業者，イベント業者，交通関連業者などがサービスの高度化に消極的であれば，訪問客の満足度は向上しない。さらに，観光地の地域住民による観光への理解がなければ，地域として訪問客を歓迎しているという雰囲気は生まれてこない。DMO そして観光地の成功の土台になるのは，DMO 経営陣による多様な観光地ステークホルダーとの対話を通じた良好な関

16）南オーストラリア大学 Graham Brown 教授より口頭にて教示頂いた。

係性の構築であり，その中から生み出される DMO や観光地の成功への認識であろう。それら対話と関係構築に基づく成功への認識こそが，より良い製品やサービスの提供，より良い人材の流入，より多くの訪問客をもたらすのだろう。

Blain *et al.* (2005) は，DMO による観光地のロゴやタグラインのデザインそしてブランド化という実践的テーマを分析した。そこでは，アンケート調査に基づく現状把握を踏まえ，ロゴ開発に向けての DMO のあるべき姿勢が示されていた。例えば，地域ホスピタリティー企業そして訪問客をロゴのデザイン過程に関与させていた DMO はまだ少ないのが実態だが，それらステークホルダーの関与の重要性が指摘されていた。もちろん，デザイン過程での業者間や会員間の政治的駆け引き，また合意を形成する中でロゴの差別化や独自性が失われるという問題もあるだろう。しかし，それらをうまく調整し，関与させることのメリットを実現することこそがDMOの役割とも言えるだろう。さらに，ロゴをデザインする際には，事前テストおよび訪問客の知覚を測定した方が良いとの指摘もあった。例えば，観光地のロゴやイメージへの訪問客の知覚を測定しているかという質問に対して，ロゴで34％，イメージで25％の DMO が全く測定していないと回答していた。ロゴやイメージの知覚や効果をしっかり測定することも，DMO の重要な役割になるだろう。

Pike (2016) は，Web2.0 のユーザー生成コンテンツへの DMO の戦略的対応の必要性を指摘した。例えば，Gyimóthy *et al.* (2014) が提示した DMO のソーシャルメディア向け5つの一般戦略の中では，観光地のホームページから切り離されたところにソーシャルメディアの交流の場を設ける浸透戦略，あるいはユーザー発信コンテンツを利用して観光のトレンドや観光客のニーズを読み取る分析戦略などが注目に値する。また，Gunelius のソーシャルメディア・マーケティング法則やHamill *et al.* (2012) のソーシャルメディア発展サイクルでは，とりわけ傾聴，影響，集中，承認，現況評価あるいはメディア・チャネルの選択や関与度の決定などが重要となろう。

Pike (2016) は，主に観光客や訪問客を誘客するマーケティング手段としてユーザー生成コンテンツやソーシャルメディアを活用するという視点で論じて

いた。これに加え，Leung *et al.* (2013) が指摘するように，ソーシャルメディアやユーザー発信コンテンツを，DMO による観光地マネジメント，例えばステークホルダーとの対話や関係構築にも利用していけるだろう。つまり，会員や地域の観光関連業者との対話ツールとしてソーシャルメディアを利用することで，ステークホルダーに関する情報を収集し，ステークホルダーの影響力や彼らが抱える問題などを理解していくことができるだろう。さらに，ロゴや新製品・サービスを開発する際に，ソーシャルメディアなどを介して評価を募ることもできる。DMO の管理者や職員たちが，限られた時間の中で，より広範な観光地ステークホルダー（ホテルなど宿泊業者だけでなく）と対話し，彼・彼女らとの関係を構築していくためには，これまで以上に情報通信技術やソーシャルメディアを活用していかなくてはならないだろう。

　以上の分析を踏まえると，日本の DMO に関しても，まず DMO に，どの範囲で，どのような機能や役割を担わせるかという点を，しっかり議論していく必要があるだろう。日本各地の観光振興の実情に目を向けると，地方公共団体の観光担当部局，民間主導の観光関連組織（商工会議所など），コンベンション組織，NPO そして新たに設立された日本版 DMO など，まさに多種多様な組織が入り乱れている状態にあると思われる。その中で改めて DMO の固有の位置づけや役割を整理する必要があるだろう。その際には，DMO とは本来どのような組織で，何を期待されており，何をすべきなのか，という問いを発する必要がある。本章でも見たように，DMO は，マーケティング組織なのか，マネジメント組織なのか，ということを真剣に議論しなくてはならない。また，計画を立案する組織なのか，計画を実行する組織なのか，観光地の製品やサービスを宣伝・広告する組織なのか，あるいは製品やサービスを開発する組織なのか，ということも検討していかなくてはならない。そのような検討をせずに，日本各地に DMO を創設しても，結局のところ，既存の組織と同じ活動を重複的に実施する組織になってしまう可能性がある。

　さらに，仮に DMO を観光地マネジメント組織と位置づけるのであれば，そのマネジメントとは何で，どのような活動を指すのか，ということも検討する必要がある。本章で取り上げた先行研究の主張や所見を踏まえれば，マネジメ

ント組織としての DMO は，観光客から発信されるユーザー生成情報の分析や
多様なステークホルダーとの対話に基づき，長期的視野から観光振興戦略を立
案し，その戦略や政策に沿って多様なステークホルダーと協働しながら新製
品，新サービス，ロゴなどを開発し，その結果として統一的かつ一貫した観光
地イメージを創出する役割を期待されると言えよう。また，良質かつ統一的な
観光地イメージが創出されることで，観光地としての一体感や成功への認識が
生み出されるだろう。それら一体感や成功への認識こそが，多様なステークホ
ルダーによる DMO への支持に繋がるだろう。そして，DMO への支持こそが，
良質な製品・サービスや資金・人材の確保，そして観光客の誘客へと結びつく
だろう。こうした学術研究からの示唆を踏まえ，日本版 DMO や登録 DMO の
あるべき姿を考えていく必要があるだろう。

参考文献

Aaker, D. A. (1991), *Managing Brand Equity*, Free Press. (陶山計介ほか訳『ブランド・エクイティ戦略——競争優位をつくりだす名前，シンボル，スローガン』ダイヤモンド社，1994 年)（ただし，邦訳書のみを参照）

Blain, C., Levy, S. E. and Ritchie, J. R. B. (2005), Destination branding; Insights and practices from destination management organizations, *Journal of Travel Research*, Vol.43, Issue 4, pp.328-338.

Bramwell, B. and Rawding, L. (1996), Tourism marketing images of industrial cities, *Annals of Tourism Research*, Vol.23, No. 1, pp. 201-221.

Bornhorst, T., Ritchie, J. R. B. and Sheehan, L. (2010), Determinants of tourism success for DMOs & destinations; An empirical examination of stakeholders' perspectives, *Tourism Management*, Vol.31, No.5, pp.572-589.

Echtner, C. M. and Ritchie, J. R. B. (1991), The meaning and measurement of destination image, *Journal of Tourism Studies*, Vol.2, No.2, pp.2-12. (ただし同誌 2003 年の Vol.14, No.1 に再掲された論文を参照。頁数は pp.37-48 である)

Getz, D., Anderson, D. and Sheehan, L. (1998), Roles, issues, and strategies for convention and visitors' bureaux in destination planning and product development; A survey of Canadian bureaux, *Tourism Management*, Vol.19, No.4, pp.331-340.

Gyimóthy, S., Munar, A. M. and Larson, M. (2014), Consolidating social media strategies, *Proceedings of the 5th International Conference of Destination Branding and Marketing (DBM-V)*.（ただし Aalborg Universitet による pre-print 版を参照）

Hamill, J. Stevenson, A. and Attard, D.（2012）, National DMOs and Web 2.0, in Sigala *et al.*（2012）.（ただし Amazon Kindle 電子書籍版を参照）

Hankison, G.（2004）, Relational network brands; Towards a conceptual model of place brands, *Journal of Vacation Marketing*, Vol.10, No.2, pp.109-121.

Kotler, P., Bowen, J. T. and Makens, J.（2003）, *Marketing for Hospitality and Tourism (3rd Edition)*, Pearson.（白井義男監訳『コトラーのホスピタリティ＆ツーリズム・マーケティング（第 3 版）』ピアソン・エデュケーション，2003 年）（本章では邦訳書を参照）

LeadSift（2013）, *The Future of Social Media & Destination Marketing (INFOGRAPHIC)*, Sep.20,（https://leadsift.com/future-social-media-destination-marketing-infographic/）.（2020 年 12 月 5 日確認）。

Leung, D., Law, R., Hoof, H. v. and Buhalis, D.（2013）, Social media in tourism and hospitality; A literature review, *Journal of Travel & Tourism Marketing*, Vol.30, Issue 1-2, pp.3-22.

Minazzi, R.（2015）, *Social Media Marketing in Tourism and Hospitality*, Springer.

Oliveira, E. and Panyik, E.（2014）, Content, context and co-creation; Digital challenges in destination branding with references to Portugal as a tourist destination, *Journal of Vacation Marketing*, Vol.22, Issue 1, pp.1-22.

Pearce, D.（2021）, *Tourist Destinations; Structure and Synthesis*, CABI.（ただし Amazon Kindle 電子書籍版）

Pike, S.（2016）, *Destination Marketing; Essential (2nd edition)*, Routledge.

Ritchie, J. R. B. and Ritchie, R. J. B.（1998）, The branding of tourism destinations; Past achievements & future challenges, *A Basic Report Prepared for Presentation to the 1998 Annual Congress of the International Association of Scientific Experts in Tourism*, Marrakech, Morocco.

Shao, J., Rodríguez, M. A. D. and Gretzel, U.（2012）, Riding the social media wave; Strategies for DMOs who successfully engage in social media marketing, in Sigala *et al.*（2012）

Sigala, M., Christou, E. and Gretzel, U.（2012）, *Social Media in Travel, Tourism and Hospitality; Theory, Practice and Cases*, Ashgate Publishing.（ただし 2016 年に Routledge が出版したと記されている。Amazon Kindle 電子書籍版を参照）

Sigala, M. and Gretzel, U.（2018）, *Advances in Social Media for Travel, Tourism and Hospitality; New Perspectives, Practice and Cases*, Routledge.

高橋一夫（2017）『DMO　観光地経営のイノベーション』学芸出版社。

日本政策投資銀行地域企画部（2017）『観光 DMO 設計・運営のポイント――DMO で追求する真の観光振興とその先にある地域活性化』ダイヤモンド社。

第4章

イベント・ツーリズム

1 ── はじめに

　イベント・ツーリズム研究で世界的に著名な研究者であるカナダ・カルガリー大学の D. Getz とイギリス・ボーンマス大学の S. J. Page は，*Tourism Management* 誌に掲載された論文 Progress and prospects for event tourism research（「イベント・ツーリズム研究の進歩と展望」）の冒頭で次のように述べている。

　「イベント・マネジメント研究の盛り上がりとこの学際領域への社会科学の貢献の広がりは，その後の高等教育機関における関連教育サービスの提供や関連研究の拡大，そして商業的な観光振興への貢献において大きな成功を予感させた。観光という文脈そして観光システムの中で考えると，イベントは，観光の起点（例，イベントは観光客への重要な動機づけ要因となる）と目的地（例，イベントは多くの観光地の振興とマーケティング計画の中で重要になる）での欠かせない構成要素になっている。イベントは，観光地の魅力を引き立たせるだけでなく，より根源的レベルにおいて苛烈なグローバル競争の中でお金を消費してくれる観光客を引き寄せるためのマーケティング価値提案に活力を与える。Leiper の観光システムのアナロジーを用いるならば，イベントは，観光システムの中核要素となり，観光地が提供する宿泊施設，観光施設，移動手段とそれらに付随するサービスの利用促進と更なる発展（例，メガ・イベントを実施するための産業基盤の整備）

を生み出し，レジャーのための観光（例，休暇）という狭隘な見方を越えて，観光地の能力そして観光の可能性を広げていくことになる」(Getz and Page, 2016, p.593)。

　いまや，イベントは，旅の動機づけ，観光地振興計画および観光地マーケティングの中で重要な要素になりつつある。さらに，観光関連施設の利用促進や産業基盤の高度化，そして観光地の能力や観光の新たな可能性を広げる駆動力にもなっている[1]。

　上掲 Getz and Page (2016) は，「イベント・ツーリズムの概念化」，「イベント・ツーリズム研究の歴史」，「イベント・ツーリズム・システムのモデル」という 3 つの観点から，数多くのイベント・ツーリズムの先行研究を体系的に整理した論文であり，2008 年に公刊された Getz (2008) の Event tourism; Definition, evolution, and research（「イベント・ツーリズム——定義，進化そして研究」）と合わせ，イベント・ツーリズム研究の動向を理解するための重要な論文と位置づけられる。

　本章の構成は以下のようになる。2 節では，まず Getz and Page (2016) に依拠し，イベント・ツーリズムの基本を理解することから始める。そこではイベント・ツーリズム研究の位置づけ，研究課題そしてイベント類型などに触れる。3 節では，イベント・ツーリズムの実証研究を紹介する。特に，近時に至り日本でも人気が高まってきている食と飲料に関わるイベント・ツーリズム研究を取り上げる。4 節では，イベント・ツーリズムを考察する際に欠かせない視点となるイベントと地域住民との関係に目を向ける。そこでは，お祭りやイベントが，イベント開催地の住民の幸福感に与える影響を分析した実証研究を紹介する。最後に 5 節では，前節までの議論に基づき，今後，我が国で，どのようなイベント・ツーリズムが必要になるのか，またイベント・ツーリズムを企画・運営する際には何に注意したら良いのかという点を検討する。

1）3 章で取り上げたカナダの DMO の実情を分析した Getz, et al. (1998) の論文でも，DMO がイベントの開発や運営に注力していることが明らかにされた。

2 —— イベント・ツーリズムの研究領域と課題

　イベント・ツーリズムないしイベント・ツーリズム研究とはそもそも何か，そしてイベント・ツーリズムやその研究をどのように捉えれば良いか，という基本的な論点を考察することから始めたい。先述したように，ここでは Getz and Page（2016）の論文に目を向ける。同論文は，トップ・ジャーナルに掲載された同テーマを扱った先行研究を体系的にレビューしながら，イベント・ツーリズムの特性，研究動向，研究課題について論じている。

　Getz and Page（2016）は，イベント・ツーリズム分野の重要な論文であるが，その内容の解読は容易ではない。よって，ここでは，同論文の内容の一部をしっかりと読解することで，イベント・ツーリズムの特性や研究課題などを明らかにしていきたい。

2.1. イベント・ツーリズム研究の位置づけ

　Getz and Page（2016）は，関連分野ないし隣接分野との関係の中でのイベント・ツーリズム研究の位置づけを図4－1のように示す。同図は，「イベント研究が，イベントに関する多様な知識を統合しつつあり，その中でイベント・マネジメントやイベント・ツーリズムが，イベント研究の基本をなすブロック〔部分〕の1つとして位置づけられている様子」（p.595）を表している。

　Getz and Page によれば，「イベント研究」（event studies）とは，「全ての計画されたイベント，イベントの意味，イベントの体験を探究する学際的分野」である。その全体集合の中に配置される「イベント・マネジメント」（event management）は「計画されたイベントの管理を，理解したり向上させたりすることを検討する応用専門分野」，そして「イベント・ツーリズム」（event tourism）は「イベントを通じて，観光を理解したり，発展させたりすることを検討する応用分野」であると説明される。また，楕円の横から伸びてくる矢印は，「他の応用分野，例えばホスピタリティー，レジャー，スポーツ，芸術，演劇，文化の研究の中で行われているイベント研究」の知見を吸収しつつ，「イ

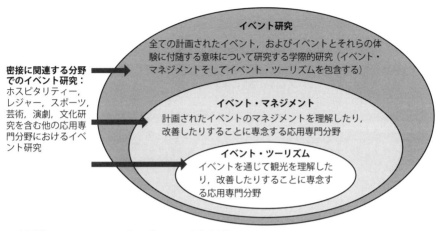

密接に関連する分野
でのイベント研究：
ホスピタリティー，
レジャー，スポーツ，
芸術，演劇，文化研
究を含む他の応用専
門分野におけるイベ
ント研究

イベント研究
全ての計画されたイベント，およびイベントとそれらの体験に付随する意味について研究する学際的研究（イベント・マネジメントそしてイベント・ツーリズムを包含する）

イベント・マネジメント
計画されたイベントのマネジメントを理解したり，改善したりすることに専念する応用専門分野

イベント・ツーリズム
イベントを通じて観光を理解したり，改善したりすることに専念する応用専門分野

（出所）Getz and Page（2016），p.595 より転載。

図４−１	イベント研究，イベント・マネジメントおよびイベント・ツーリズム

ベント研究」，「イベント・マネジメント研究」，「イベント・ツーリズム研究」という研究領域が発展してきている態様を表している（*Ibid.*, p.595）。

2.2. イベント・ツーリズムの研究課題

　次に，イベント・ツーリズムの研究分野と研究課題に目を向ける。Getz and Page は，表４−１に示されたイベント・ツーリズムに関する中核命題群（core propositions）が[2]，道具主義という視点から，以下のように研究分野や研究課題を定めていくという。ちなみに，道具主義とは，環境を支配する道具としての有用性によって思想の価値が決まる，という考え方ないし立場である。

　表４−１に目を向けると，まず命題a）として，「イベントは，それがなければある地域を訪問しなかっただろう観光客（その他スポンサーやメディア）を観光地に引きつけられる」，「イベントへの旅行客は，消費を通じて経済的利益

| 表4-1 | イベント・ツーリズムの中核命題群 |

a) イベントは，それがなければある地域を訪問しなかったと思われる観光客（その他，スポンサーやメディア）を観光地に誘客できる；イベントの旅行客の消費が経済的利益を生み出す；イベント・ツーリズムは，需要の季節変動を抑えたり，観光の地理的拡大を生み出したり，都市や経済の開発を促進したりすることで，価値最大化を強化できる；様々なイベントを組み合わせるイベント・ポートフォリオによって様々な客層にアピールし経済価値を最大化できる。

b) イベントは，観光地の良いイメージを創出でき，都市のブランド化やポジション変更を可能にする。

c) イベントは，都市を生き生きと魅力的なものにすることで，場のマーケティングに貢献できる。

d) イベントは，あらゆる都市，リゾート地，公園，都市空間，会場などに活力を与え，それにより訪問そして再訪したいと思わせる魅力を創出できる。また，それらの場所を効率的に利用できるようにする。

e) イベントは，他の形態〔分野〕の望まれる発展（都市再生，地域社会の能力構築，ボランティア精神，マーケティングの発展）への触媒となり，これらを通じて長期的・永続的に継承される遺産を創出できる。

（出所）Getz and Page（2016），p.597 より転載。

を生み出す」，「イベント・ツーリズムは，需要の季節変動を抑えたり，観光の地理的拡大を生み出したり，都市や経済の開発を促進したりすることで，価値最大化を強化できる」，「様々なイベントを組み合わせるイベント・ポートフォリオによって，様々な顧客層にアピールし経済価値を最大化できる」と記されている（以下の記述は，Getz and Page（2016），p.597 に基づく）。Getz and Page によると，これら命題からは，観光客の動機を理解し，イベントをより魅力的にする要因を探究する，という研究課題が導き出される。すなわち，観光客を呼び込み観光地の経済価値を最大化する1つの手段としてイベントを捉える場合，観光客の動機やイベントの魅力を高める要因を解明する研究が求められる。例えば，3節で紹介する食や飲料の観光イベントに関する実証研究は，この命題a）から導かれる研究として理解できよう。

命題b）として「イベントは，観光地の良いイメージを創出でき，都市のブランド化ならびにポジション変更を可能にする」，命題c）として「イベント

は，都市をより生き生きと魅力的なものにすることで，場のマーケティングに貢献できる」，命題 d）として「イベントは，あらゆる都市，リゾート地，公園，都市空間，会場などに活力を与え，それにより訪問そして再訪したいと思わせる魅力を創出し，また，それらの場所を効率的に利用できるようにする」と記されている。Getz and Page によれば，これら命題 b）c）d）からは，イベントを活用して都市をいかにブランド化するか，イベントを利用して観光地をいかに売り込むかという，場のマーケティング[3]や観光地マーケティングに関する研究課題が導き出される。

　命題 e）として「イベントは，他の形態〔分野〕の望まれる発展，例えば都市再生，地域社会の能力構築，ボランティア精神，マーケティングの発展などの触媒となり，これらを通じて長期的・永続的に継承される遺産を創出できる」と記される。この命題 e）からは，イベントを契機とした都市工学，都市計画の推進，地域社会の能力構築やボランティア精神の創出，さらに都市利用の効率化による観光地としての魅力向上という研究課題が導き出される。例えば，4節で取り上げる観光イベントによる地域住民の幸福感への影響を分析する実証研究は，この命題 e）から導かれる研究と言えよう。

　さらに，イベントを需要と供給に分けて捉えると，需要サイドの視点からは「誰が，なぜ，イベントのために旅行をするのか，旅行の中で誰がイベントに参加するのか」，「イベントの旅行客は，何を行い，何にお金や時間を費やすのか」という研究課題が導き出される。また「観光地の良質なイメージの創出，場のマーケティング，観光地との共同ブランド化を推進する中で，イベントがもたらす価値」への探究も必要になる。一方，供給サイドの視点からは，観光地が「中核命題の中で言及された多様な目的に合わせ，様々なイベントを展開，調整，促進」(*Ibid.*, p.597) する能力と，それらの方法に関する研究課題が導き出されるという。

　以上のことから，イベント・ツーリズムの主要な研究課題として，①イベン

3）都市のマーケティングと言い換えることも可能であろう。例えば Kotler and Kotler（2014）を参照。ただし邦訳書のみを参照。

トに参加する観光客の動機分析，②イベントの魅力を高める要因の分析，③イベントを通じた都市のブランド化や場のマーケティングへの研究，④イベントを契機とした都市機能の再生・効率化・高質化の分析，⑤イベント観光客のセグメント分析や消費者行動分析，⑥イベント・ツーリズムの実行方法や調整方法に関する研究などがあることが分かる。

２.３. イベント分類とポートフォリオ・アプローチ

　Getz and Page（2016）によれば，イベントには幾つかの種類がある。そして，各イベントの特性を理解したうえで，それらをうまく組み合わせて，観光客の誘客につなげたり，観光地の魅力を高めたりする手法として「ポートフォリオ・アプローチ」（portfolio approach）（p.598）がある。

　まず，Getz and Page が，イベントをどのように分類しているかを確認する。図４−２に見られるように，「たまにあるメガ・イベント」，「定期的なホールマーク・イベント」，「リージョナル・イベント（定期，１回限り）」，「ローカル・イベント（定期，１回限り）」の４つに分類されている。また，イベントの価値を測定する尺度として，「・誘客した観光客の人数や種類　・経済的利益　・成長可能性　・市場占有率　・質　・イメージ向上　・住民にとっての価値，地域社会からの支援，適切性あるいは『適合性』　・環境的な価値や持続可能性」（Ibid., p.596）があるという。

　たまにあるメガ・イベント（mega event）とは，オリンピック，サッカーワールドカップ，万国博覧会などの大規模なイベントである。上掲の図では，ピラミッドの頂点に位置づけられ，観光客の需要も大きく，価値の高いイベントと捉えられる。これらメガ・イベントは，「観光客の誘客，観光地に関わるイメージ形成，観光地開発という役割」（Ibid., p.598）を担ってきた。例えば，オーストラリアにおけるブリスベン万博やヨット競技アメリカンズ・カップ・ディフェンス（パースで開催）の成功は，同国内のイベント開発組織の創設のほか，イベント研究やイベント・マネジメント・プログラム開発を促し，オーストラリアをイベント・ツーリズム分野の世界的リーダーに押し上げたという。

　次に，定期のホールマーク・イベント（hallmark event）は，観光客の需要も

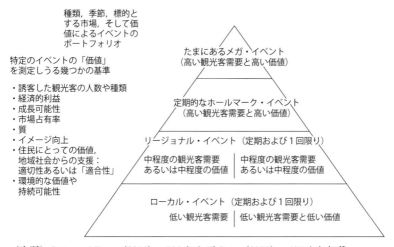

（出所）Getz and Page（2016），p.596 および Getz（2008），p.407 より転載。

図4-2　　ポートフォリオ・アプローチ

大きく，価値の高いイベントと捉えられている。なお，研究社『新英和大辞典
（第6版）』[4]で調べると，hallmark は，名詞で「1，a.（London の金細工職組合本
部（Goldsmiths' Hall）で金・銀・プラチナの純分を検証した）認刻極印，b. 品質保証，
純正〔優良〕の折紙，太鼓判，2，特徴，特質」，動詞で「…に品質証明の極印
を押す，折紙を付ける」という意味がある。それらを踏まえて日本語に翻訳す
ると，高い品質が保証された独自の特徴を有するイベントということになろう。

　C. M. Hall 著 *Hallmark Tourist Events; Impacts, Management and Planning*
（邦訳書『イベント観光学──イベントの効果，運営と企画』）による「ホールマーク・
ツーリスト・イベントとは，定期ないし不定期で開催される国際的な地位を与
えられた大きなお祭り，博覧会，文化・スポーツイベント〔である〕」という定
義[5]を紹介した後，Getz and Page は，その定義が「ホールマーク・イベント」

4）CASIO EX-word 所収版。

5）英語の原著は入手できなかったが，Hall（1992）の邦訳書を入手しその内容を確認
　　した。なお，邦訳書では，"hallmark tourist event" が「優良イベント」と翻訳さ
　　れている。ただし上述の引用文では，その翻訳部分をそのままホールマーク・ツー
　　リスト・イベントと記した。

と「メガ・イベントあるいはスペシャル・イベント」とを同等に扱ってしまっていると指摘する。

そのうえでGetz and Page（2016）は，ホールマーク・イベントの独自性について「イメージ・マーケティング，場のマーケティング，観光地ブランド化と特に結びつくものであり，そこにおける『ホールマーク』という用語は，まさに伝統，魅力，質，評判を重視するイベント，さらに主催する場所，地域そして観光地に競争優位をもたらすイベントを意味する。時間の経過の中で，イベントと観光地とが解けないほど硬く結びつけられることになる」（pp.598-599）と説明する。さらに彼らは，メガ・イベントとホールマーク・イベントとの違いについて，「たまにあるメガ・イベントは，イメージ，観光，発展を一気に刺激したり押し上げたりする手段として一般的に理解されるが，ホールマーク・イベントは，費用を長期分割することで，地域全体の価値向上に繋がる恒久的的便益をもたらすものである」（*Ibid.*, p.599）と解説する。

そしてリージョナル・イベント，ローカル・イベントは，図4－2のようにポートフォリオのピラミッドの中・下層部に位置づけられるものであるが，「観光という視点でみると問題を孕んでいる」という。すなわち，「幾つかのイベントは観光として発展していける可能性を有し投資を必要としているが，他のイベントは，観光それ自体に関心がないばかりか――ひょっとすると観光を脅威と感じている」（*Ibid.*, p.599）かもしれないからである。特に地域社会や地域文化を志向するローカル・イベントでは，観光に利用すべきでないという意見が持たれる可能性があるという。そこでは，真の文化を保存できるか，地域社会がイベントの影響をしっかり統制できるか，そもそもイベントと観光を結びつけるべきか，という論点が重要になる。

さらに，それら分類を基にして全体的視点からイベントの発展戦略を熟考していくことが，ポートフォリオ・アプローチの肝になる。全体的視点から俯瞰することで，「ある観光地ではメガ・イベントを重視しすぎてポートフォリオのバランスを崩してしまっていることが明らかになったり，他の地域では質やブランド価値を象徴する観光地のホールマーク〔品質証明〕となるような1つないしそれ以上のイベントを追求している」ことが明らかになってくる。さら

に，イベント・ポートフォリオ上の隙間を埋めるために，「今あるイベントを
ホールマークの位置に持ち上げることを計画的に探る」，あるいは「より洗練
された観光地のブランド戦略の一環として主要イベントを自分たちで創造・生
産する」(*Ibid.*, p.599) という手法もある。以上のように，国や地域で行われる
イベントを分類・整理したうえで，全体的視点から国や地域のイベント戦略を
検討するというアプローチは重要であろう。

2.4. イベント中心主義という視点 (event-centric perspective)

まず，Getz and Page (2016) は，「計画されたイベントの多くは，観光とし
てのアピールや潜在能力を，余り，あるいは全く考えていない」と指摘する。
その原因として「イベント主催者側の特化された〔かつ狭隘な〕目的，そして
観光とイベントはそもそも関係がない」(p.600) という考え方があるとした。

一方，Getz and Page は，観光局からの協力や支援を得たり，より大きな注
目を集めようとするイベントは，「〔イベントの〕経済的価値を『証明』するた
めに，観光や経済への影響度を調査する傾向がある」という。さらに，政治お
よび資源の支援を受けながらイベントを長期的に持続するためには，イベント
の「独立性をある程度放棄」(*Ibid.*, p.600) せざるを得ないともいう。

さらに，観光地の魅力やイメージを引き上げる手段としてイベントを利用す
るのであれば，「マーケティング志向および顧客サービスへの注力」が欠かせ
なくなる。そのような場合，「おもてなし (entertainment)，社会化 (socializing)，
現実逃避 (escapism) といった一般的な便益を求める観光客──しばしば住民
もそれらを求めることがある──あるいは特殊な便益を求める特殊な関心を持
った観光客をうまく誘客できるように，観光地イベントのポジショニングやブ
ランド化」(*Ibid.*, p.600) を検討しなくてはならない。そのために，顧客をセグメ
ント（細分化）し，各層を魅了できる要因を細かく探る，まさにマーケティン
グ志向が求められる。例えば，文化多様性をテーマとしたイベントのセグメン
ト分析を行った既存研究では，人，現実逃避，文化，享楽が鍵概念になること
が明らかにされたという。また，Getz and Page は，ホールマーク・イベント
にこのセグメント分析を適用すると，特別な関心を有する観光客に対して象徴

的価値を提供しつつ，地域住民に対して伝統的価値を確立することが重要になると指摘する。

　ただし，Getz and Page 自身は，イベント中心主義（＝イベントは観光とは関係なく存在する）の善し悪し（＝そうあるべきか，否か）について明言していないと思われる。そのうえで，観光地の魅力向上の手段としてイベントを活用していくのであれば，観光客の興味やニーズを把握するマーケティング志向，さらに観光客をもてなすサービス志向が不可欠になると主張しているのであろう。加えて，観光局などのステークホルダーから経済的・政治的支援を得ようとするイベントは，観光さらに経済への影響度をしっかり調査・報告しているという。

　他方，地域社会や地域文化を反映したイベントを観光振興に利用する場合，イベントそれ自体，さらに地域社会や地域固有の文化に負の影響が及ぶ可能性もある。地域社会や地域住民もイベント・ツーリズムの実行に欠かせないステークホルダーになることから，イベントを通じた地域社会や地域住民への価値提供（例えば伝統的価値の確立），さらに地域社会とイベントとの良好な関係の構築にも当然注力していかなくてはならない。このことから，イベント・ツーリズムの研究領域では，イベントによる観光や都市の発展への貢献という視点に加え，イベントを観光に利用した際の，イベントそれ自体の質の変容，さらに地域固有の文化や地域住民の生活への影響という視点が欠かせなくなる。

　以上のようなイベント・ツーリズムへの基本的考察を踏まえ，3 節では，食や飲料に関するイベントの質や特性が観光客の満足や行動意向にどのような影響を及ぼすかという，マーケティング志向ないしサービス志向を分析した既存研究を紹介する。さらに 4 節では，イベント・ツーリズムが地域住民の生活の質や幸福感に与える影響を分析した既存研究を紹介する。

3 —— 食と飲料の観光イベントの実証研究

　本節では，マーケティング志向やサービス志向という視点からイベント・ツーリズムを分析した既存研究を紹介する。特に，欧米で学術研究の蓄積が進んでおり，近時に至り我が国の地域観光イベントとしても盛り上がりをみせる食と飲料のイベントに関する研究に着目する（例えば，食ツーリズム = food tourism に関して体系的な文献レビューを行った近時の研究として Rachão *et al.* (2019) がある）。

　ここでは，2つの論文を取り上げる。多くの研究の中からどのような基準で論文を選定したかというと，（恣意的との批判を受ける可能性もあるが）今後，筆者自身がイベント・ツーリズムのアンケート調査を行う時に参考にできそうなもの，すなわち，質問項目や分析モデルが比較的シンプルかつ明瞭であり，しっかりとした手順に沿ってアンケート調査が実施されているものを選んだ[6]。

3.1. 料理ツーリズムへの重要性—実力分析の適用

　米国の南イリノイ大学の S. Smith とテネシー大学の C. Costello は，*Journal of Vacation Marketing* 誌に掲載された Culinary tourism; Satisfaction with a culinary event utilizing importance-performance grid analysis（「料理ツーリズム——重要性・実力グリッド分析を活用した料理イベントの満足度」）という論文で，テネシー州で開催された「バーベキュー調理コンテスト世界選手権 2006」(2006 World Championship Barbecue Cooking Contest) を対象にアンケート調査と分析を行った。

　分析に先立ち，Smith and Costello は，食や料理に関わるイベント・ツーリ

---

6) 実際に，本節で取り上げた研究を基にして筆者らもアンケート調査および分析を行った。その分析結果は，トランスコスモス財団の HP で「食と飲料の観光イベントの景観および情報媒体の重要性調査」(http://www.trans-cosmos-zaidan.org/common/pdf/research/2018_06.pdf)（村山貴俊，秋池篤，松岡孝介）として公開されている。

ズムの動向について以下のような見解を示している。まず，食と観光との関係について，これまで食は観光の「副次的」な要素とされてきたが，近時に至り「主要」な資源と捉えられるようになった。とりわけ「独自の食を提供できる観光地」が，観光客を引きつけている（Smith and Costello, 2009, p.99）。さらに食のイベントについて，「数年前までは食のイベントが旅の動機になるとは考えられていなかったが，〔テレビ番組の〕Food Network や star-chef が人気を博することで，それら〔食の〕イベントが魅力ある観光資源」（*Ibid.*, p.100）と捉えられるようになったともいう。

　そのうえで，Smith and Costello は，culinary tourism ＝料理ツーリズムは，「食および食に関連する要素を含んだ文化的資産」と捉えることができるとする。料理や食の体験は，「地域の文化・景観と料理の結びつき，そして記憶に刻まれる旅の体験に欠かせない『雰囲気』を生み出す」ことで，観光客に付加価値を提供できる。他方，観光地側は，「地域固有の料理ツーリズムの文化的資産や要素を観光地のイメージ作りに利用できる」（*Ibid.*, p.100）という。

　以上のように，Smith and Costello は，観光の副次的要素であると考えられていた食や料理が，独自体験や観光地イメージを生み出せる主要な観光資源になってきていると指摘した。

3.1.1. 満足とは

　Smith and Costello は，先行研究レビューに基づき観光客の満足について考察することから始める。満足こそが観光地の製品やサービスの実力を判定する基準になるとする Yoon and Uysal（2005）の所見（p.47）を引用しながら，仮に経営者や主催者が顧客満足に影響を与えられる製品やサービスの要素と特性を把握できたら，満足向上に繋がるよう顧客の体験をうまく変容させられるとした。さらに Oliver and Burke（1999）や Yoon and Uysal（2005）の所見に基づき，観光客の満足を向上させると，観光地の収入，訪問客数の拡大，観光地へのロイヤルティーの向上，そして再購入や再訪問に結びつく可能性があるとした。

　満足については様々な捉え方があるが，その中で，最もよく用いられるのが「期待—不一致パラダイム」（expectation-disconfirmation paradigm）であるという。

すなわち，消費者は，製品やサービスへの期待に基づきそれらを購入し，購入結果により期待が満たされたかを判断するという考え方である。結果が期待を下回ればマイナスの不一致（裏切り）となり，消費者は満足せず再購入もしない。逆に期待を上回れば，満足や再購入に繋がる。結果と期待が一致すれば，満足も不満足もない。しかし Smith and Costello は，この考え方には大きな問題があると言う。例えば，高質な製品やサービスでも期待が過度に高いと不満足となり，逆に低質な製品やサービスでも期待が低いと満足となるからである。

　そのうえで Smith and Costello は，Crompton and Love（1995）の「実力」（performance），「重要性」（importance），「期待」（expectations），「それらの組合せ」（a combination）を用いて品質と満足度を測定する手法を比較した論文を引き合いに出す。Crompton and Love（1995）の研究では，「実力に基づく尺度」（p.21）が満足を予測する優れた要因になることが確認されたが，「重要性と実力を同時に測定することの有用性」（Smith and Costello, 2009, p.101）も指摘されたという。すなわち，満足というのは複雑な構成物であり確固とした測定手法はないが，その中で有用な代替案の1つになるのが「重要性―実力分析」（importance-performance analysis; 以下，IPA と略記する）である。IPA によれば，観光客は，「ある種の特性を有するアイテムが，彼らの旅行の経験にとって重要」（すなわち重要性）であると考え，そのうえで「それら重要なアイテムを，それらの実力によって判断」（*Ibid.*, p.102）するのである。

　IPA は，Martilla and James（1977）の中でマーケティング分析の実践的手法の1つとして紹介された。IPA では，後掲図4－3のような4象限，すなわち右上（第1象限）＝高い重要性－高い実力，右下（第2象限）＝低い重要性－高い実力，左下（第3象限）＝低い重要性－低い実力，左上（第4象限）＝高い重要性－低い実力によって構成されるグラフが用いられる。各々のセルの属性に基づき，右上＝良い仕事を維持せよ，右下＝過剰能力の可能性，左下＝低い優先順位，左上＝ここに集中せよ，というラベルが貼られる（p.78）。この IPA のグラフは，非常に簡易かつ明瞭であることから，統計分析を十分に理解していない実務家に調査結果を伝える際に有効だとする。

　ただし，Smith and Costello によれば，IPA にも幾つかの課題があるという。

そもそも，どの特性や要素を測定対象にするのかという判断が重要となり，それら測定対象の選択こそが研究の成否に大きな影響を及ぼすという。また，縦と横の軸の設定にも注意が必要である。すなわち，軸に対して，実際の数値を用いるか，尺度を用いるかで，各要素が配置される場所が大きく変わる可能性があり，その点についても高度な判断が求められる。こうした問題があるとしながらも，彼女らは，IPA を用いて料理イベントを構成する各要素の重要性と実力の評価，ならびに観客の満足度の測定を行った。

3. 1. 2. 分析対象と調査手法

　分析対象は，先述したように「バーベキュー料理コンテスト世界選手権2006」である。木曜〜土曜日の3日間で開催され，観客は次のような形でコンテストに参加できる。①試食テントでは，チケットを購入すると5つのスタイルのバーベキューを食べ比べて審査できる，②競合チームによるガイドツアーでは，それぞれの焼き方の秘訣や各チームのバーベキューへの情熱を知ることができる，③様々なイベントに参加する165チームの準備の様子を見て回ることができる。

　アンケート調査は以下のような手順で進められた。まず，観客をイベントに引きつける「外発的動機づけ項目」（pull motivation items）については，カナダ・サスカチュワン州のジャズとニットウェアのお祭りの魅力要因の析出を試みたSaleh and Ryan（1993）の研究などを基に，52項目が列挙された。専門家パネルにこれら52項目を配布し，各項目が観客の動機をうまく表現できているかを3段階（「明確に表現している」「まあまあ表現している」「まったく表現していない」）で評価してもらった。この専門家の評価に基づき，質問項目を52から27項目に削減した。そのうえで，全米バーベキュー協会の年次会議に参加した51人に対してテスト調査が実施された（協力者には2ドルが提供された）。このような手順を経て，質問項目が選定された。

　さらに，重要性，実力，満足度に関するアンケート調査は，以下の2段階で実施された。まず，コンテスト会場にて，バーベキュー料理コンテストの訪問客に各項目の重要性を5段階で評価してもらった（協力者には2ドルが提供され

た）。ここでの回収数は1445であった。さらに後ほど，郵送方式やオンライン方式で実力と満足度に関する質問に5段階で回答してもらった（100ドル相当のギフトが5人に当たるという誘因を設けた）。ここでの回収数は308であった。すなわち，重要性を評価する段階と，実力と満足度を評価する段階を分けて，質問票の回収が行われた。

3.1.3. 分析結果

　次に，分析結果に目を向ける。まず，各項目の重要性と実力の値の差が検定される。平均値の差が大きい順に，「試食」，「便利な駐車場」，「食事や飲み物の価格」，「〔会場への〕出入り」となった。最も差がないのが，「夜の遊び」であった。27項目のうち，「夜の遊び」を除く26項目で0.1％水準で有意な差が確認された。Smith and Costelloは，「26項目の実力について〔重要性との比較で〕不満を感じていることを示している。不満を感じた訪問客は，その料理イベントを再び訪れることはないだろうから，イベント主催者はこの結果に憂慮すべき」(*Ibid.*, p.104) であると指摘している。

　そのうえで図4-3のようにIPAグラフが作成される。まず，重要度が高いと評価されているにもかかわらず実力が低いと評価される「ここに集中せよ」という象限には，「試食」，「便利な駐車場」，「食事や飲み物の価格」，「出入り」の4項目が配置されている。イベント主催者は，これら4項目の改善に取り組むべきと指摘されている。

　重要度と実力が共に高く評価される「良い仕事を維持せよ」の象限には，「心地よい匂い」，「親しみやすいサービス」，「清潔な場所」，「知識のある人材」，「魅力的な環境」，「良い地域のレストラン」，「エンターテインメント」，「良いハイウェイ」の8つが配置された。Smith and Costello によれば，これら8つはいずれも Kotler *et al.* (2017) の「支援的製品」(supporting products) (p.256)[7] に

---

7) Smith and Costelloは2005年版を参照しているが，ここではKotler *et al.* (2017) (7th edition, global edition) の Amazon Kindle 電子書籍版を参照した。頁数は電子書籍版より。

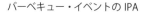

バーベキュー・イベントの IPA

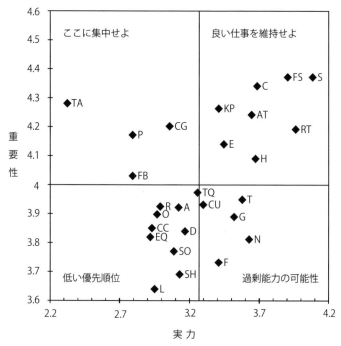

回答者は，外発的動機づけ項目に関する自分自身の重要度のレベルを評価するためにリッカート5段階尺度を用いた：1＝まったく重要でない，5＝非常に重要。回答者は，リッカート5段階尺度を用いて，外発的動機づけ項目の実力に関する自分自身の満足度のレベルを評価した：1＝乏しい，5＝優れている。

A 専門家からのアドバイス	F 食に関する知識	P 便利な駐車場
AT 魅力的な環境	FB 食事や飲み物の価格	R 料理のレシピ
C 清潔な場所	FS 親しみやすいサービス	RT 良い地域のレストラン
CC 有名シェフによるデモ	G イベント・ガイド	S 心地よい匂い
CG 出入り	H 良いハイウェイ	SH ショッピング
CU 文化的な見所	KP 知識のある人材	SO お祭りのお土産
D 料理法のデモンストレーション	L 地域の食	T 開始・終了時間
E エンターテインメント	N 夜の遊び	TA 試食
EQ 料理器具のデモ	O アウトドアでの活動	TQ 料理の技術

（出所）Smith and Costello（2009），p.105 より転載。

| 図4-3 | バーベキュー・イベントの重要性—実力分析 |

相当するとし，食という中核製品に価値を付加する役割を担っているという。さらに，「魅力的な環境」，「良い地域のレストラン」，「エンターテインメント」の3つは「文化的な魅力」（cultural attractions）として，「親しみやすいサービス」，「清潔な場所」，「知識のある人材」，「良いハイウェイ」の4つは「顧客への製品の提供方法」（the delivery of the product to the customer）として整理することもできるという（Smith and Costello, 2009, p.106）。

　重要度は低いが実力が高く評価されている「過剰能力の可能性」という象限には，「開始・終了時間」，「文化的な見所」，「イベント・ガイド」，「夜の遊び」，「食に関する知識」の5つが配置された。Smith and Costello は，「IPA マーケティングの取組みでは，ここにはわずかな資源を配分するだけで良いという方針が示唆されるかもしれないが，ホスピタリティー・マーケッターの視点では，訪問客の期待を上回る機会と見なすだろう」（Ibid., p.106）と分析する。

　重要度と実力が共に低く評価される「低い優先順位」という象限には，「料理の技術」，「専門家からのアドバイス」，「料理のレシピ」，「アウトドアでの活動」，「有名シェフによるデモンストレーション」，「料理法のデモンストレーション」，「料理器具のデモンストレーション」，「お祭りのお土産」，「ショッピング」，「地域で栽培・生産される食品」が配置された。Smith and Costello は，「これらには明らかに改善の余地があるが，直ちに優先する必要はない」（Ibid., p.106）と指摘する。つまり，実力は低いが，そもそも重視されていない要因だからである。

　さらに，「ここに集中せよ」の象限に配置された「試食」，「便利な駐車場」，「食事や飲み物の価格」，「出入り」の4変数の「全体としての満足度」への影響度が，多重回帰分析により測定された。従属変数の「全体としての満足度」は，「ベント全体の満足度」，「食の満足度」，「コンテストの満足度」の平均とされた。結果，訪問客の満足度への影響が最も大きかったのが「試食」（係数 0.416，0.1％水準で有意），次いで「食事や飲み物の価格」（係数 0.269，0.1％水準で有意），「出入り」（係数 0.114，5％水準で有意）という順になり，「便利な駐車場」は有意でなかった。Smith and Costello は，4つのうち3つで有意な結果となっていることから，「IPA 分析の『ここに集中せよ』の象限が，全体的な満足への影響を予測する重要な要因」（Ibid., p.106）になることが解明されたという。

　「試食」の機会は満足に対して強い影響力を持つにもかかわらず，訪問客は，その実力を余り高く評価していない。例えば，ある回答者からは，「もし競争するチームの料理を試食できたら，丸9時間かけて運転してきた価値に見合ったのに」というコメントが出されたという。この点について，「地域の保健規制がバーベキューを一般の訪問客に提供することを禁止している」ため，各チームがバーベキューをお客に提供できないというやむを得ない事情があるとしながらも，やはり「多くの訪問客は，バーベキューを食べたり，買ったりする機会がなかったことにかなり失望していた」(*Ibid.,* p.107) と指摘される。

　「便利な駐車場」（影響度は有意ではなかったが），「食事や飲み物の価格」については，駐車場の数が限られているうえに会場外の駐車場料金が25ドルにまで跳ね上がり，入場料が7ドルでバーベキューサンドウィッチの価格が7ドルもするなど，回答者からは「駐車料金がばかげている」，「食べ物の価格が法外であり，会場内では何も買わず，会場以外で買った」(*Ibid.,* p.107) という批判的コメントがあったという。会場への「出入り」については，「一日有効なチケットを購入しても，会場を一度離れると，再入場するために別のチケットを購入しないといけない」(*Ibid.,* p.108) という新方式を導入（すなわち改悪）したことが，大きな不満に繋がったという。ただし，Smith and Costello は，この「出入り」への悪評は，チケットの内容を変更すれば直ぐに改善できるとする。

　以上の分析を踏まえ Smith and Costello は，IPA という分析手法が非常に簡易でありながら，イベント主催者が注力すべき点を見出す有効な手段になると指摘する。また，差の有意性を検定する *t* 検定と比較しても，IPA は改善すべき要素をグラフ上で可視化できるため，とりわけ実務家にとって，より分かりやすい実践的手法になるという。

3.2. 食とワイン・イベントにおけるお祭りの景観の効果

　イタリアの Udine 大学の M. C. Mason と Padua 大学の A. Paggiaro は，*Tourism Management* 誌に掲載された Investigating the role of festivalscape in culinary tourism; The case of food and wine events（「料理ツーリズムにおけるお祭りの景観の役割への調査──食とワインのイベントの事例」）という論文で，お祭りの景観

が訪問客の満足と意向に与える影響を分析した。ちなみに，同研究が分析対象とした Friuli Doc は，来訪者の数，そして地域の美食，文化，歴史，芸術の融合という点で，イタリアの中で最も重要な食とワインのイベントであるという[8]。同イベントには，「ワイン，食，イベントそして景観」(*Vini, Vivande, Vicende e Vedute*) というサブタイトルが付されている。

　Mason and Paggiaro (2012) によれば，食，ワイン，料理に関する研究が盛り上がりを見せており，ツーリズム研究の中でも，「食とワインあるいは料理に関するツーリズム」(food and wine or culinary tourism) (p.1329) という研究分野が確立されつつある。料理ツーリズム = culinary tourism という用語は，2004 年に公刊された L. M. Long の "Culinary Tourism" で紹介されたという[9]。料理ツーリズムとは，旅の中で異文化を深く知るために地域の食やワインを体験すること，その地域で作られる食や飲料を理解することが，旅の主たる動機になることを意味する。また美食学 (gastronomy) の分野でも，食だけでなく，食に関する伝統や景観の体験が取り込まれるようになっているという[10]。

　こうした美食学・料理学と観光学との融合は，観光客の体験を重視する「製品主導型から顧客主導型」(a product-driven to a customer-driven) という観光のトレンド変化から引き起こされたとする。そこでは，観光客は，「感覚的（気づき），感情的（感じ），認識的（考え），行動的（行う）そして社会的（繋がる）な経験」から生み出される「全体的経験」(holistic experience) に価値を見出す存在として捉えられる。これら全体的経験が重視されるようになると，「その地域で生み出される固有の食やワインだけでなく，地域の景観や文化も，食と

---

8) 例えば Friuli Doc のホームページ (https://www.friuli-doc.it/en/) を参照されたい。ただし，筆者はイタリア語を読解できないため，ホームページの内容はよく分からない。

9) 原著を入手できなかったので，ここは Mason and Paggiaro (2012) からの孫引きである。

10) 例えば，Hjalager and Richards (2002) は，*Tourism and Gastronomy* という論文集を公刊している。そこには 13 本の関連論文が所収されている。その中で編著者の 1 人である Greg Richards は，美食が観光の中で欠かせない生産物そして消費物になっていると主張している。

ワインの経験を形成する基礎的要素」になってくる。このように，食やワインのイベントは，「全ての運営者の力のシナジーおよび様々な要素から作り上げられる『舞台装置』」(Mason and Paggiaro, 2012, p.1329) の様相を呈する。

Mason and Paggiaro は，イベントの環境や状況を生み出す物理的要素，スタイル，雰囲気を "festivalscape" と呼ぶ。festival は「お祭り」，scape は「風景や景観」であることから，あえて翻訳すると「お祭りを取り巻く風景や景観」となろう。定訳はないと思われるので，ここでは日本語で「お祭りの景観」と記す。例えば，ワイン・ツーリズムでいえば，ワインを飲むだけでなく，「それらワインを取り巻く景観」(winescape)，すなわちブドウ畑の景色，ワイン貯蔵室のドア，ワイン製造設備や施設などが，観光客のニーズ充足に結びつくと捉えられる。

Mason and Paggiaro の研究の狙いは，この「お祭りの景観」が，イベント訪問者の経験，満足，そして行動意向に，どのようにして，どの程度の影響を及ぼすかを明らかにすることにある。以下，同研究の分析モデルと分析結果を順に見ていきたい。

3.2.1. 分析モデル

図4 − 4が分析モデルである。同モデルは，「環境的刺激が，感情的反応の予測要因になる」という環境心理学，あるいはその基礎をなす「刺激—有機的組織体—反応」(Stimulus − Organism − Response) という認知構図モデルに依拠しているという (Ibid., p.1330)。すなわち，「環境＝お祭りの景観」が刺激となって，「情緒的経験」を通じて「満足」を感じるのが有機的組織体＝訪問客であり，そこから「行動意向＝再訪・推奨」という反応が生み出されるのである。

まず，刺激となるお祭りの景観について，「有形資産とイベントの雰囲気が統合された物理的環境」(Ibid., p.1330) と説明される。しかし，Mason and Paggiaro によれば，それら「統合された物理的環境」に関する定まった測定尺度は今のところ存在しない。例えば先行研究 Lee et al. (2008) では，プログラムの内容 (program content)，スタッフ (staff)，施設 (facility)，食 (food)，お土産 (souvenir)，利便性 (convenience)，情報 (information) の7要因が挙げ

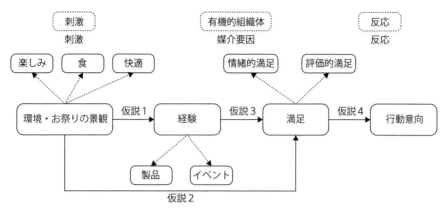

（出所）Mason and Paggiaro（2012），p.1332 より転載。

| 図4－4 | Mason and Paggiaro の理論モデル |

られたという（pp.57-58）。それら先行研究を踏まえつつ，Mason and Paggiaro
(2012) は，お祭りの景観をなす雰囲気や有形資産を表現する多次元的概念と
して，「楽しみ（fun），快適（comfort）そして食（food）」（p.1331）を用いる。そ
して，楽しみは「・宣伝・広告 ・ライブ・エンターテインメント ・予定さ
れているイベントの時間 ・イベントの時間や場所の情報が掲載された印刷
物 ・展示会や売店 ・案内標識 ・親切なスタッフ」という項目で構成され
る。快適は「・安心感 ・会場のトイレの清潔さ ・席数 ・お祭り会場の清
潔さ ・高齢者・障害者・子供の参加のしやすさ ・公共トイレの利用しやす
さ」，さらに食は「・食の質 ・飲料の質」という項目で構成されるとした。

　回答者には，「以下は，Friuli Doc〔というイベント〕に関連する要因です。各
質問項目に対して，貴方のお祭りへの印象を1〜7の尺度で表してください」
と質問された。なお，7段階尺度は，1＝非常に悪い，2＝悪い，3＝十分で
ある，4＝どちらともいえない，5＝良い，6＝非常に良い，7＝最高，となる。

　因子分析のアルファ係数は，楽しみ＝0.78，快適＝0.80，食＝0.80であり，
因子としての信頼性が確保されたという。そのうえで，それら刺激要因に関し
て以下のような仮説が提示された。

仮説1　お祭りの景観は，プラスの情緒的経験に対して正の関係にある。
仮説2　お祭りの景観は，満足に対して正の関係にある。

　次いで，「媒介要因」である情緒的経験について，「経験的消費では情緒的特性が主要な要因」になると説明される。お祭りの景観を含む全ての物理的状況は，「快楽（pleasure），興奮（stimulus），支配（dominance）という3つの次元で捉えられる情緒的状態を生み出す」と指摘される。そして，快楽とは「幸福あるいは喜びという感情に関係した情緒的状態」であり，興奮とは「熱中，興奮，刺激という状態に関係」する。支配とは「自分が関係する事柄をコントロールする」ことに関わるが，多くの研究で支配という次元は省かれているので，同論文でも支配は用いないという。情緒的経験は「快楽」と「興奮」の2つで捉えられるが，さらにそれらを「製品に関する情緒的経験と，イベントに関する情緒的経験とに分ける」（Mason and Paggiaro, 2012, p.1331）必要があるとする。
　以上のことから，「製品の情緒的経験」として「・伝統的な料理法に魅力を感じる　・食とワインの生産者に魅力を感じる　・製品としての食やワインに喜びを感じる　・食やワインを味わうことに喜びを感じる　・食やワインの製品を購入することに魅力を感じる」，そして「イベントの情緒的経験」として「・食とワインのイベントに魅力を感じる　・多くの人が参加するイベントに魅力を感じる　・お祭りの雰囲気に楽しみを感じる　・屋外で一日過ごすことに喜びを感じる　・陽気になる」という質問項目が設けられる。回答者には，「Friuli Doc というイベントによって刺激されたある種の感情です。各質問項目に関して，貴方のお祭りに対する印象を1～7の尺度を用いて数字で表してください」と質問された。因子分析のアルファ係数は，製品の情緒的経験＝0.86，イベントの情緒的経験＝0.82であり，因子の信頼性が確保されたという。
　そのうえで，それら情緒的経験に関して以下のような仮説が提示された。

仮説3　プラスの情緒的経験は満足に対して正の関係にある。

　もう1つの媒介要因の満足についても，これまでのところ確固とした定義は

存在していないという。中でも「満足が情緒的な構成物なのか，認知的な構成物なのか，という議論には，終わりがない」という。Mason and Paggiaro は，「満足は，一部は消費経験への情緒的評価であり，一部は認知的評価である。ゆえに消費行動のモデル化においては，２つの部分に分けられる必要がある」(*Ibid.*, p.1331) と指摘する。同論文では，楽しみ，幸福感，喜びなどとして表現される「情緒的満足」と，期待値とのズレである認知的不協和として表現される「評価的満足」が用いられる。

　「情緒的満足」として「・Friuli Doc について考えることが私を幸せにする　・Friuli Doc は私に楽しいという感覚を与えてくれる　・Friuli Doc について考えている時，私は喜びを感じる　・私は，この経験が楽しいと感じる」，そして「評価的満足」として「・Friuli Doc は私の期待に合っている　・Friuli Doc に参加したのは正しい判断だった　・Friuli Doc は私に高い満足を与えてくれた　・Friuli Doc は私の望みを満たしてくれた　・Friuli Doc に参加することを喜んでいる」という質問項目が設けられた。回答者には，上記の内容にどの程度同意するかを７段階で評価してもらった。アルファ係数は，情緒的満足＝0.87，評価的満足＝0.88となり，因子の信頼性が確保されたという。

　そのうえで，それら満足に関して以下のような仮説が提示された。

　仮説４　満足は行動意向に正の関係がある。

　最後に行動意向については，推奨と再訪となり，「・私は，Friuli Doc について良い口コミを広げるだろう　・私は，お祭りに参加し続けるだろう　・私は，他人に Friuli Doc をすすめる　・私は，自分の友達や近所の人たちに Friuli Doc をすすめる　・Friuli Doc は，将来も真っ先に選ぶイベントになる」という質問項目が設けられた。回答者には，そうするか，しないかを７段階で評価してもらった。アルファ係数は，行動意向＝0.81であり，因子の信頼性が確保されたという。

3.2.2. 分析結果と経営的視点からの含意

　調査対象は 2007 年の Friuli Doc であり，同イベントを訪れた 380 人から回答を得た。

　仮説検証の結果は，以下のようになった。まず，仮説1＝お祭りの景観からプラスの情緒的経験への正の直接的影響，仮説2＝お祭りの景観から満足への正の直接的影響は，いずれも有意であった。次いで，仮説3＝プラスの情緒的経験から満足への正の直接的影響，および仮説4＝満足から行動意向への正の直接的影響も有意であった。また「結果として，お祭りの景観から満足と行動意向，情緒的経験から行動意向への間接的な効果もある」ことが確認された。一方，お祭りの景観から行動意向への直接的影響ならびに（あるいは）情緒的経験から行動意向への直接的影響という潜在的な仮説は棄却されたため，「これらの影響は間接的なものであると共に，満足が行動意向に対する媒介変数として機能していることが確かになった」（*Ibid.*, p.1334）という。

　さらに，お祭りの景観をなす3つの次元である「食」，「楽しみ」，「快適」は，いずれもモデルに対して重要な貢献をしており，情緒的経験と満足を通じて，行動意向に間接的な影響を及ぼしていた。その中でも「食とワイン〔の質〕が，お祭りの景観の評価を決定づける特に高いウェイトを持っている可能性」が明らかになった。当然の結果ともいえるが，食とワインの質こそが「食とワインのお祭りの基本要件」（*Ibid.*, p.1334）をなすのである。このことから，イベント主催者は，お客の期待に応えられる食とワインの質を確保することが，まずもって重要になることを強く意識しなくてはならない。

　またイベント主催者にとってのもう1つの分析上の含意は，情緒的経験や満足が，お祭りの景観と行動意向の関係を媒介するという点にある。Mason and Paggiaro は，「訪問客のロイヤルティーをより高めていきたいということであれば，イベント管理者は，食とワインの質，快適さ，おもてなしのような外生変数に対する訪問客の主観的知覚から生み出される情緒と満足を測定すべき」（*Ibid.*, p.1335）であると主張する。すなわち，訪問客の再訪および他人への推奨という行動意向を実現するために，イベント主催者は，高質な食やワインそして優れた景観を用意するだけでなく，それらが実際にプラスの情緒や満足に結

びついているかを確認しなくてはならない。そのうえで，それらプラスの情緒
や満足から再訪や推奨という行動意向に繋げる必要がある。

4 ── イベントと地域住民の関係

　先に検討した Getz and Page の論文では，イベントと地域の文化・伝統を
結びつけることの是非，地域固有のイベントを観光に結びつけることの是非，
そしてイベントが地域住民に及ぼす影響などが，観光イベント研究における
重要な論点になると指摘された。そして近時に至り，イベントが開催される
地域や地域住民に対してイベントが及ぼす影響を解明しようとする実証研究
が行われるようになっている（Andersson and Lundberg, 2013; Gibson *et al.*, 2014;
Kim *et al.*, 2015; Weaver and Lawton, 2013）。ここでは，その中から，*Annals of
Tourism Research* 誌に掲載された M. Yolal, D. Gursoy, M. Uysal, H. Kim. and
S. Karacaoğlu の Impacts of festivals and events on residents' well-being（「お
祭りやイベントが住民の幸福感に与える影響」）という論文を取り上げ，その内容
をやや詳しく説明する。

4.1. 住民の主観的な幸福感とは

　Yolal *et al.*（2016）は，まず「住民の主観的な幸福感」（subjective well-being
of residents）について考察する（ここでは論文全体の内容を踏まえ，well-being を幸
福感と訳した。なお，「幸福感」や「生活の質」に関連する観光研究のレビュー論文と
して Uysal *et al.*（2016）があり，そちらも参照されたい）。この主観的な幸福感は，
認知的評価と感情的評価から生み出されると捉えられている。そのうえで，「認
知的評価（cognitive evaluations）は，ある出来事がどれだけ彼・彼女の生活上
の満足に影響を及ぼすことができるかということへの各人の評価を指す一方，
感情的評価（affective evaluations）は，ある出来事が生み出し得る情緒，気分，
感覚への評価を含んでいる」（Yolal *et al.*, 2016, p.3）と説明される。また，「心理
学者たちは，能力（competence），自立（independence）そして他者との関わり
（relatedness）が人間の基本的な欲求であり，人が幸せを感じ続けるためには，

それら３つの欲求が満たされなければならないと主張する。さらに，心理学者たちは，これら３つの基本的な心理欲求が満たされないと人は成長できないとも主張する」(*Ibid.*, p.3) という。

そのうえで，Yolal *et al.* は，お祭りは，「本質的な欲求」ならびに「交友，社会化，自己実現，親交，個人の成長，共同体への愛着」(*Ibid.*, p.4) という目的を追求・達成する機会になると主張する。幾つかの先行研究では，文化・社会的なイベントや芸術祭・音楽祭などが人々の幸せや生活充実を向上させること，そして友人と一緒にお祭りに参加するなど社会化を伴う娯楽は，社会化を含まない場合よりも，満足や心理的欲求の充足に繋がることが明らかにされたという。また，音楽祭への参加が「自分自身（自己受容），他者（社会的一体化），そして自分をとりまく世界（個人の成長と熟練）への理解を向上したり促進したりできること」(*Ibid.*, p.4) を明らかにした先行研究もあるという。

すなわち，お祭りなどのイベントは，人々の満足，心理的欲求の充足，そして人々の幸福感を生み出す機会になることがあるという。

4.2. 仮説群について

次に，図４−５に示された Yolal *et al.* が検証した仮説群に目を向ける。

4.2.1. 地域社会の便益 (community benefits)

先行研究では，お祭りの経済的便益がよく報告されているという。お祭りは，観光客を引きつける観光地マーケティングの重要な要素となるが，既存のインフラを利用する場合には資本投資が少なくて済むという利点がある。また，お祭りは，地域社会の良いイメージと魅力を作り出し社会・経済発展の触媒になることで，観光客だけでなく，投資やスポンサーも引きつけられるという。

無形資産の観点では，お祭りは，地域への誇りと一体感を生み出せる。住民たちが自分たちの地域社会に深い関心を示したり，地域社会を再活性したりする契機になり得る。お祭りは，文化的交流を広げたり，訪問客が地域文化に触れたりすることで，住民と訪問客とのより深い相互理解に繋がる。また住民は，自分たちの文化を外部に説明することで，自分たちの文化への認識，誇り，一

体化，支持を高めていけるともいう。

　Yolal *et al.* によれば，「現代社会において，お祭りは，他の文化的現象よりも，訪問客の出費を引きつけ・拡大し，新たな都市イメージを創出し，そして文化創造性や社会結合を背後から後押しする，という三重の目的を達成する触媒」(*Ibid.*, p.4) になると主張する先行研究が確認できる。お祭りは，地域社会のイメージを拡張し，地域社会のユニークな特徴を他者へと伝達するプラットフォームとなり，これによりお祭りに参加している人たちの幸福感にも貢献できると考えられる。

　このような先行研究の検討から Yolal *et al.* は以下の仮説を提示する。

　仮説1　お祭りの地域社会への便益に対する住民の知覚と，彼らの主観的な
　　　　　幸福感との間に，正の関係がある。

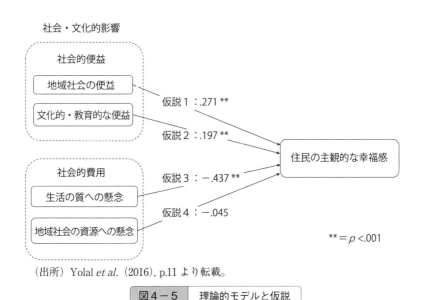

（出所）Yolal *et al.* (2016), p.11 より転載。

図4－5　理論的モデルと仮説

4.2.2. 文化・教育的な便益 (cultural/educational benefits)

　Yolal *et al.* によれば，先行研究は「お祭りは，地域社会の文化・教育の発展への独自の機会を提供する」と主張するという。そして，映画祭は地域社会の中で映画文化を深掘りする教育的イベントとしての役割を担っているという先行研究の所見を踏まえ，「お祭り，とりわけ映画祭を，文化・教育的イベントとして分析していくことが重要である」(*Ibid.*, p.5) とも指摘される。

　また，地域住民にとってのお祭りは，観光客からお金を稼ぐイベントというより，地域社会の文化や歴史を示したり祝福したりする楽しいイベントでもある。さらに，お祭りは，文化・教育的な機会になるだけでなく，地域社会を誇りに思う気持ちを高揚したり，自然環境や文化的環境を保護したりする力にもなる。例えば，映画祭のようなお祭りは，映画会社と聴衆とが生き生きと交流できる場を提供し，映画を芸術作品として評価する雰囲気を作り出していけるという。

　また先行研究では，幾つかの動機づけ要因の中で「文化の探究」(cultural exploration) が地域の文化的祭典に人々を引きつける最も重要な要因であること，また文化の消費という行為の中では「学び」(learning) が最重要の動機づけ要因になることも明らかにされたという (*Ibid.*, p.5)。

　こうした先行研究の検討に基づき以下の仮説が提示される。

　仮説2　お祭りの文化・教育的な便益に対する住民の知覚と，彼らの主観的な幸福感との間に，正の関係がある。

4.2.3. 生活の質への懸念 (quality of life concerns)

　Yolal *et al.* によれば，幾つかの先行研究では，「町，地域あるいは国における観光振興は，住民の生活水準，生活の質および信頼関係に重要な影響を与えうる」と主張されている。とりわけ，「観光振興という形態のお祭りは，所得，税収，雇用機会，多様な経済活動の拡大，さらに社会，文化，環境の質を向上させる機会を通じて，地域住民の生活水準および生活の質の向上に重要な役割を果たすことができる」(*Ibid.*, p.6) という。

　一方，お祭りは，「生活費，交通渋滞，混雑，犯罪，財産の侵害の増加とい
う負の影響」(*Ibid.*, p.6) をもたらす可能性もある。公害の発生や自然・文化・
歴史的な資源の崩壊，日常的な企業活動の阻害，観光客による住民のプライバ
シー侵害といった問題も生み出す可能性がある。それだけでなく，「お祭りが，
主催する地域社会の社会的・文化的多様性 (social and cultural mosaics) に負の
影響を及ぼし，地域の伝統的な規範や価値に異論が唱えられるようになり，地
域社会のアイデンティティーが失われていく」(*Ibid.*, p.6) こともあるという。

　こうした先行研究の主張を踏まえ，以下の仮説が提示される。

仮説3　住民たちの生活の質への懸念に対するお祭り参加者の知覚された重
　　　　要度と，彼らの主観的な幸福感との間に，負の関係がある*。

　　　(*Yolal *et al.* (2016) では「正の関係にある」(*Ibid.*, p.6) と記されているが，
　　　これは誤植ではないだろうか。後掲の表4 - 3の検証結果からも，「負の関
　　　係がある」が正しいと考えられるため，そのように修正した。)

4.2.4. 地域社会の資源への懸念 (community resource concerns)

　他の振興策と同様に，お祭りを組織する際には，地域社会の多くの資源が投
じられる。Yolal *et al.* は，投下される資源は「お祭りやイベントの規模と期間
の関数」となり，「大規模かつ長期間のイベントは，資源とその消耗において，
より大きな無理を強いる可能性」(*Ibid.*, p.6) があるという。

　使われる資源の量や内容によっては，「ステークホルダーからお祭りを地域
内で開催する案に反対の意見がとなえられることも珍しくない」のである。例
えば，「期待される経済的・社会的な便益では，お祭りの組織化にかかる費用
を回収できないかもしれない」，「公的資源の誤った運営，税金による負担，公
的資源の私的利益への流用などのマイナスの影響が，プラスの影響を上回る」，
「お祭りを開催するために建物を建てるのは税負担者のお金の無駄使いと理解
されるかもしれない」，「お祭りに資源配分することは，特権を有するエリート
層だけに利益を供することになる」(*Ibid.*, p.7) といった異論が出される可能性
があるという。

このことから，以下のような仮説が提示される。

仮説4　お祭りを組織化する際の地域社会の資源への懸念に対する住民の知
　　　　覚と，住民の主観的な幸福感との間に，負の関係がある。

4.3. 調査の対象と方法

　調査対象は，Adana Golden Boll Film Festival というトルコで開催された映
画祭である。同映画祭は 1969 年に始まり，中断期間を何度も経た後，2005 年
に第 12 回目をむかえ，それ以降は世界中から映画が集まる国際映画祭になっ
た。毎年，700 のトルコ国内および世界の映画製作会社が参加し，100 万人を
超える観客が開会式，閉会式，上映会，評論会，プレス向け会議に参加する一
大イベントになっているという。

　データは，2014 年 9 月 15 ～ 21 日に開かれた第 21 回 Adana Golden Boll
Film Festival の上映会にて収集された。質問票は映画館の入り口で手渡され，
回答後すぐに回収された。500 枚の質問票が配られ，最終的に 452 枚が有効回
答になった。

4.4. 質問項目および分析結果

　質問票は，3つのセクションからなる。第1セクションはお祭りの社会・文
化的な便益と費用を測定する質問項目，第2セクションは住民の幸福感を測定
する質問項目，そして第3セクションは回答者の属性に関する質問項目からな
る。第1セクションと第2セクションの質問項目は，5段階のリッカート尺度
（1＝強く反対～5＝強く同意）で評価された。

　質問項目は，表4－2の通りである。「地域社会の便益」は5つの質問，「文
化・教育的な便益」は4つの質問からなる。「生活の質への懸念」は4つの質
問，「地域社会の資源への懸念」は4つの質問からなる。「地域住民の主観的な
幸福感」は3つの質問からなる。

　それら5つの因子の信頼性が確認されたうえで，前掲図4－1のように「地
域社会の便益」，「文化・教育的な便益」，「生活の質への懸念」，「地域社会の資

| 表4-2 | 質問項目 |

構成概念および指標
地域社会の便益
お祭りは，地域社会のイメージをより良くする
お祭りは，私の社会がなぜ独自かつ特別なのかを他者に伝えることに役立つ
お祭りは，私個人の幸福感に貢献する
お祭りの開催を援助することは，私の地域社会の中にリーダーを創出することに役立つ
お祭りは，地域におけるグループ間でのアイディア共有に役立つ
文化・教育的な便益
お祭りに参加する地域住民は，新しいことを学ぶ機会を得る
お祭りは，新しいアイディアをお披露目する場として機能する
私は，お祭りを通じて，いろいろな文化の体験に触れ合える
私は，お祭りの主催者やそこで働く人々との出合いを楽しむ
生活の質への懸念
お祭りの期間に，地域社会で破壊行為などの蛮行が増加する
お祭りの期間に，車，バス，トラック，RV車の数が許容できない水準にまで増加する
お祭りの期間に，歩行者の数が許容できない水準にまで増加する
お祭りの期間に，騒音の水準が許容できない点まで増加する
地域社会の資源への懸念
お祭りは，私の地域と近隣地域との間に負の競争を生み出す原因になる
地域内の特定の人たちや（あるいは）グループは，他のグループより，お祭りからより多くの利益を受け取る
地域社会のグループに，権力が平等に与えられていない
お祭りは，地域社会が利用可能な財源に無理を強いる
地域住民の主観的な幸福感
全体として，私は，このお祭りが私の生活をより豊かにしてくれたと感じている。私は，このお祭りに参加したことを本当にうれしく思う
このお祭りの中で，私は，体験という自らの目的を達成し，この体験がいろいろな意味で私自身をより豊かにした
お祭りによって物事や自分自身をいろいろと前向きに感じられるようになるなど，このお祭りは私にとって十分に価値あるものになった

（注）原文のイタリックの部分は，強調文字とした。
（出所）Yolal *et al.*（2016），p.14 より転載。

表4－3	検証結果

仮説としてのパス	標準化係数	t 値	仮説検証
仮説1：地域社会の便益 → 地域住民の主観的な幸福感	.271	5.273**	支持
仮説2：文化・教育的な便益 → 地域住民の主観的な幸福感	.197	3.907**	支持
仮説3：生活の質への懸念 → 地域住民の主観的な幸福感	−.437	−7.315**	支持
仮説4：地域社会の資源への懸念 → 地域住民の主観的な幸福感	−.045	−.897	支持されず

（出所）Yolal *et al.*（2016），p.11 より転載。　　　　　　　　**$p<.001$

源への懸念」を外生変数，そして「地域住民の主観的な幸福感」を内生変数と
したモデルによって検証される。

　結果として，表4－3に見られるように，4つの仮説のうち3つが支持され
た（$p<.001$ 水準）。仮説1「地域社会の便益 → 地域住民の主観的な幸福感」の
正の関係は支持された。仮説2「文化・教育的な便益 → 地域住民の主観的な
幸福感」の正の関係は支持された。仮説3「生活の質への懸念 → 地域住民の
主観的な幸福感」の負の関係は支持された。仮説4「地域社会の資源への懸念
→ 地域住民の主観的な幸福感」の負の関係は支持されなかった。

　まず仮説1「地域社会の便益 → 地域住民の主観的な幸福感」の正の関係で
は，地域住民が知覚するお祭りの地域社会への便益が高ければ高いほど，彼ら
の主観的幸福感に繋がることが明らかにされた。仮説2「文化・教育的な便益
→ 地域住民の主観的な幸福感」の正の関係では，お祭りを通じて住民たちが
新しいことを学んだり様々な文化的体験に触れたりすることが，地域への誇り
などの主観的幸福感を生み出すことが明らかにされた。

　仮説3「生活の質への懸念 → 地域住民の主観的な幸福感」の負の関係は，
まさにお祭りによる破壊行為，交通渋滞，騒音が地域住民の幸福感に負の影
響を与え，そして生活の質を低下させることを意味する。仮説4「地域社会
の資源への懸念 → 地域住民の主観的な幸福感」の負の関係が棄却された理由
として，多くのお祭りやイベントでは，既存の産業基盤や建物が利用され新
たな資源が投下されていないこと，報酬を受け取らないボランティアなどの

協力で運営されていることなどが影響しているのではないかという。すなわち「新たに投下される資金や資源が相対的に小さくなることで，資源への懸念はそれほど重要な要因にならなくなるのではないか」（*Ibid.*, p.13）と推察されている。

4.5. Yolal *et al.* の所見

　Yolal *et al.* によれば，これまでお祭りやイベントによる地域社会の経済的影響に目を向ける先行研究が多かったが，本研究では主観的な幸福感への影響が明らかにされた。すなわち，お祭りやイベントが地域住民の幸福感に影響をもたらすことは当然と考えられてきたが，それを実証したのが本研究の貢献であるという。今後，お祭りやイベントの地域社会への影響を検討する際は，経済的利益や雇用創出などの経済的価値（economic value）だけでなく，幸福感などの非経済的価値（non-economic value）にも目を向ける必要がある。

　さらに Yolal *et al.* は，お祭りやイベントを計画・実施する際には地域のステークホルダーや住民たちの参加と支援が不可欠になるが，本研究の結果は，お祭りやイベントが地域住民の幸福感を生み出し，住民から支持や支援を得られる可能性を示唆しているという。一方，住民の生活の質や幸福感を減じる要因が存在することも明らかになったため，主催者側はそれら負の影響をしっかり監視・管理する仕組みを構築する必要があるという。

5 ── どのようなイベント・ツーリズムが求められるのか

　ここまで，少ない数の論文ではあるが，イベント・ツーリズムに関する先行研究を検討してきた。最後に，それら論文の内容や主張を基に，今後，日本各地で観光イベントを主催していく際に，何が求められ，どのような点に留意する必要があるかを検討し，本章を締め括る。

　Getz and Page（2016）によれば，関連分野の研究を取り込みながら，近時，イベント・ツーリズムという研究分野が発展してきている。また，イベントが，地域に新たな観光客を呼び込んだり，閑散期に観光客を引きつけたりすること

で，地域に経済価値を生み出すことが指摘された。さらに，イベントが，都市や地域のイメージを売り込んだり，都市や地域を再生・発展させたりする力になり得るとされた（イベントが場の再生や発展へと繋がるという点を強調した近時の業績として Brown（2020）がある）。そのうえで，イベント・ツーリズム研究では，①イベントに参加する観光客の動機分析，②イベントの魅力を高める要因分析，③イベントを通じた都市のブランド化やマーケティングに関する分析，④イベントを契機とした都市機能の再生・効率化・高度化の分析，⑤イベント観光客のセグメント分析や消費行動分析，⑥イベント・ツーリズムの実施や調整の方法といったテーマの探究が必要になると指摘された。

　そこでは，イベント・ポートフォリオという手法も紹介された。国や地域のイベントを全体的視点から把握することで，イベント間の関係を調整したり，地域に必要とされるイベントを確認したりする手法である。ポートフォリオに空隙が確認される場合，既存のイベントを発展させたり，新たなイベントを立ち上げたりしながら，バランスのとれたイベント・ポートフォリオを構築することもできる。またその中で，Getz and Page は，地域の魅力や文化と結びつきながら継続的に開催されるホールマーク・イベントの価値を強調していた。オリンピックなどのメガ・イベントも大切であるが，観光客を持続的に地域に引きつけ，都市の独自の魅力を発信する都市マーケティングにも活用できるという点で，ホールマーク・イベントには高い価値が認められるという。

　このように全体的視野から地域のイベントの関係を整理したり，イベントの隙間を明らかにしたり，新たなイベントを創出したり，既存のイベントの位置づけを変更したりして，バランスの良いイベント・ポートフォリオを構築していくという手法は，今後，日本各地の行政や観光振興組織にとって重要な視点となるだろう。また，地域の伝統的な文化や独自の魅力と結びついた高質なイベントであるホールマーク・イベントに高い価値を見出すという視点も重要である。

　また Getz and Page は，イベントが観光とは関係なく存在するという見方がある一方，資源面や政治面で支援を受けながらイベントを持続させていくた

めには，イベントの独立性をある程度放棄しなくてはならないとした。さらに
イベントを観光地の魅力向上に活用するのであれば，訪問客をセグメント（細
分化）したうえで彼らのニーズをしっかり分析し，訪問客のニーズに適合した
製品やサービスを提供する，いわゆるマーケティング志向やサービス志向を取
り込む必要があるという指摘も重要である。

　そうしたマーケティング志向を分析対象とする既存研究も検討した。まず
Smith and Costello (2009) は，IPA（重要性―実力分析）という分析手法を用い
て，バーベキュー・イベントに観客を引きつける各要因の重要性と実力を評価
した。特に，イベント主催者は，重要性が高く評価されているが実力が低く評
価されてしまっている要因の改善に努力を集中すべきである。さらに，そこに
分類された各要因に関して，回帰分析を用いて満足への影響が測定された。も
ちろん改善可能な要因と不可能な要因があるが，満足への影響が（有意かつ）
大きい順に改善が進められる必要がある。IPA 自体は高度な統計学の知識が
要求されるものではないし，そこで作成されるグラフ（前掲の図4－3）は非常
に分かり易く，実務家と研究者とが情報共有を図るための有効なツールになる
（そのほか，観光ビジネス戦略の評価に IPA 分析を適用した Dwyer *et al.* (2016) など
も同様に興味深い研究である）。我が国の観光イベントの主催者たちも，慣例や経
験だけを頼りにイベントを企画・運営するのではなく，IPA のような分析ツー
ルをうまく使って改善点を客観的に把握しながら，より良いイベントの在り方
を模索していくべきであろう。

　また，Mason and Paggiaro (2012) は，ワイン・イベントにおける festivalscape
＝お祭りの景観に着目した。すなわち，ワインや食のイベントそしてお祭りでは，
ワインや食はもとより，イベントの雰囲気や景観が観光客を引きつける魅力にな
る。このように雰囲気や景観にも目を向けてイベントの魅力を高めるという視点
は，今後，日本の観光イベントを考える際にも重要になるだろう。

　さらに，Mason and Paggiaro は，満足を媒介変数とした分析結果を基に，「訪
問客の感情と満足」に目を向ける必要性を指摘した。いくら良い景観を用意
したとしても，訪問客のプラスの感情や満足を生み出せないと，再訪（リピー
ター）そして他人への推奨（口コミなど）という行動意向に結びつかない（例え

ば，Mason and Paggiaro 以外にも，イタリアのワイン・ツーリズムを対象に経験と満足の重要性を指摘した論文として Mauracher *et al.* (2016) あるいはスポーツイベントにおける満足と再訪・推奨意向との関係を分析した Kim and Jogaratnam (2015) などの研究もある)。お祭りやイベントの主催者側が，良いモノ，サービスそして雰囲気を作り上げたと思っていても，訪問客がそれらに対して良い感情や満足を感じなければ再訪や推奨には繋がらない。実際にイベントを運営・開催する際には，主催者の独りよがりの（≒自己満足の）お祭りやイベントにならないためにも，訪問客の感情をより客観的に把握すべきであろう。そのうえで，訪問客の良い体験や感情そして満足に繋がる形で，イベントの雰囲気や景観を作り上げていく必要がある。

　Yolal *et al.* (2016) は，イベント・ツーリズム研究の重要な論点の1つであるイベントと地域住民との関係を分析した。お祭りやイベントを持続していくためには，開催地の地域住民からの支持と支援が欠かせない。Yolal *et al.* は，お祭りの地域社会への便益あるいは文化・教育的な便益を住民が知覚することで，彼らの幸福感の向上に繋がることを明らかにした。自分たちの幸福感に資するお祭りやイベントであれば，当然，住民たちは，それを受け入れ支持することになるだろう。そこでは，お祭りやイベントの便益として，経済的な便益に加え，文化・教育的な便益が重要であると指摘された。すなわち，地域の多様な文化に触れられ，自分たちの地域のことを深く理解でき，自分たちの地域の文化に誇りを感じたりできるお祭りやイベントが，住民たちの幸福感に繋がることが示唆された。この点からも，やはり Getz and Page (2016) が重視したホールマーク・イベントのような地域の文化と深く結びついた高質なイベントの必要性が改めて認識される。

　他方，Yolal *et al.* は，地域住民の幸福感に対して負の影響を及ぼす要因についても分析した。生活の質への懸念が幸福感を引き下げるという仮説は支持されており，もって主催者側は，お祭りやイベントでの破壊行為，渋滞，騒音などを管理・統制する仕組みを整備しなくてはならない。地域資源への懸念が幸福感を引き下げるという仮説は棄却されたが，その棄却の原因の1つとして，お祭りやイベントの多くは既存の設備や建物を利用しており，新規の資源投下

を地域に要求しないからではないかと推察された。ただし，それは同時に，お祭りやイベントのために多くの地域資源が投下され，地域住民がそれを負担や無駄と感じると，彼らの幸福感が下がる可能性があることも示唆する（こちらは検証されていないので，あくまでも可能性である）。このことから，お祭りやイベントを開催する場合は，できるだけ既存の資源を有効活用した方が良いという教訓が導き出されるかもしれない。オリンピックや万博などの国家的メガ・イベントには大量の新規資源ひいては国民の税金が投下されるため，国民から批判的な意見が多く出されることがある。地域社会が地域のイベントやお祭りを持続的かつ成功裡に運営するためには，生活面や資源面で地域社会に過度の負担をかけないよう注意を払うべきであろう。それによって地域住民から支持が得られ，彼・彼女らがボランティアとして運営に参加してくれれば，地域資源への負担がさらに軽減されるという好循環が生み出されていくだろう。

　以上の考察を踏まえれば，例えば日本各地で観光イベントを持続的に展開していくためには，地域固有の文化，歴史，自然，食への学びと理解，さらにイベント参加を通じた観光客と住民の相互理解など，文化そして社会的側面を重視した観光イベントの開発に注力していくべきではないだろうか（すなわち，プラスをのばす）。また，観光客のニーズ充足に加え，地域住民にも地域の文化や歴史への深い理解と誇りを生み出すことで，イベント（ないし観光産業）と地域とが共に発展していけるような状態を作り出すべきであろう。他方，たとえ短い期間であっても住民の生活の質を害さないようイベントをしっかり管理・統制したり，新規の施設には投資せず既存の資産を有効活用したりするなど，地域社会に社会的および経済的な負担をかけないような努力と工夫を行うべきであろう（すなわち，マイナスを減じる）。地域全体のイベント・ポートフォリオを俯瞰しつつ，観光客と地域住民の両方が良い感情を抱き満足を得られ，さらに地域の独自性を伝えられる観光イベントの開発と実行が求められる。

参考文献

Andersson, T. and Lundberg, E. (2013), Commensurability and sustainability; Triple impact assessments of a tourism event, *Tourism Management*, Vol.37, pp.99-109.

Brown, G. (2020), *Eventscapes; Transforming Place, Space and Experiences*, Routledge.

Crompton, J. L. and Love, L. L. (1995), The predictive validity of alternative approaches to evaluating quality of a festival, *Journal of Travel Research*, Vol.34, Issue 1, pp.11-24.

Dwyer, L., Armenski, T., Cvelbar, L. K., Dragićević, V. and Mihalic, T. (2016), Modified importance-performance analysis for evaluating tourism businesses strategies; Comparison of Slovenia and Serbia, *International Journal of Tourism Research*, Vol.18, Issue 4, pp.327-340.

Getz, D. (2008), Event tourism; Definition, evolution, and research, *Tourism Management*, Vol.29, No.3, pp.403-428.

Getz, D. and Page, S. J. (2016), Progress and prospects for event tourism research, *Tourism Management*, Vol.52, pp.593-631.

Gibson, H. J., Walker, M., Thapa, B., Kaplanidou, K., Geldenhuys, S. and Coetzee, W. (2014), Psychic income and social capital among host nation residents; A pre-post analysis of the 2010 FIFA World Cup in South Africa, *Tourism Management*, Vol.44, pp.113-122.

Hall, C. M. (1992), *Hallmark Tourist Events; Impacts, Management and Planning*, Belhaven Press.（須田直之（訳）『イベント観光学——イベントの効果，運営と企画』信山社，1996年）（ただし邦訳書のみを参照）

Hjalager, A. and Richards, G. (2002), *Tourism and Gastronomy*, Routledge.（ただし2011年の paperback 版を参照）

Kim, K. and Jogaratnam, G. (2015), Participant receptions of a sport event, destination competitiveness, and intended future behavior; The case of the Thunder Road Marathon in North Carolina, *Tourism Review International*, Vol.19, No.3, pp.133-145.

Kim, W., Jun, H.M., Walker, M. and Drane, D. (2015), Evaluating the perceived social impact of hosting large-scale sport tourism events; Scale development and validation, *Tourism Management*, Vol.48, pp.21-32.

Kotler, P. and Kotler, M. (2014), *Winning Global Market; How Businesses Invest and Prosper in the World's High-Growth Cities*, Wiley.（竹内正明訳『コトラー世界都市間競争——マーケティングの未来』碩学舎，2015年）（ただし邦訳書のみを参照）

Kotler, P., Bowen, J. T., Makens, J. C. and Baloglu, S. (2017), *Marketing for Hospitality and Tourism (7th Edition, Global Edition)*, Pearson Education.（ただし Amazon Kindle 電子書籍版を参照）（同著2003年版の邦訳として白井義男監訳『コトラーのホスピタリティ＆ツーリズム・マーケティング（第3版）』ピアソン・エデュケーション，2003

年がある）

Lee, YK., Lee, CK., Lee, SK. and Babin, B. J. (2008), Festivalscapes and patrons' emotions, satisfaction, and loyalty, *Journal of Business Research*, Vol.61, Issue 1, pp.56-64.

Martilla, J. A. and James, J. C. (1977), Importance-performance analysis, *Journal of Marketing*, Vol.47, Issue 1, pp.77-79.

Mason, M. C. and Paggiaro, A. (2012), Investigating the role of festivalscape in culinary tourism; The case of food and wine events, *Tourism Management*, Vol.33, No.6, pp.1329-1336.

Mauracher, C., Procidano, I. and Sacchi, G. (2016), Wine tourism quality perception and customer satisfaction reliability; the Italian Prosecco District, *Journal of Wine Research*, Vol.27, No.4, pp.284-299.

Oliver, R. L. and Burke, R. R. (1999), Expectation processes in satisfaction formation; A field study, *Journal of Service Research*, Vol.1, No.3, pp.196-214.

Rachão, S., Breda, Z., Fernandes, C. and Joukes, V. (2019), Food tourism and regional development; A systematic literature review, *European Journal of Tourism Research*, Vol.21, pp.33-49.

Saleh, F. and Ryan, C. (1993), Jazz and knitwear; Factors that attract tourists to festivals, *Tourism Management*, Vol.14, No.4, pp.289-297.

Smith, S. and Costello, C. (2009), Culinary tourism; Satisfaction with a culinary event utilizing importance-performance grid analysis, *Journal of Vacation Marketing*, Vol.15, No.2, pp.99-110.

Uysal, M., Sirgy, M. J., Woo, E. and Kim, H. (2016), Quality of life (QOL) and well-being research in tourism, *Tourism Management*, Vol.53, pp.244-261.

Weaver, D. B. and Lawton, L. J. (2013), Resident perceptions of a contentious tourism event, *Tourism Management*, Vol.37, pp.165-175.

Yolal, M., Gursoy, D., Uysal, M., Kim, H. and Karacaoğlu, S. (2016), Impacts of festivals and events on residents' well-being, *Annals of Tourism Research*, Vol.61, pp.1-18.

Yoon, Y. and Uysal, M. (2005), An examination of the effects of motivation and satisfaction on destination loyalty; A structural model, *Tourism Management*, Vol.26, No.1, pp.45-56.

── 第 5 章 ──

持続可能な観光

1 ── はじめに

　新型コロナウイルス感染症＝ COVID − 19 の感染拡大が，観光産業に打撃を与えている。もちろん，それ以前から，感染症は，グローバル化の進んだ観光産業にとって大きなリスク要因になると認識されていた（Urry, 2007）。しかし，実際にそのリスクが顕在化すると，その影響の大きさに驚愕させられる。World Travel and Tourism Council（2020a）の資料では，COVID − 19 の影響で，2020 年に旅行観光業で 1 億 4260 万人の職が失われ，旅行観光業の GDP も前年から約 3.8 兆 US ドルが失われたと報告された（2020 年 11 月 13 日時点）。また UNWTO（2021）の記事では，国際観光の減少により，2020 年と 2021 年に 4 兆 US ドルを超えるグローバル GDP の損失が生じると分析されていた。いつ収束ないし終息するかも見通せないコロナ禍において（2020 年 12 月時点），観光および観光産業の持続可能性さらに存在意義を改めて深く検討する必要性が高まっている。

　言わずもがな，新型コロナウイルスの前から，観光学および観光実践において持続可能性は重要な課題であった。Sheffield Hallam 大学国際観光研究センターの客員研究員であり，*Journal of Sustainable Tourism* 誌の創刊者の 1 人でもある Bernard Lane は，論文 Thirty years of sustainable tourism; Drivers, progress, problems ── and the future（「持続可能な観光の 30 年──原動力，進歩，問題そして将来」）の中で次のように述べている。

「持続可能な観光（sustainable tourism）は，観光の〔負の〕影響に関する懸念から生じてきた。観光は，経済発展の有用な手段であったが，同時に環境・文化・社会に対する大きな負の影響を有していた。観光は，〔そうした正と負の影響を含む〕全体的視点から計画・運営されてこなかった。観光は，短期的成長と衰退サイクル〔すなわち，支援しなければ，観光業ないし観光関連企業は衰退していく〕を前提として運営されてきた。〔また〕観光は，観光の目的地ではなく，むしろ観光客が生み出される市場が存在する地域での利益獲得を狙ってきた。観光が，保全や持続的発展の手段として活用されることは稀であった。観光は，基本的に，休暇を目的とした旅に共通する，利己的（selfish），短期的（short term），享楽的な（hedonistic）アプローチを受け入れてきた。持続可能な観光は，まさに上述のような問題への対応として生み出された概念であり，〔観光がもたらす〕負の変容を阻止しようとする試みでもあった」（Lane, 2009, p.21）。

　観光は，これまで経済発展への有用な手段と位置づけられてきたが，そこには負の影響が伴っていた。しかし，それら正と負の両面を包含した全体的視点の下で，観光は計画・運営されてこなかった。観光産業は，観光客の利己的，短期的，享楽的な行動を進んで受け入れてきた（しばしば，それを促進してきた）。しかし，そうした観光および観光産業がもたらす負の影響に目を向けるために，sustainable tourism ＝持続可能な観光という概念そして研究や実践の必要性が議論されるようになったのである。

　かなり難しいテーマであり，正直に言うと，筆者の能力を遥かに越える内容である。しかし，現在そして将来の観光ないし観光産業を考えるうえで，この持続可能性という視点は欠かせないだろう。本書を締め括るに相応しいテーマとして，持続可能な観光について検討していきたい。

　本章の構成は以下の通りである。まず２節では，持続可能な観光の基本的な考え方について論じた著書や論文に基づき，その視点や考え方が，いつ，どこで，どのようにして生まれてきたのか，という問題を検討する。また，保存，保全そして持続可能性という考え方の違いや類似性についても考察する。３節

では，持続可能な観光の実践形態としての潜在力を有する，スロー・トラベル，都市グリーンツーリズム，ジオツーリズムという代替的観光を取り上げる。そこでは，それら代替的観光の具体的な内容に加え，なぜそれらが持続可能な観光と捉えられるかを明らかにする。4節では，新型コロナウイルス感染症＝COVID-19を分析対象とする観光学の研究を取り上げる。もちろん，観光学のトップ・ジャーナルに掲載される研究とはいえ，不確定要素も多いため，まだそれほど深い分析にはなっていないかもしれない（筆者がそれら論文の収集と読解を始めた2020年5〜7月頃の状況）。しかし，世界の研究者たちが，どのような視点で，どのような研究を行い，どのような提案を行っているかを紹介したい。5節では，以上の考察を踏まえ，今後の観光および観光産業の在り方について検討する。

2 ── 観光における持続可能性とは何か

　本節では，そもそも持続可能な観光とは何か，という基本的な問題に目を向ける。ここでは，特に著書 *Sustainable Tourism Futures*（『持続可能な観光の未来』）所収の S. Gössling, C. M. Hall and D. B. Weaver（2009a）および前掲 Lane（2009），さらに著書 *The Routledge Handbook of Tourism and Sustainability*（『観光と持続可能性のラウトレッジ・ハンドブック』）所収の Hall, Gössling and Scott（2015a）および Hall, Gössling and Scott（2015b）の論文などに依拠し，持続可能な観光という概念の歴史，すなわち，いつ，どこで，どのようにして生まれてきたか，という問題を取り扱う。加えて，持続可能な観光への幾つかの視点や考え方についても考察する。

2.1. 研究と実践の動向
　Gössling *et al.*（2009a）は，「持続可能性（sustainability）という概念は，1980年3月の *World Conservation Strategy*（世界保全戦略）の公刊で初めて広く注目されることになった」（p.1）と指摘する。*World Conservation Strategy*＝世界保全戦略は，国連など様々な国際機関と協力しながら，International Union

for Conservation of Nature and Natural Resources（国際自然・自然資源保全連合）によって策定された戦略であり（IUCN, 1980, p.II），例えば森林破壊，砂漠化，エコシステムの衰退と破壊，種の絶滅，生物多様性の損失，農作地の喪失，公害汚染，土壌侵食などの国際的な環境問題に向き合い，地球上の自然・生物資源を保全することの重要性を訴えた。

　世界保全戦略の中では，その保全 = conservation が「将来世代のニーズと願望を満たす可能性を維持しつつ，現在の世代に持続可能な最大限の便益を与え得るために，人間による生物圏の利用を管理すること」（Gössling et al., 2009a, p.2）と定義された。Gössling et al. は，世界保全戦略は歴史的に重要な提言であり，グローバルな環境問題に光を当て，現在と将来，先進国と途上国そして環境と経済の間でバランスのとれた発展の必要性を示したと指摘する。同戦略は，1972 年にストックホルムで開催された国連人間環境会議（UNEP）と 1992 年にリオデジャネイロで開催された国連環境・開発会議（UNCED）を繋げる重要な中間地点でもあったという。しかし Gössling et al. によれば，世界保全戦略の中では，観光について非常に限られた範囲で触れられるに過ぎなかったという。

　1983 年には，ノルウェー労働党リーダーおよびノルウェー首相を歴任した Gro Harlem Brundtland を議長として，国連総会に直言する独立委員会が創設された。そして 1987 年に，World Commission on Environment and Development から発表された Brundtland レポートとも称される報告書 *Our Common Future*（「我々の共通の未来」）の中で示された「未来の人々のニーズ充足のための未来の世代の能力を損なうことなく，現在の人々のニーズを充足する」（UN General Assembly, 1987, p.24）という説明が，「持続可能な開発」（sustainable development）という概念を一般に広げる契機になったという（Gössling et al., 2009a, p.2）。

　次に，観光学分野における持続可能性に関する研究動向に目を向ける。まず図 5 - 1 のように，開発の全ての形態の部分集合として持続可能な開発が位置づけられ，さらに持続可能な開発と観光の共通部分に持続可能な観光開発が位置づけられる。Gössling et al.（2009a）によれば，観光学の分野で持続可能性が

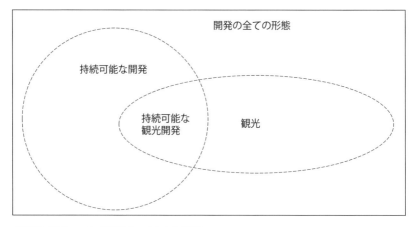

（出所）Hall *et al.* （2015b），p.16 より転載。

| 図5－1 | 持続可能な開発のサブ分野としての持続可能な観光開発 |

注目され始めるのは 1980 年代後半であったという。そして，Hall *et al.* （2015a）
では，Scopus，Science Direct，Web of Science という学術データベースの中で，
「sustainable development or sustainability ＝持続可能な開発あるいは持続性」
および「sustainable tourism ＝持続可能な観光」という用語が使われた論文数
がそれぞれ示されている。そして図5－2と図5－3は，Scopus に所収された
論文の中で，それら用語をキーワードにした論文の数を示している。

　まず図5－2では，「sustainable development or sustainability ＝持続可能
な開発あるいは持続性」をキーワードにした論文数が示される。数が少ないた
めグラフの縦棒には十分反映されていないが，1982 年の2本から始まった[1]。
その後，論文数は徐々に増加し，1989 年には 95 本，1990 年には 220 本となっ

1）ちなみに，1980 年に，4本の論文が Abstract（要旨）の中で同用語を使っていた
　　という。
2）Gössling *et al.* （2009a）によれば，sustainable など持続可能性に関連する用語は，
　　例えば有名な思想家・環境活動家レスター・ブラウン（Lester Brown）が 1981 年
　　に公刊した本の題名 *Building a Sustainable Society*（持続可能社会の構築）でも使
　　われていたという。

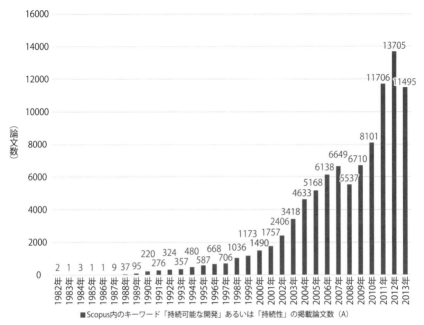

(出所) Hall *et al.* (2015a), p.3 のデータより筆者作成。

| 図 5 - 2 | Scopus 所収の「持続可能な開発」ないし「持続性」をキーワードに含む論文数の推移 |

た[2]。上述の 1987 年の Brundtland レポートによる概念の普及が少なからず影響したと考えられている。そして，1998 年には 1036 本となった。2000 年代に論文数が毎年増加し，2011 年には 11706 本となった（ただし，2008 年は前年より減少。リーマンショックが影響したのかもしれない）。2013 年時点の論文の累積数は 10 万 888 本となった。

次に「sustainable tourism ＝持続可能な観光」をキーワードとする論文数の推移を示した図 5 - 3 を見る。Hall *et al.* (2015a) が集計したデータによれば，Scopus 所収の論文の中で同ワードが使われたのは，1992 年の 5 本が最初であった。ただし，Gössling *et al.* (2009a) は，観光学研究で持続可能性が注目され始めたのは 1980 年代後半であったという。図 5 - 3 には示されていないが，Hall *et al.* (2015a) が作成した表では，1989 年に，Scopus 所収の Abstract（要旨）の中で 2 本の論文が sustainable tourism の用語を用いていたことが示されて

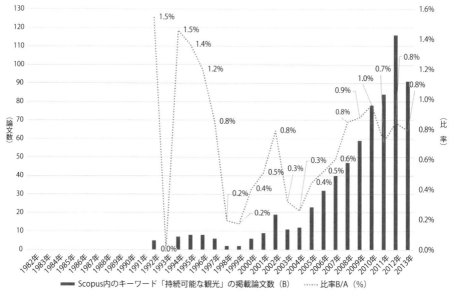

（注）破線の折れ線は，sustainable tourism をキーワードとする論文数／sustainable development or sustainability をキーワードとする論文数（％）である。ただし，Hall *et al.*（2015a）の表からは，sustainable tourism をキーワードとする論文の中で sustainable development or sustainability もキーワードとして挙げている論文が，sustainable development or sustainability をキーワードとする論文数の中に含まれているかは分からない。

（出所）Hall *et al.*（2015a），p.3 のデータより筆者作成。

図5－3	Scopus 所収の「持続可能な観光」をキーワードに含む論文数と比率の推移

いる。このことから1980年代後半から持続可能な観光が学術研究の対象として注目され始めたと考えて良いかもしれない。

　Lane（2009）によれば，1991年に *Journal of Sustainable Tourism* の創刊の必要性が議論され，1993年に第1巻が発刊された。しかし，Scopus のデータベース上の数字で見る限り，1990年代には，論文数がそれほど伸びなかった。グラフから分かるように，2000年代初めに漸く2ケタ台の論文が公刊されるようになり，そこから徐々に増加傾向を示すことになる。そして，2012年には，116本と3ケタ台の論文が公刊された。

　図 5 − 3 には，sustainable development or sustainability をキーワードとする論文数に対する sustainable tourism をキーワードとする論文数の比率（%）が，折れ線で示されている。Hall *et al.*（2015a）が「持続可能な開発を扱う全論文数に占める持続可能な観光の文献の影響力は，まだ極めて小さい」（p.3）と指摘しているように，全体に占める比率は 1992 年に 1.5％を示した後，1990年代後半には 0.2％まで減少した。2010 年代に入ると 0.8 〜 1 ％に上昇するが，比率としては 1 ％近辺で推移していた。もちろん，この 1 ％という数字の評価は難しい。とはいえ，2019 年の世界の GDP に対する観光産業の GDP の貢献度が約 10％と推定されることからすると[3]， 1 ％という比率は小さいと言えるかもしれない。

　一方，Lane（2009）は，ドイツ語圏やフランス語圏の学術界では，もう少し早い時期，すなわち 1970 年代から「観光の興隆が生み出すであろう問題点」（p.19）に警鐘を鳴らす研究者たちがいたと指摘する。当時の代表的な批評家の1 人がスイスのベルン大学の Jost Krippendorf であり，観光による環境や社会への負の影響に着目したうえで，Sanfter Tourismus = Soft Tourism（柔らかな観光）という代替案を提唱した。Krippendorf は，1975 年にアルプスの景観に観光が及ぼす影響を扱った *Die Landschaftsfresser*（*The Landscape Eaters*）（『景観を食い物にする人たち』）という書籍を出版した。さらに，1984 年に出版された*Die Ferienmenschen*（1987 年に *The Holiday Makers* として英訳された）という著作において，規制ではなく，人間の行動と生活の変容の必要性を説いたという。そこでは，観光における責任あるマーケティング活動，観光産業の人材の高度化，観光を受け入れる地域が主導する観光地経営，そして観光研究が持続可能性に注目することの重要性が訴求された。Lane（2009）によれば，Krippendorfが提唱した Soft Tourism（柔らかな観光）という概念は，まさに sustainable tourism ＝持続可能な観光の「先駆者」（forerunner）（p.20）であったという。

　こうした学術研究ないし学術界の動向に対して，Gössling *et al.*（2009a），Hall *et al.*（2015b）らは，観光関連産業による実践の動きを以下のように整理する。

---

3 ）World Travel and Tourism Council（2020b）を参照。

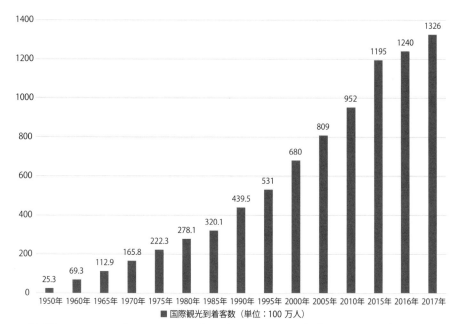

（出所）1950 ～ 1990 年は Hall *et al.*（2015a）の Table 1.3（p.5）および 1995 年以降は
　　　UNWTO（2018），*UNWTO Tourism Highlight 2018 Edition* に基づき筆者作成。

図5－4　国際観光到着客数の推移（1950～2017 年）（単位：100 万人）

　第2次世界大戦終戦後の数十年間にわたり，観光産業は，「マス・ツーリズ
ム」（mass tourism）をほぼ無批判的に受け入れてきた。J. Jafari という研究者
は，この産業の有り様を「支援的（ないし擁護的）プラットフォーム」（advocacy
platform）という名称で理解しようとしたという[4]。当然，こうした市場まか
せの観光の拡大は，世界の多くの場所，例えば第3諸国の辺境のビーチなど
でも生態的，社会・文化的，経済的な問題を惹起した。需要拡大が続く状況
下で自由放任主義の観光を進めた結果，観光地の許容能力を超過するという
事態が発生した。図5－4のように，1950 年以降，世界の国際観光到着客数
（international tourism arrivals），すなわち国際観光需要は右肩上がりであった。

4）J. Jafari の文献を入手できなかったため，Gössling *et al.*（2009a）からの孫引きで
　ある。

2017 年には，世界人口約 75 億人の約 1 / 6 にあたる約 13 億人が国際観光に参加している。これら規制なきマス・ツーリズムの危険性が顧みられ，支援や擁護だけでなく，「警告的プラットフォーム」（cautionary platform）の必要性が提唱されるようになったという（Gössling *et al.*, 2009a, pp.2-3）。

　1980 年代初頭には，地域毎のニーズや状況に適合し，小規模かつ地域的な管理のもとで観光を推進する「代替的観光」（alternative tourism）（すなわち，マス・ツーリズムへの代替という意味）が提唱されるようになったという（例えば，Weaver（2015）も参照されたい）。これは「適応的プラットフォーム」（adaptancy platform）とも呼称されるが，直ぐにその限界が露呈したという。それら小規模な観光では，年間で億単位の観光客を生み出すマス・ツーリズムの代わりになれなかった。とりわけ，途上国や地方の観光地の多くは，大きな収益や雇用を生み出すマス・ツーリズムへの依存から脱却できなかった（Gössling *et al.*, 2009a p.3）。

　そして，先にも見たように 1980 年代後半に Brundtland レポートの中で持続可能な開発という概念が提唱された。さらに 1992 年にリオデジャネイロで開催された地球サミットという大規模フォーラムが契機となり，sustainable tourism ＝持続可能な観光という概念が，観光関連組織や研究組織においても 1 つの原則や目標として意識されるようになった。また，Gössling *et al.* によれば，UNWTO（国連世界観光機関）の中に観光の持続可能性を検討する組織が創設され，民間部門の World Travel and Tourism Council（世界旅行ツーリズム協議会）[5] からも *Blueprint for New Tourism*（「新たな観光への青写真」）という報告書が示されるなど，「最高レベル〔の組織〕における〔持続的な観光への取組の〕制度化」（institutionalisation at the highest level）が進められた。こうした制度化に向けての弾みになったのが，まさにグローバルな気候変動および観光産業におけるその影響の顕在化であったという（*Ibid.*, p.3）。

　この間，持続可能な開発という概念にも変容が見られ，Hall *et al.*（2015b）に

5）組織名の邦訳は，JTB 総合研究所「WTTC」（https://www.tourism.jp/tourism-database/glossary/wttc/）を参照した。ただし，筆者は，世界旅行観光協議会という邦訳の方が良いのではないかと考えている。

よれば，2005年にUNEP（United Nations Environment Programme）とUNWTOが，次のような持続可能な開発への3本柱を示したという。

1．経済の持続可能性（economic sustainability），それは社会の様々なレベルで繁栄を生み出すこと，全ての経済活動でコスト効果〔一定の価値を提供する際に，できるだけムダを省き，コストを引き下げる；筆者注〕の実現に取り組むことを意味する。さらに重要なこととして，それら取組は，企業とその活動の生存力および企業の長期的な持続力に関係する。

2．社会の持続可能性（social sustainability），それは人権および社会を構成する全ての人々への平等な機会に関係する。それは，貧困を取り除くと同時に，利益の平等な分配を求める。地域共同体における，生活支援システムの維持・強化，多様な文化の認識・尊重，あらゆる形態の搾取の回避を重視することである。

3．環境の持続可能性（environmental sustainability），とりわけ取り替えることができない，あるいは生命維持に欠くことのできない資源を管理し維持することである。そのために，大気，土地，水の汚染を極小化したり，生態系の多様性や自然遺産を保全したりする活動が必要になる。（いずれもHall *et al.*, 2015b, p.27から孫引きで参照したものである）（ただし，UNEP（2005）の *UNEP Strategy for Environmental Education and Training A Strategy and Action Planning for the Decade 2005-2014* というレポートのp.7のholistic viewの部分に同様の内容が記されており，それを合わせて参照した）。

　そして，3本柱の相互依存性と競合関係を正しく認識したうえで，それら3つのバランスを図ることが課題とされた。ちなみに，これら3本柱には，近時，国連サミットで採択されたSDGs（Sustainable Development Goals）の17の目標に通ずる内容が既に包摂されているとも言えるのではないだろうか。
　しかし実際に，それらのバランスを達成することは容易でない。Gössling *et al.*（2009a）は，「気候変動に関心が集まる時代の実践的活動は非常に混乱しており，それはまさに持続可能な発展それ自体が『本質的に論争的な概念』であ

り，『様々なステークホルダーの価値観やイデオロギー』に基づく多様な解釈
によって影響を受けるという現況を映し出している」とした。さらに，彼らは，
「持続可能な観光とは，実質的にはあらゆる形態の活動と同義となり得る可能
性を秘めており，皮肉なことに，時に，その持続可能な観光という用語が〔企
業や産業の〕更なる倫理的名声を得るために利用されてしまい，時に『グリー
ンウォッシュ』（greenwash）」（p.3），すなわち環境保護に力を入れていること
を世間に訴求する〔欺瞞的〕行為に繋がってしまったと指摘する。一方，こう
した概念の柔軟な解釈は，むしろ実践上の強みになると考える研究者もいると
いう。そこでは，香港や豪州ゴールドコーストのような人口密度の高い都市環
境下と南極や北シベリアのような自然環境下とでは持続可能性に向けた実践は
当然異なるべきであり，持続可能な観光を一義的に捉えるのではなく，むしろ
多様な解釈と実践が許容されるべきと考えられる。

　以上で見たように，観光ないし観光産業の実践では，1980 年代初頭に，第
2次世界大戦終了後から推進された市場まかせのマス・ツーリズムの危険性が
認識され，代替的あるいは適応的な観光を模索する動きがあった。しかし，マ
ス・ツーリズムが生み出す経済的利益に対し，代替的ないし適応的な観光がそ
の代わりを務めることはできなかった。1990 年代初頭に，持続可能な観光へ
の国際的かつ制度的な取組が始動した。グローバルな気候変動とその観光や観
光産業への影響の顕在化が，それら制度化への動きを促した。持続可能な開発
および持続可能な観光の概念が一般に広がる一方，実践的には持続可能な観光
という名の下で様々な取組が進められていた。もちろん，概念への多様な解釈
は，各観光地の状況や実情に合わせて多様な実践が許容されるという強みにも
なる。他方，残念ながら，観光関連企業が，持続可能な観光という概念や用語
を自らの倫理的名声を高めるために濫用する，いわゆるグリーンウォッシュと
いう欺瞞的行為も見られたのである。

2.2.　持続可能な観光という視点と考え方

　Gössling *et al.*（2009a）が指摘するように，未だ持続可能な観光への一義的
な理解や解釈が存在しないということは強く認識しておく必要があるだろう。

| 表5-1 | 観光サブセクター毎の排出量の比率 | | | |

| | 2005年 | | 2035年 | |
サブセクター	CO_2 (100万トン)	%	CO_2 (100万トン)	%
航空機移動	515	40%	1631	53%
自動車移動	420	32%	456	15%
他の移動手段	45	3%	37	1%
宿泊	274	21%	739	24%
アクティビティー	48	4%	195	6%
小計（A）	1307	100%	3059	100%
世界全体（B）	26400			
観光の比率（A/B）		5%		

（原資料）UNWTO-UNEP-WMO（2008），*Davos Declaration, Climate Change and Tourism; Responding to Global Challenges.*

（出所）Scott *et al.*（2010），p.396 および Rutty *et al.*（2015），p.44 より一部加筆のうえ転載。

また，そうした状況こそが，概念の濫用を生み出すことにもなる。では，そもそも，持続可能な観光とは何か。本項では，先行研究に基づき，持続可能な観光という概念およびその見方や考え方についてやや詳しく考察する。

2.2.1. 観光による環境変動への影響

持続可能な観光を考える際には，もちろん人権などの問題も重要であるが，自然環境ならびに気候変動との関わりこそが重要な視点になるという（Gössling *et al.*, 2009a; Scott, 2011）。

Rutty *et al.*（2015）によれば，「観光に関連するエネルギーの利用と排出は，国内的および国際的なレジャーと仕事を目的とした全ての旅行を含むものであり，観光地まで・からの移動，宿泊，〔観光地内での〕アクティビティーの3つのサブセクターを対象として計算されてきた」（p.43）のである。そして，気候変動に影響を与えるとされる温室効果ガス（greenhouse gas; GHG）には，二酸化炭素（CO_2），メタン（CH_4），亜酸化窒素（NOx），フッ化炭化水素（HFCs），パーフルオロカーボン（PFCs），六フッ化硫黄（SF_6）などが含まれるが，その中で，

観光産業からの二酸化炭素の排出量を示したのが表5－1である。

　表5－1によれば，2005年時点における世界の人由来のCO_2排出量は，264億トンである。その中で，観光産業からの排出は13億700万トンであり，全体に占める割合は約5％であった。さらに，その内訳に目を向けると，航空機による移動の排出量が5億1500万トンと全体の40％を占める。しかも2035年には，16億3100万トン，53％にまで増加すると予測されている。確かに，航空産業でも，航空機のエネルギー効率を改善しようとする様々な取組が見られる（例えば，Duval（2007）のch.9を参照）。しかし，旅行代金の低下と可処分所得の増加による旅行者数の増加そして移動距離の伸長こそが，上述のような予測に繋がるという。次に多いのが，自動車移動による排出であり，2005年時点で4億2000万トン，32％を占める。ただし自動車移動は，2035年に4億5600万トンと微増に止まり，全体に占める割合は15％にまで低下する。この予測の根拠は示されていないが，自動車の技術改善（例えば電動化など）ならびに旅行時の自動車以外の移動手段へのシフトなどが考えられる。次いで，宿泊が2億7400万トンで，21％を占める。2035年には，7億3900万トンに増加し，比率は24％になると予測される。観光地内のアクティビティーは4800万トンで全体の4％に相当するが，2035年には1億9500万トンで6％になると予測される。宿泊やアクティビティーによる排出量の増加は，観光客の増加や滞在期間の長期化によってもたらされるものである。その他の移動手段には，例えばクルーズ船などが含まれているが，2005年時点で4500万トンであり全体の3％に相当する。その他の移動手段は，2035年に3700万トン，比率は1％に低下すると予測されている。

　CO_2排出全体に占める観光産業の比率の約5％をどのように評価すべきか，というのは難しい問題である。先にも見たように，世界のGDPへの観光産業の寄与率は10％であり，それとの比較で見れば小さいと言える[6]。しかし，Scott *et al.* （2010）は「CO_2以外の温室効果ガスに起因する地球温暖化および（放射強制力として測定される）航空機による二次的な対流圏での影響も加味すれ

6）World Travel and Tourism Council（2020b）を参照。

ば，グローバルな気候変動への観光産業の影響は 2005 年時点で 5.2 ～ 12.5 ％の範囲で見積もられ…（中略）…もって観光産業によるグローバル気候変動への影響は重大である」(p.396) と主張する。また仮に観光産業全体を国に置き換えると，CO_2 の排出量は，アメリカ，中国，EU，ロシアに次ぐ世界第5位に相当するという。さらに紙幅の関係で詳述できないが，Rutty *et al.* (2015) は，観光による環境への影響を考える際には，温室効果ガス以外にも，水資源，土地，生物多様性，食糧消費，社会・文化的な影響にも目を向けなくてはならないという。

　もちろん観光や観光産業による気候変動への影響，さらには気候変動から観光や観光産業への影響に関しては，まだ科学的に十分に解明されていないことも多く，様々な見解が成り立ち得る (Scott, 2011; Weaver, 2011)。また，観光関連企業の持続可能性についても，気候変動に起因する目の前の災害や被害にどう対処するかという即時的視点，地球全体の持続可能性に向けて温暖化ガスの絶対量の削減に取り組むという長期的視点がある。さらに観光地間および地域間で，気候変動による観光への影響およびその深刻さの受け止め方が異なってくるという。Scott (2011) によれば，早い時期から気候変動による観光への影響を分析していたのは，ウィンタースポーツ観光を多く抱えるカナダとスイスの研究チームであった。その後，海岸地域の観光と気候変動の関係を扱う学術研究が進められたという。例えば，海岸浸食や海面上昇に対する観光関連業者の対応，海水面上昇に対する海岸沿いの観光施設の脆弱性などを分析する研究が発表された。また，衛星データ，海岸地形データ，観光振興の地理データを組み合わせた研究が（2011 年当時に）進められており，カリブ共同体の 906 の主要観光リゾートの中の 266 ヵ所が，海水面 1 m 上昇による浸水に対して脆弱な状態に置かれていることが明らかにされた。多くの海岸沿いのリゾート資産の中でも，とりわけビーチ（砂浜）という資産がいち早く影響を受けるという。気候変動は海岸地域での観光に変容を迫ると共に，それら地域での観光関連の資産価値や保険費用にも影響を及ぼす。さらに，当該地域で観光産業に従事する人々の経済的・社会的な生活を危機に晒すことにもなる。

　こうした状況を踏まえ，Scott (2011) は，「社会は，＋ 4 ℃の地球温暖

化に適応するための準備を進めるべきである。World Business Council for
Sustainable Development が『社会が失敗すれば，ビジネスは成功できない』
と我々に注意を促したように，＋4℃の世界というのは，地域の観光，ひいて
はグローバルな観光にとって多大なリスクをもたらす可能性がある」と指摘す
る。さらに，「観光の持続可能性に対して不都合な問題を投げかける気候変動
であるが，観光の縮小を正当化する理由とするのではなく，むしろ炭素制約型
グローバル経済（carbon-constrained global economy）下での観光の将来像をより
深く熟考」（p.29）するための契機にすべきだという。

　以上のように，地球温暖化による気候変動は，観光の持続可能性にとって大
きなリスク要因であり，最も深刻な問題の1つである。それら気候変動の影響
に向き合いながら観光を持続させる方法，さらに地球温暖化の抑制に資する観
光や観光産業の在り方を模索することが，持続可能な観光の重要な論点であ
り，向き合うべき課題となろう。

2.2.2. 保存＝preservation，保全＝conservation そして持続可能性＝ sustainability

　次に，持続可能性および持続可能な観光の意味を，より深く考察してい
きたい。そのため，ここでは，主に Hall *et al.*（2015b）の The evolution of
sustainable development and sustainable tourism（「持続可能な開発と持続可能
な観光の進化」）という論文に依拠して，特に西欧社会における自然と人間の関
係への思想と，それら思想の系譜を引く持続可能性ないし持続可能な観光の考
え方を紹介したい。

　Hall *et al.*（2015b）は，「人間それ自体，自然環境それ自体，さらに人間によ
る自然環境への関わりは，所与のものではない。それは，社会的に構成される
ものである」と指摘する。そして，「その社会構成主義という見方は，実際の
ところ環境がいかに理解されるか，さらに人間と環境との様々な経済的そして
倫理的関係がいかに理解されるか，という根本的な疑問を投げ掛ける」（p.17）
のである。

① ロマン主義運動と保存

Hall *et al.* (2015b) によれば，19 世紀後半の西欧社会において，ロマン主義運動（Romantic movement）が台頭してきた。そこでは，前時代の啓蒙思想（the Enlightenment）による機械的かつ静的な自然の捉え方への反動，さらに産業革命とそこで引き起こされた社会，経済，自然環境の変化への反動として，「人間の働きかけによる自然環境の変化には，制限が設けられるべきである」との考え方が示されたのである。すなわち，ロマン主義という思想では，自然は，「組織化されたり，秩序化されたりする対象ではなく，それ自体の権利によってその存在が擁護される」ものであり，「原生自然（wilderness）や，ありのままの姿（untamed）」，そこにある「霊性的な価値（spiritual property），全体性そして健全性」が支持されるべきであると考えられた。またロマン主義的生態学（Romantic ecology）では，「人間は，自然に勝る存在ではなく，自然の一部であり…（中略）…人間の働きかけよりも，自然そのものの営みの方が完全であると見做される」のである。こうした思想から，原生自然そして野性味をそのまま「保存する」（to preserve）（*Ibid.*, pp.17-18）という要求が生み出されてきたのである。

② 保全主義

それに対して，「保全」（conservation）を重視する考え方も提唱される。Hall *et al.* (2015b) によれば，経済的発展と保全との関係に大きな影響を与え，現在の持続可能な開発という考え方に繋がる思想的遺産となったのが，1864年に公刊された George Perkins Marsh 著の *Man and Nature; or, Physical Geography as Modified by Human Action*（『人間と自然――あるいは人間活動が変容させた物理的地形』）であった[7]。

Marsh は，人間はどこにいても混乱を生み出す主体であり，一度，人間が地球に足を踏み入れれば，調和は乱されていくものであるとの考えを示した。すなわち，人間の存在がある以上，自然をそのまま保存することは出来ない。

7）原著は確認できていない。以下は，Hall *et al.* (2015b) からの孫引きである。

そのうえで，Marsh は，人間の自然利用をバランスさせること，より具体的
に言えば「再生可能な形で自然資源を維持することに，アメリカの長期的な
経済の健全性は依存する」(Hall, *et al.*, 2015b, p.19) と主張した。その Marsh の
考え方は，アメリカを越えて，例えばオーストラリアなど他国でも紹介され
ていった。

　さらに，Hall *et al.* (2015b) によれば，自然の保全には，製材，採掘，居住，
牧畜などには使えない経済的価値のない土地を維持・管理することも含まれて
いた。その 1 つがアメリカにおけるナショナルパーク（国立公園）の創設であり，
それを推進する力になったのが観光である。1864 年，リンカーン大統領によっ
て公共の利用，リゾート・休暇に供する公園と位置づけられカリフォルニア州
の州立公園に指定されたのがヨセミテ（Yosemite）である。ヨセミテは，その
後，1890 年に国立公園，1984 年にユネスコ世界遺産に指定された。また 1872
年，ワイオミング北西部を中心とした 200 万エーカーに跨るイエローストーン
が，最初の国立公園（Yellowstone National Park）に指定された。これら国立公
園は，「農業，林業，採掘では価値のない土地に，…（中略）…観光が価値を与
えた」(*Ibid.*, pp.19-20) ことになり，それらの土地が保全対象になっていった。

③ 進歩的保全運動

　1890 年は，イエローストーンがアメリカ最初の国定公園に指定された年
であり，またアメリカの西漸運動の終焉，いわゆる「フロンティアの消滅」
(closing of the frontier) が宣言された年でもあった。これ以降，アメリカという
国は，開拓よりも，むしろ工業化・都市化によって特徴づけられていくことに
なる。

　Hall *et al.* (2015b) によれば，その状況に対して 2 つの反応が見られたとい
う。1 つは，自然に対して精霊的な価値を認めるロマン主義的生態学の流れを
汲む反応である。これは先述のように「保存」という考え方を主導すること
になる。もう 1 つは，保全主義の流れを汲む「進歩的保全運動」(progressive
conservation movement) である。進歩的保全運動とは，審美的価値というより
経済的価値という動機に基づき，天然資源を「賢く利用する」(wise use) とい

う考え方である。

　そして，より賢く効率的に利用するという観点から創設されたのが，アメリカ合衆国開拓局（the Bureau of Reclamation），アメリカ合衆国国立公園局（the National Park Service），アメリカ合衆国森林局（the United States Forest Service），という3つの組織であった。アメリカ合衆国森林局は，1905年に創設されるが，その20年前から創設に向けた動きがあり，幾つかの議案が提出されてきた。ロマン主義と進歩的保全主義は共に，1891年の森林保護法（*Forests Reserves Act of 1891*）を自然エリアの保護に向けた重要な手段と理解した。しかし，それぞれが求めたことは異なっていた。

　John Muir に率いられた保存主義者たちは，「原始的な自然とは相容れない人間の活動を含めない」ことを求めた。かたや，Gifford Pinchot および Theodore Roosevelt に率いられた進歩的保全主義者たちは，「森が持続可能な供給源として管理されることを望み，もって保全という名のもとで，木材を伐採し，水源としてのダムを作り，選択的な採掘〔＝高質な鉱物のみの採掘〕や放牧に供することに賛同した」（Hall *et al.*, 2015b, p.20）のである。

　当初，保全を認めるという点でロマン主義と進歩的保全主義の考えが一致したこともあったが，時間の経過とともに，やはり保全に向けた管理に関して袂を分かつことになる。すなわち，「保存主義者たちは，森の自然の審美的・精神的な質に焦点を合わせ続けたのに対して，進歩的保全主義者たちは自然資源の『賢い利用』を主張」（*Ibid.*, p.21）したのである。

　こうした中，1905年の進歩的保全主義者 Pinchot をリーダーとするアメリカ合衆国森林局の創設は，「アメリカ合衆国政府の中に進歩的保全主義を制度化すること」を意味した。それは，賢い利用による持続的供給を原則とする木材資源への科学的管理という Pinchot のビジョンに基づくものであり，Hall *et al.* (2015b) は，これこそが「現代において支配的な言い回しとなった持続可能な開発および持続可能な観光の直系の祖先になっている」（p.21）と主張する。

④ 持続可能な観光
　こうした思想の変遷の中で，持続可能性そして持続可能な観光が，どのよう

に捉えられるようになるのか。Hall *et al.*（2015b）は，持続可能な観光という問題を提起した最初の事例としてアメリカの国立公園を挙げる。国立公園を観光に利用する価値を強調したのは，国立公園局初代局長 Steven Mather と助手 Horace Albright であった。Mather は，功利主義の精神に基づき，国立公園の創設と管理に向けた利益動機（profit motive）を訴えた。さらに彼らは，より多くのアメリカ人が国立公園を楽しめるようにするため，道路や鉄道網の整備など交通アクセスの改善にも努めた。

　Hall *et al.*（2015b）によれば，国立公園を支えた Mather と Albright の原理は次のようなものであった。国立公園は完全な形で維持されなければならないものであるが，厳密な意味で手つかずの自然をそのまま保存することと，観光や休暇で利用することは両立し難い。Mather らは，国立公園の主要部での観光客サービスの提供，高規格道路を整備して主要部や幾つかの名所を訪問することを許容しつつ，残りの部分を自然のままに残すことで，対立するビジョン，すなわち経済的な利用（＝観光）と自然の保全とをうまくバランスさせようとした。その後，国立公園には，生物多様性や生態系の保全という新たな役割も期待されるようになった。

　このアメリカ国立公園の運営に見られたバランスという考え方こそが，近時における持続可能な観光の基礎になっているという。Hall *et al.*（2015b）は，「UNWTO〔国連世界観光機関〕の政策推奨ならびに他の超国家，国家，観光地の政府組織の政策における，持続可能な観光への政策パラダイムの長年の基本理念の 1 つは，まさに『バランス』である」（p.27）と指摘する。例えば，発展途上国では観光が経済発展の重要な手段の 1 つと位置づけられることがあるが，UNWTO Secretary-General の Francesco Frangialli は，責任あるエネルギー関連消費（responsible energy related consumption）と反貧困に向けた実践様式（anti-poverty operational patterns）との間でバランスのとれた公平な政策を進めることが肝要になるとした。また，Northern Ireland Tourist Board によれば，持続可能な観光とは，観光の経済面，環境面，社会・文化面のバランスの重要性を示すものであるという。

　Hall *et al.*（2015b）によれば，学術研究でも，持続可能な観光を適切に概念

化することが重要なテーマになっているという。例えば D. L. Edgell は，著作 *Managing Sustainable Tourism; A Legacy for the Future* の Preface（はしがき）の中で，「建設的かつ持続的な観光発展（positive sustainable tourism development）とは，進歩的政策ならびに新たな経営思想に依拠しており，それは地域社会，民間部門，非営利組織，学術組織および政府組織が調和的な関係を構築し，経済的成長と両立させながら自然，建造物，文化の環境を保護するための政策を展開していくこと」であると説明した[8]。さらに，Edgell（2016）は，上掲書の第2版（*Second Edition*）で，それを「持続可能な観光とは，環境や生活の質への社会的価値と調和する秩序ある経済発展こそが進歩的かつ長期的な観光開発および観光政策の駆動力になる，という認識への全体的移行過程の一断面である」（p.X および p.12）という内容に補正した（2019年・第3版でも同じ記述になっている）。やや抽象的かつ難解な表現ではあるが，すなわち経済発展と，自然・建造物・文化の環境そして生活の質の保護とを調和・両立させる観光政策に移行していく過程こそが，持続可能な観光と捉えられたのである。あえて移行過程としているのは，それを実現しようと努力している社会の態様を表現するためだと考えられる[9]。

　Brundtland レポートでも，持続可能な開発が，現世代と将来世代の資源利用の両立を図るものと捉えられていた。持続可能な観光の原型の1つとされたアメリカ国立公園の事例では，訪問客の増加による経済的価値の実現と自然環境や生物多様性の保全との調和が目指された。また，UNWTO は，観光が途上国や貧困国の経済発展の重要な方策になっていることを踏まえ，観光によるエネルギー消費と貧困解消との調和を図る必要があるとした。さらに，Northern Ireland Tourist Board や Edgell の所見では，経済発展と環境・社会・文化との調和が強調されていた。すなわち，どちらかを選ぶということではなく，調和・両立あるいはバランスを図るという考え方が基礎になっていた。

8）ここでは 2013 年の English edition の Preface を参照した。第2版の Edgell（2016）については，paper back 版を入手した。それ以外の edition については電子版により確認した。

9）グローバル化の定義でも，同じ様に移行過程という表現が用いられる。

2．2．3．絶対 =absolute なのか，相対 =relative なのか

　また，持続性の尺度は，絶対的なものか，相対的なものか，という興味深い論点（from relative to absolute）もある（Gössling *et al.*, 2009a）。この点についても，簡単に整理しておきたい。

　Gössling *et al.*（2009a）では，以下のような事例が示される。環境に優しいという認証を受けている高級ホテルにおける 1 泊 1 人あたりの資源の消費量は，環境認証を受けていない簡素なホテルより多いかもしれない。この場合の認証とは，1 つのタイプ，例えば高級ホテル群の中での持続性の指標に過ぎず，他のカテゴリーのホテルを含んだ比較可能な測定指標になっていないという。また，地球温暖化に負の影響を与えているとされた航空機についても，同じような問題が起こっている。航空機のエネルギー効率は年々改善されてきているが（例えば，Duval, 2007），航空機全体としてのエネルギー消費や気候変動に関連する排出物は増えているという。利用者の増加および移動スピード向上による移動距離の延長などが，絶対量としてのエネルギー利用や排出量の増加に繋がると分析されていた。例えば，EU 内において，航空機からの排出量は，2005 ～ 2020 年に倍増すると予測されていた。まさに「相対的な指標で測定すれば，旅客が km あたり移動する際の排出量は減少してきており，空の旅は，絶えず持続可能な状態に向かいつつあるように見えるという矛盾がある。しかし絶対的な指標で見ると，航空業界は，絶えず持続可能性を減じていっている」（Gössling *et al.*, 2009a, p.7）のである。

　高級ホテルは自らが属するカテゴリー内で以前よりもエネルギー消費を減らし環境認証を受け，航空機もエネルギー消費の効率性を向上させ 1 人が km あたり移動する際の気候変動関連の排出物を減らし，いずれも持続可能性を高めているようにも見える。しかし，認証を受けている高級ホテルは，認証のない簡素なホテルよりも 1 人 1 泊あたりの資源消費量が多くなっている可能性があり，本当に環境にやさしいのかという疑問が持たれる（もってグリーンウォッシュと揶揄されるのだろう）。また航空業界のエネルギー効率の改善努力にも拘わらず，所得向上による旅行客の増加および移動スピード向上による移動距離の延長によって，気候変動に影響を与える物質（例えば温室効果ガス）の絶対的な

排出量は今後も増加していくと予測されていた。

Gössling *et al.* (2009a) は,「より持続可能な形で観光を発展させていくためには，測定指標が重要になるにもかかわらず，これまでのところ持続可能性に対する相対的な見方と絶対的な見方の区別もなされていない」(p.7) ような状態で放置されている。持続可能性が常に変化する過程として捉えられ,「1つの完成形として，持続可能な社会を定義づけられない」ということが，そうした状態を生み出してきたともいう。Gössling *et al.* は,「持続可能性というのは，変容の過程であり，理想的な最終状態を指すものではないという観念」が根強く存在し，こうした認識こそが取組を緩慢にし,「実際には，グローバルレベルで，まだ観光の持続可能性は低い状態のまま」(p.8) になっていると指摘した。

他方，絶対的指標の必要性が認識されるようになっている。Gössling *et al.* (2009a) によれば，気候変動に関わる分野で明確な削減目標が示されつつあり，例えば1997年に第3回気候変動枠組条約締約国会議 (COP 3) で合意した「京都議定書」は，先進国に対して法的拘束力を有する2008～2012年までの削減目標を割り当てた。そのうえで各国は，自国の各産業に削減量を振り分けるのである。また，2015年にパリで開催された第21回気候変動枠組条約締約国会議 (COP21) で採択された「パリ協定」は，2020年以降の地球温暖化対策を定めたものであり，世界の平均気温上昇を産業革命以前と比較して＋2.0℃よりも十分に低い＋1.5℃に抑える努力を追求するとした[10)]。＋2.0℃までの CO_2 の総排出量は約3兆トンとされ，人類は既にその2/3の約2兆トンを排出してしまった。残り約1兆トンも，ここ数年と同量の排出が続くと，2040年ごろに約3兆トンに達してしまうという。世界で見つかっている化石燃料の1/3を使うと，約3兆トンに達するともいう。また「今世紀後半に温室効果ガスの人為的な排出と吸収源による除去の均衡を達成する」という目標も設定さ

10) 以下の説明は，環境庁HP「学ぼう！地球温暖化」(http://ondankataisaku.env.go.jp/communicator/learning/) および外務省HP「パリ協定」(https://www.mofa.go.jp/mofaj/ila/et/page24_000810.html) に依拠。

れた。そのためには，2050年に，現状を上回る温暖化対策をとらなかった場合に1.5～2倍に拡大すると予測される排出量を40～70%削減する必要がある（1.5～2倍に増えた量を40～70%削減という，やや分かり難い数値設定である。詳細は注に記された環境庁HPを参照されたい）。日本でも，温室効果ガスに関して，2030年度に2013年度比の26%減の水準を達成するという中期目標が掲げられた。すなわち，産業革命以前と比較して＋1.5℃に抑える，2050年に現状を上回る対策をとらない場合に1.5～2倍となる排出量を40～70%削減，今世紀後半の排出と除去の均衡[11]という目標が示されたのである。

　こうなると観光産業でも，絶対的な量の削減に資する目標値の設定が課されることになる。観光客数および移動距離が増加しているので，観光産業全体でのエネルギー消費や温室効果ガス排出が増加してしまう，という考え方は許容されなくなる。さらに言えば，先進国の過疎地域や途上国の経済発展や貧困解消に向けた観光産業振興でも，地球環境そして気候変動への影響を強く意識した取組が求められるようになる。すなわち，Gössling *et al.* (2009a) が指摘するように，「急速に数が増えている観光事業者も，〔全体での〕資源利用の絶対的な削減に繋がるペースで，相対的に，効率的な資源利用を実現する必要がある」(p.9) のである。言い換えれば，観光客数や移動距離の増加そして観光事業者数の増加という状況下でも，観光産業全体としてエネルギー消費や温室効果ガスの絶対量での削減目標の達成が急務になっており，その絶対量の削減や絶対的な目標の実現に資する過去との比較ないし1人あたりの一定距離の移動で見た削減目標の導入と実現が必要であると考えられる。

2.2.4. イノベーションの効果
　保全主義や進歩的保全主義は，経済的発展と資源の保全とを両立させるために，有限な資源の賢い利用を重視していた。加えて，イノベーションによっ

11）その後，2020年10月には菅政権が2050年にカーボンニュートラル，脱炭素化社会を目指すという方針を掲げた。経済産業省のHP（https://www.meti.go.jp/press/2020/12/20201225012/20201225012.html）を参照。

て，資源の効率的な利用が促進され，自然環境への負荷が軽減される可能性がある。

　1972 年の *Limits to Growth*（「成長への限界」）という人口増加による食糧不足や環境崩壊を予測したレポートの中で使われたモデルに対して，Cole, Freeman, Jahoda and Pavitt が技術進歩の効果も入れてその結果を再検証したという。そこでは，技術進歩が年 2 ％の割合で進展していくことで，人口増加に伴う地球システムの崩壊を無期限に遅らせることができるという示唆が得られた。すなわち，資源の利用可能性や汚染コントロールの改善率が，人口と消費の増加率を相殺することで，無期限にバランスがとれるというのである。これに対して，Lecomber は，技術進歩が実現する，代替資源が確保できるという前提での計算であり，それが現実に起こるかどうかは分からないとの批判的見解を示した[12]。

　Lecomber の批判はその通りであるが，イノベーションが，経済発展と自然環境のバランスの実現を助長できるという視点は重要であろう。すなわち，イノベーションが地球および自然環境の持続性という課題に対して人類がとり得る 1 つの方策であるとすれば，観光産業や観光関連企業でも持続可能性に資するイノベーションへの取組が期待される。

　Ratten *et al.*（2020）は *Tourism Innovation; Technology, Sustainability and Creativity*（『観光イノベーション――技術，持続可能性および創造性』）という著作の中で，持続可能性に向けた観光イノベーション研究は，観光学の重要なテーマの 1 つであると強調する。持続可能な観光という文脈では，「倹約型イノベーション」（frugal innovation），すなわち持続可能性に向けた取組を低コストで継続できるようにするためのイノベーションが求められるという。なぜなら「大企業の多くは持続可能性に向けた施策を実施できるが，小規模企業は〔それらの実施に向けて〕制約を抱えているかもしれない」（p.9）からである。観光産業では中小企業が重要な役割を果たしているため，それらの企業や事業

---

12) Cole, Freeman, Jahoda and Pavitt と Lecomber はいずれも原著を確認できなかったため，Hall *et al.*（2015b）の p.25 の記述に依拠する（つまり孫引きである）。

者でも持続可能な観光への取組を無理なく進められるようにするためのイノベーションが期待される。

　また，彼女らは，観光産業でイノベーションを促進するためには，「そうした問題を扱う，より多くの研究が求められる。研究者たちは，もっと豊かな発想を持つ必要があり，持続可能性と観光イノベーションの両方に跨る研究分野を重視する必要がある」と主張する。しかし実際には，研究者たちは将来の動向を考えることに保守的であり，またジャーナルに受理される安全な研究を好む傾向が強いため，持続可能性とイノベーションを分析対象とする研究は余り進展していないという。そのうえで，「持続可能性が観光学のホット・トピックになって久しいが，それとイノベーション研究が組み合わさった時に，より深い洞察がもたらされる」(*Ibid.*, p.9) と指摘する。

2.2.5. 整理と要約

　少し議論が長くなり複雑になったため，これまでの内容を簡単に整理しておきたい。持続可能な開発という用語を広める契機の１つになったのは，1987年に UN General Assembly が公表した Brundtland レポートであった。そこでは持続可能性が，未来の人々のニーズの充足を損なうことなく，現代の人々のニーズを充足することと定義された。すなわち，現代と未来のニーズ充足の調和・両立の必要性が明示された。

　観光の持続可能性に関する議論では，自然環境への影響そして自然環境からの影響が重要な論点の１つになっていた。ウィンターリゾートや海岸リゾートにおいて地球温暖化による気候変動の影響が顕在化していた。また，人間と自然との関係について，保存，保全そして持続可能性という見方を紹介した。現在の持続可能性ないしは持続可能な観光という考え方の基礎になったのが，保全主義や進歩的保全主義である。そこでは，人類が存在する以上は自然をありのままに保存できないし，ありのままを保存することで資源利用が非効率になると捉えられた。すなわち，自然や資源をより賢く利用することで，自然環境保全と経済発展の両立が図れると考えられた。進歩的保全主義に基づく観光振興の具体例がアメリカの国立公園であった。経済的価値のない土地から観光を

通じて価値を生み出すというものである。国立公園では，幾つかの見所を観光に利用する一方，その他の部分をできるだけ自然な形で残し，また生物多様性や生態系も保全するという取組が進められた。

　現在の持続可能な観光という考え方[13]でも，調和・両立そしてバランスが重視されている。例えば，エネルギー消費を抑制しつつ，いかに観光による経済発展を達成するか，また経済成長と自然，建造物，文化の保護や生活の質の維持とをいかに調和・両立させるかという問題が重要な論点になっていた。さらに，イノベーションが，それらバランスの達成を助長できるという見方もあった。もちろん，イノベーションが進むという楽観的な前提で，現行の企業の生産活動や家計の消費活動を肯定することは非常に危険である。しかし，イノベーションは，経済発展と地球環境との調和を達成するために人類がとり得る重要な手段の1つになる。観光産業でも持続性に資するイノベーションの創出が期待され，それらイノベーションへの実践的活動を促進するためにも同分野でより多くの学術研究の遂行が期待される。

3 —— 持続可能な観光の幾つかの形態と実践

　前項で検討した持続可能な観光の基本的概念に対して，本項では持続可能な観光の具体的な形態と実践を扱った先行研究に目を向ける。とりわけ，持続可能な観光の実践として，スロー・トラベル，都市グリーンツーリズム，ジオツーリズムの3つを紹介する。

3. 1. スロー・トラベル

　ここでは，J. E. Dickinson, L. Lumsdon and D. Robbins (2011) の Slow travel; Issues for tourism and climate change（「スロー・トラベル——観光と気候

---

13) ここでは，敢えて「考え方」と記した。観光産業でどれだけバランスや調和が実現できているか，という点に関する信頼できるデータを見つけることができなかったためである。例えば，観光の重要な移動手段となる航空機に関しては，温室効果ガス排出の増加が予測されていた。

変動への重要な論点として」），D. Conway and B. F. Timms（2012）の Are slow travel and slow tourism misfits, *Compadres* or different genres?（「スロー・トラベルとスロー・ツーリズムは相容れないのか――仲間それとも違うジャンルなのか？」）および J. E. Dickinson（2015）の Slow travel（「スロー・トラベル」）という論文に依拠して，代替的観光の 1 つであり，持続可能な観光の一形態としても可能性を有するスロー・トラベル＝ slow travel を紹介したい。

　Dickinson（2015）は，「旅や移動に関して，『遅い（slow）』という言葉は，通常，負の含意を持ち」，すなわち「遅れ，待ち時間，浪費時間，そして遠くに旅行できない」ということに繋がる。一方で，「食や都市の接頭語に使われる場合（例，Cittáslow），その意味はより積極的なものになる」（p.481）という。旅や観光でも，これまで負の意味で捉えられていたスローを見直す動きが出てきたのである。

　Dickinson（2015）や Conway and Timms（2012）では，まずスロー・トラベルとスロー・ツーリズムの違いが指摘される。これまでスロー・トラベルやスロー・ツーリズム＝ slow tourism に対して様々な解釈が示されており，またスロー・トラベルとスロー・ツーリズムが互換的に用いられることもあったという。しかし，Dickinson（2015）は，両者を明確に区別し，以前から「スロー・トラベル」という表現を意識的に用いてきたという。彼女は，スロー・ツーリズムは「観光地〔の体験〕のレベルに焦点を絞る傾向」がある一方，学術用語としてスロー・トラベルは「より包括的な視角」，すなわち観光地への移動（往路），観光地での体験，そして観光地からの移動（復路）という全体に目を向けると主張する（p.482）。一方，Conway and Timms（2012）は，スロー・トラベルと対比させ，スロー・ツーリズムでは「観光客が，地域住民との触れ合いの中での学習，心からの社会的繋がりをより明確に期待するものであり，そこには地域の豊かな文化という高質なサービスに精通しており，その体験を観光客に提供できる地域ステークホルダーの関与と参加が包摂される」（p.74）と説明する。

　Dickinson（2015）によれば，スロー・トラベルの厳密な起源は明らかではなく，様々な背景や時間の流れの中で，この概念が生み出されてきたという。そ

のうえで，Dickinson, Lumsdon and Robbins (2011) は，「現代の移動技術が到来する以前の初期の観光の形態は，文字通りスローであった。巡礼路，グランドツアー (Grand Tour)[14]，同じくロマンチック，文化的あるいは宗教的な旅は，我々がいま言及しているスロー・トラベルの先行形態であった」という。そして，「近時，スロー・トラベルは，スロー・フード運動と関連づけられるようになった。この運動は，記者 Carlo Petrini によって食のマクドナルド化への反動として提唱されたものであり，1980 年代後半にイタリアで盛り上がりを見せた。cittáslow（スロー都市）運動を通じて観光地レベル全体を包摂するアプローチにもなった」(p.2)[15] のである。さらに，Dickinson (2015) は，スロー・トラベルには「現代の西欧社会で行われる全ての事柄のスピードに抗議するという哲学に根差した」ものであり，「物事を正しいスピードで行う，時間に対する態度を変容する，また時間の使い方を変容する」(p.482) という要素が含まれていると指摘する。アメリカの大学に所属する研究者 Conway and Timms (2012) は，「スロー・トラベルとは，観光地に地理的に近接する場所で人々の豊かな暮らしが営まれており，またゆっくりとした旅の移動手段となる交通インフラが発達するヨーロッパ，イギリス，日本そしてニュージーランドの様々な場所で提供される多様な代替的観光の形態」(p.72) であるとし，余暇の時間が限られ，国土が広く，スロー・トラベルに適した移動手段が未発達のアメリカでは余り試みられていない観光の形態であるとも述べる。

　Dickinson (2015) によれば，最も単純にスロー・トラベルを理解する場合，それは「より速いことは，より良いことだ」という見方に疑問を持ち，「より遅い移動手段（例えば，飛行機や車での旅を避ける）」(p.482) をあえて選ぶということである。Conway and Timms (2012) によれば，「バス，電車，自転車あ

---

14) グランドツアーとは，17–18 世紀のイギリスの裕福な貴族の子弟が，学業終了時に行った大規模な国外旅行である。Wikipedia「グランドツアー」(https://ja.wikipedia.org/wiki/ グランドツアー) を参照。

15) ここでは，ResearchGate でフリーアクセスできる同論文の PDF 版を参照した (https://www.researchgate.net/publication/233145432)。よって引用頁数は PDF 上の頁数である。

るいは徒歩の旅」（p.72）として特徴づけられる。さらに Dickinson（2015）は，スロー・トラベルは，時間への考え方や使い方に疑問を呈することに加え，「量よりも質に価値を見い出す」（p.482）と言う。Conway and Timms（2012）いわく，遅い移動手段を使うために移動距離が制限され世界の豊かな観光地を訪問できなくなることから，「居住地近くの観光地への訪問」が中心となり，スロー・トラベラーたちは，ローカルな環境，すなわち「近接した地域にある景観の豊かさ，充足感，多様性，多くの喜びや価値のある経験」そして「地域の料理，地産の食や飲み物」（p.72）を楽しむのである。

　スロー・トラベルは，持続可能な観光の一形態として可能性を有する。とはいえ，スロー・トラベルの代表的研究者 Dickinson（2015）は，持続可能な観光とスロー・トラベルの関係について慎重に判断すべきだと言う。持続可能性は最も濫用される概念の１つであり，「持続可能な観光という名のもとで提供されている多くのものは，持続可能性からほど遠い」と批判する。彼女は，そのような慎重な姿勢を示しつつも，最も楽観的なシナリオとして「〔近場の〕地域の観光市場〔からの誘客〕に加え，観光地までの移動や観光地内の体験の中で低炭素型移動手段の利用に注力する観光地では，移動そして CO_2 の排出が削減されることで〔観光産業の〕資源集中型産業という特性が緩和」（p.486）されるとした。Dickinson, Lumsdon and Robbins（2011）は，飛行機ではなく，徒歩，自転車，バス，長距離バス，電車などの低炭素型移動手段の選択が重要になると指摘する。水上移動手段については，低炭素型の移動手段なのかどうかが未だ十分に解明されていないという。ちなみに，国土交通省による 2019 年の輸送手段ごとの CO_2 排出量の調査をまとめたのが，表５－２である。１トンの貨物を１km 運ぶ際の排出量が示されているが，自家用貨物車 1166g に対して鉄道 18g，船舶 41g となっている。

　良くない実情も確認できるという。Dickinson（2015）は，「スロー・トラベルが，観光客の観光地までの移動手段には目を瞑り，多くの場合，観光客に長いフライトを売り込んでおり，観光の最も重要な環境問題の幾つかを捉え損なっている」（p.486）と批判する。すなわち「スロー・トラベルは，観光地内だけでの持続可能性を意味し，それを越えた部分に目を向けていないかもしれな

240

表5-2	輸送量あたりの CO_2 の排出量（2019年）

自家用貨物車	1166g
営業用貨物車	225g
船舶	41g
鉄道	18g

（出所）国土交通省 HP「モーダルシフトとは」
（https://www.mlit.go.jp/seisakutokatsu/freight/
modalshift.html）より転載。

い」（pp.486-487）という。こうした点からも，Dickinson（2015）や Dickinson, Lumsdon and Robbins（2011）は，観光地までの往路と経験，観光地内の移動と経験，そして観光地からの復路と経験という包括的視点でスロー・トラベルを捉える必要性を強調した。そのうえで Dickinson（2015）は，「観光に持続可能性という装飾を施すための1つの好機としてスロー・トラベルが理解されてしまっている。スロー・トラベルは相対的に新しい概念であり，様々な解釈がなされている状況で，それが最終的に持続可能な実践になるのかを語るのは時期尚早である」（p.487）と慎重な見方を示している。

　一方，Conway and Timms（2012）は，スロー・ツーリズムが有する持続可能な観光としての可能性を積極的に評価する。Conway and Timms は，（スロー・トラベルではなく）スロー・ツーリズムの特徴を解説する中で，移動の部分で低炭素化に貢献するだけでなく，以下のような社会・経済的な貢献も果たせると主張する。地域固有の自然環境，文化，食をゆっくり楽しむというスロー・ツーリズムの製品特性が，社会的権限や意思決定権限のバランスを地域ステークホルダー側に移行させる。その結果，地域ステークホルダーによる統制範囲が拡大し，地域主導で自然環境の利用を管理・制限できるようになるかもしれない。加えて，スロー・ツーリズムは，ホストの地域とゲストの観光客の相互作用を通じて地域文化の理解を深化させることができ，もって地域の独自性の構築に繋がるかもしれない。そのうえで Conway and Timms（2012）は，「質を重視するスロー・ツーリズムのソフトな経済成長（soft economic growth）は，マス・ツーリズムによる環境への負の外部性を相殺する。より少数の観光

客からより大きな支出を引き出すことで，マス・ツーリズムの大量の観光客が
求める資源の大量消費および無駄な生産を極小化しつつ，地域経済を発展させ
られるかもしれない」（p.73）と，スロー・ツーリズムの持続可能な観光として
の潜在力を強調する。

3.2. 都市グリーンツーリズム――カナダ・トロントの事例

　次に，都市グリーンツーリズム＝ urban green tourism を扱った論文を取り
上げる。先に見たスロー・ツーリズムは，どちらかと言えば，地方や自然環
境に富む周辺部の観光地に関連づけられていたと考えられるが，ここではそ
の対比として都市部における持続的な観光への取組に目を向ける。ここでは，
やや古い事例にはなるが，カナダの大都市トロントでのグリーンツーリズム
の取組を分析した R. Dodds and M. Joppe（2001）の Promoting urban green
tourism; The development of the *other* map of Toronto（「都市グリーンツー
リズムの推進――*other* map of Toronto の展開」）ならびに A. Gibson, R. Dodds,
M. Joppe and B. Jamieson（2003）の Ecotourism in the city? Toronto's Green
Tourism Association（「都市におけるエコツーリズム？――トロントグリーンツーリ
ズム協会」）という論文を取り上げる[16]。インターネット上で調べた限り，2020
年現在，トロントの観光振興策として都市グリーンツーリズムは大きく取り上
げられていない（ただし，Green Map Toronto という地図の存在は確認できる）。し
かし，大都市における持続可能な観光の可能性を探る好例として紹介したい。
　まず Dodds and Joppe（2001）は，urban tourism ＝都市観光の展開を以下
のように解説する。先進国の観光は歴史的に都市部で始まり，これまでずっと
巨大な首都は主要な観光地と位置づけられてきた（日本における東京や大阪も然

16）自然環境に恵まれたカナダでは，もちろん自然環境が観光の主要資源であるが，例
　　えば都市の歴史ある建物を保存・利用した都市観光にも力を入れている。例えば，
　　ブリティッシュコロンビア州の大都市バンクーバーの中心部にあるグランビルアイ
　　ランドという観光名所では，かつては製材所や鉄工所が立ち並んでいた島を再開発
　　した観光振興が進められていた。

りである）。Dodds and Joppe は，「1960 年半ば以降の数十年間，都市観光は急激な伸びを示してきたが，とりわけここ 10 〜 15 年で，大都市部の活気ある産業分野の 1 つとして観光が認識されるようになった」(pp.261-262)（論文発刊が 2001 年であり，1986 年ないし 1991 年頃からとなろう）と指摘する。大都市観光が注目される背景として，次の 2 つがあった。1 つは，都市部での脱工業化が進み，それに代わる雇用を生み出す産業として観光が注目された。もう 1 つは，都市部の過去の工業エリアとそこに残された歴史的建物を利用する必要性が生じた。すなわち，大都市部における工業の衰退と，それに代替する産業として観光が注目されたのである。

　大都市ツーリズムの発展戦略には 3 つの推進力があるという。1 つは大規模施設やインフラストラクチャー，すなわちコンベンションセンター，ウォーターフロント，水族館，市場などを活用することである。2 つはイベント，とりわけスポーツや芸術のイベントを開催することである。3 つはイメージ・マーケティングであり，エンターテインメントやショーなど都市の刺激的なイメージを売り込むことである。そして，Dodds and Joppe (2001) によれば，大都市観光の「全体目標の多くは，経済的なもの，すなわち雇用と収入の創出であった…（中略）…〔そのため〕住民の生活の質の向上ではなく，やはり訪問客数や宿泊日数の拡大こそが至上命令」(p.262) となっていた。

　しかし，「消費する存在」としての観光客と，それを受け入れる「大量の廃棄とエネルギー消費」を生み出す観光業者の拡大によって，環境，文化，社会への負の影響が増してきた。さらに，利便性という消費トレンドが，使い捨て商品の消費，そして短時間でせわしなく主要観光地だけを一瞥する「表面的旅行」(surface travelling) を生み出してきた。都市での経験がせわしなく消費される中で，地域固有の文化・歴史そして自然環境を意識した地域特有の製品やサービスが忘れ去られていったのである。

　そうした都市観光の変遷や動向に対して，Dodds and Joppe (2001) は，都市グリーンツーリズムという代替的観光の可能性を指摘した。都市グリーンツーリズムを説明する前に，その考え方の基礎となっているエコツーリズム = ecotourism の定義に触れておく。Edgell (2016) によれば，エコツーリズム

という用語は，1983年にメキシコ人建築家 Héctor Ceballos-Lascuráin によっ
て正式に用いられた。Edgell および Dodds and Joppe によれば，現在もっと
も広く知られているエコツーリズムの定義は，The International Ecotourism
Society による「環境を保全し，地域の人々の福祉を支援し，理解と教育を伴
う，責任ある自然エリアへの旅」[17] という説明である。そして，それが実現さ
れれば，環境を破壊することなく観光客の消費を増やし，観光客は実りある本
物の体験ができるようになると考えられていた。

　これまで，このエコツーリズムはエキゾチックかつ未開の辺境地に深く結び
つけられてきたが，Dodds and Joppe (2001) は，その対象に「公園，緑地，文化，
遺産などが含まれるため，都市環境にも容易に応用できる概念である」(p.262)
とした。また，Gibson, Dodds, Joppe and Jamieson (2003) は，エコツーリズ
ムを都市部で展開する利点についても言及する。すなわち，田舎や自然を対象
とした通常のエコツーリズムではインフラストラクチャーの未整備や自然環境
への悪影響が問題となるが，「都市にはエコツーリズムの成長に資する多くの
既存インフラストラクチャーがある。加えて，都市は，多様な自然資源と大き
な人口基盤を有し，その他の地域や観光地への主要な玄関口となり，さらに何
百万人もの観光客のみならず都市の住民にも〔エコツーリズムに関する〕教育の
機会を与える」(p.325) ことができるという。

　Dodds and Joppe (2001) によれば，都市グリーンツーリズムは「トロント
でのエコツーリズムの可能性や市場性を模索するために集った個人やグルー
プによって初めて提唱され精緻化」(p.263) された。また，実行部隊のトロン
トのグリーンツーリズム協会 (Green Tourism Association) は，「1996年から都
市部に対して，グリーンツーリズムや持続可能な観光の原理を適用」(Gibson,
Dodds, Joppe and Jamieson, 2003, p.324) した先駆的な〔非営利〕組織であった。そ
こでは，都市グリーンツーリズムが，「都市内とその周辺での旅行や探訪を促
進することで，資源や文化面の支援に繋がるだけでなく，都市の資源や文化の

---

17) The International Ecotourism Society (https://ecotourism.org/what-is-
　　ecotourism/) の 2015年の定義を参照。

多様性を尊重する見方を助長する」(Dodds and Joppe, 2001, p.263) と考えられた。

そして，都市グリーンツーリズムの特性が，以下の4つの構成要素に分解された。

- ・環境への責任　生命を維持するためのエコシステムの長期的な健全性に資する自然的・物理的環境の保護，保全および強化する
- ・地域経済への活力　地域の経済，企業，共同体の経済的な活力と持続可能性を確保する
- ・文化の多様性　文化および文化の多様性に敬意を表し正しく評価することで，観光地あるいは受入地域の健全な文化を持続させる
- ・経験の豊かさ　自然，人，場所および／あるいは文化への積極的かつ意義ある個々人の参加と関与を通じて，自らの経験を充実させ豊かなものにする

すなわち，先に見た持続可能な観光の基本的な考え方として強調されていたことでもあるが，観光を通じた都市の経済発展と，都市の自然環境や文化の保全そして住民福祉の向上とを両立ないし調和させることが目指された。

次に，トロントの都市グリーンツーリズムの実践に目を向けたい。トロントは，カナダの最大都市であるが自然や文化にも富んでいる。Dodds and Joppe (2001) によれば，2001年時点の情報として，トロントとその周辺には，20000エーカーの緑地エリアがあり，都市中心から半径50マイルの中に374種以上の野鳥の生息が確認されている。Tommy Thompson Park と Toronto Islands が特に有名な緑地帯であり，渡り鳥の生息地にもなっている。46 kmにわたるウォーターフロント，300万本を超える木木，そして川を称賛する文化的遺産も数多くあり，豊かな自然と文化を誇る北米有数の大都市である。

1999年に，グリーンツーリズム協会 (Green Tourism Association) が *Other Map of Toronto* という地図を立ち上げた。同地図は，国際グリーンマップシステム (International Green Map System™) の規格に依拠した22番目の地図であった。グリーンマップの目的は，「社会，自然そして〔人間によって〕作り出

された環境の相互依存関係を明らかにし，都市の住民たちが，より環境に負荷の少ない生活様式を選択したり，都市の生態系と上手に関わる方法を発見したりすることを手助けする」(*Ibid.*, p.264) ことにあった。すなわち，グリーンマップというのは，都市の住民たちが環境や生態系を意識した生活を送れるようにするための地図であった。

　このグリーンマップの考え方を観光振興に応用したのが，*Other* Map of Toronto の特徴の1つであった。そこでは，文化・歴史資源，共同体資源および良い事業を積極的に取り上げ，逆に環境汚染物質や毒性物質を排出するいわゆるホット・スポット (hot spot) と呼ばれる危険な企業や地域を排除することが目的とされた。地図では，環境に良い活動＝ green activities を推進する企業，緑地帯，エコツアー，ギャラリー，遺産，有機・自然食を扱うお店，そして持続可能性の高い移動手段などがカラフルに色分けして取り上げられる。通常の地図では観光客が興味を持ちそうな場所や名所が示されるが，そこに環境に良い活動や場所に関する情報が付加される。何を地図に載せるかは，先に示した4つの都市グリーンツーリズムの構成要件，すなわち環境への責任，地域経済の活力，文化の多様性，経験の豊かさに合致しているかで判断される。また同地図には，それぞれのエリアの写真に加え，それぞれの場所や名所がいかに環境保全に貢献しているかという説明（green perspective と呼ばれる），さらに環境に優しい観光客（すなわち green tourist）になるためのコツも記された。地図は，再生紙と植物油インクを用いて作成された。

　Dodds and Joppe (2001) によれば，それ以前は，都市を訪れる観光客に，エコツーリズムや持続可能な観光を売り込み，そして教育するという試みは少なかった。大都市は，大量の観光客を誘客でき，また他の観光地への玄関口にもなることから，それら大都市で，*Other* Map of Toronto のようなグリーンマップの配布を通じて，グリーンツーリズムという自然環境や文化の保全を目指す観光を売り込むことの意義は大きいという。大都市を訪れる多くの観光客の意識の中にグリーンツーリズムの重要性を植え付けられれば，他の観光地や地域にも良い影響が波及していくことが期待できるからである。

3.3. ジオツーリズム

　R. Dowling（2015）の Geotourism's contribution to sustainable tourism（「持続可能な観光へのジオツーリズムの貢献」），あるいは J. E. Gordon（2012）の Rediscovering a sense of wonder; Geoheritage, geotourism and cultural landscape experiences（「驚きの再発見——ジオヘリテージ，ジオツーリズムそして文化的景観の体験」）や Gordon（2018）の Geoheritage, geotourism and the cultural landscape; Enhancing the visitor experience and promoting geoconservation（「ジオヘリテージ，ジオツーリズムそして文化的景観——訪問者の体験を拡大すると共に地理保全を促進する」），T. A. Hose（2016）の Introduction; Geoheritage and geotourism（「イントロダクション——ジオヘリテージとジオツーリズム」）などを基に，持続可能な観光の一形態としても注目されるジオツーリズム＝geotourism について概観する。

　Dowling（2015）は，「ジオツーリズムは，持続可能な観光の推進を目指すグローバルな新しい現象として出現しつつある」（p.207）と述べる。Gordon（2018）は，自然の景観や地質の美しさに驚きを感じることは昔から観光目的の１つであったが，「ジオツーリズム〔という観光の形態〕が出現したのは 1990 年代であった」（p.1）と指摘する。さらに，Hose（2016）は，「欧州の研究者や実践家の多大なる貢献によって，ジオツーリズムは，1990 年代に研究，出版そして実践における１つの領域として出現してきた」（Amazon Kindle 電子書籍版の位置 No.459）とし，とりわけジオツーリズムに対する欧州の研究者や実践家の貢献を強調する。

　1990 年代に新たな観光形態として出現したジオツーリズムとは何か。Dowling（2015）によれば，ジオツーリズムとは「地質学的な意味を有する場所（すなわち geosites＝ジオサイト）への観光，地質の多様性の保全，そして学びと評価を通じて地球科学（earth science）への理解を促す」ための旅であり，それらは「地質訪問，ジオ・トレイル（geo-trails），地質展望所（viewpoints），ガイドツアー（guided tours），ジオ・アクティビティー（geo-activities）の利用，さらにジオサイト・ビジターセンター（geosite visitor centres）による支援を通じて達成される」（p.208）ものである。また，Chen *et al.*（2015）は，tourism earth science ＝地球科学観光，tourism geology ＝地質観光，tourism geography ＝地

理観光の 3 つを区別したうえで，「地球科学観光は地球科学と観光科学の融合から生み出された学際領域となり，主に，地質観光と地理観光という 2 つの領域を包含する」(p.2) ものであり，地球科学観光という全体的視点からジオツーリズムを理解する必要があるとした。さらに Dowling (2015) によれば，ジオツーリスト (geotourists) たちは「個人旅行者およびグループ旅行者によって構成され，彼らは地質学的に魅力がある場所であれば，自然エリアあるいは都市／人工エリアでも訪問する」と理解される。そのうえで，グループ旅行も含まれることから，「啓発的マス・ツーリズム (enlightened mass tourism) の一形態として受け入れられる可能性がある」(p.208) とも指摘される。すなわち，ジオツーリズムには，グループツアー，さらに地質学的な特徴を有する都市や人工エリアへの旅も広く包含される。他方で，比較的未開な自然エリアで行われるその他の自然エリア観光 (natural area tourism) と，ジオツーリズムとを区別した方が良いとも指摘される。あくまでも地質学的な意味を有する場所への訪問とそこでの地質への学びこそがジオツーリズムの本質をなし，単に自然エリアを訪問することでもないし，訪問先は自然エリアだけに限らない。例えば，先に見た都市グリーンツーリズムの中の，特に都市や都市周辺部の地質学的な魅力や多様性を有する場所を訪問し学習する旅は，ジオツーリズムの一形態（あえて言うなら，アーバン・ジオツーリズム）と捉えることができる。

　次に，ジオツーリズムと持続可能性との関係に目を向ける。Dowling (2015) は，「ジオツーリズムは，地質の保全を促進し，地質の遺産 (geoheritage) を理解し，地質の多様性 (geodiversity) を評価する 1 つの乗り物になる」と述べた。地質を形態，過程，時間という視点から分析することで，地質のシステム，過程そして地球の歴史の複雑性への理解を生み出す。それら「地質への学びこそが，持続可能なジオツーリズムを理解する際の 1 つの価値のあるツールになり得る」(p.207) という。Gordon (2012) は，「もし人々が，より意味のある，より記憶に残る経験を通して，地質的な遺産へのより深い気づきと繋がりを持つようになれば，地質遺産により大きな価値を見い出し，それを持続的に管理することに協力するようになるだろう。地球温暖化を原因とした大きな環境変化に対峙している時だから，この取組は重要になる」(p.74) と指摘する。さらに

Gordon (2018) は，別の論文で「地質の保全を促す気づき，学習，解釈を生み出せる地質学的な特徴を有する地域での観光展開と，それら地質遺産を基盤とする地域社会の持続的な経済価値の創出とを組み合わせる」(p.2) ことが重要であると主張する。つまり，ジオツーリズムは，地質の多様性や歴史への深い学びや気づきを通じて，それら地質が有する価値を知り，その価値を保全しようとする人々（観光客やその他の地域ステークホルダー）の動機や意識を生み出せる。また，独自の魅力や価値を有するジオツーリズムを通じて個人観光客やグループ観光客を継続的に誘客できれば，地域社会に経済的価値がもたらされる。経済的価値が実感できるようになれば，地質の独自性や多様性を保全する意識が高まるという好循環が生み出される。

　ジオツーリズムという観光の内容にも簡単に触れておきたい。Dowling (2015) は，「『ABC』アプローチ」('ABC' approach) (p.210) という方法で，地域や領域の地質上の形態を把握することが重要であると主張する。ここでは，このABCアプローチに依拠したジオツーリズムの基本的な考え方を概観しておきたい。図5‐5のように，形態（form）とアプローチ（approach）の両面から，ジオツーリズムが実施される地域や領域の特性を把握する。まず，図の（向かって）左側にある形態に対して，ABCという接近法がとられる。Aはabiotic＝非生物的要素であり，過去と現存の地質，地形，気候の特徴を指す。Bはbiotic＝生物的要素であり，過去と現存の植物相（flora）と動物相（fauna）からなる。Cはculture＝文化であり，過去と現存の文化や人間という要素からなる。ジオツーリズムでは，それらABCの関係が，まず非生物的要素である地質，地形，気候がその領域に植生ないし生息する植物や動物を決定し，それら地質・気候と植物・動物が人間生活が営まれる文化的景観を決定すると捉えられる。

　さらに，図の（向かって）右側のアプローチは，まさに持続性へと結びつく部分であり，上述の形態をより深く理解するための方法になる。言い換えれば，ジオツーリズムの本質をなす，気づきや学びを得るため接近法とも言える。まず，その地域や領域のform＝形態や地形的特徴を理解することに始まり，次いでprocess＝過程として「どのように，その形態が生じてきたのか」，さらに

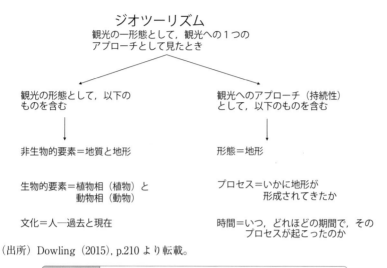

（出所）Dowling（2015），p.210 より転載。

図５－５　観光の形態ないし接近法としてのジオツーリズム

time= 時間として「いつ，どれくらいの期間で，このような過程が生じたのか」を知る必要がある。Dowling（2015）によれば，このようにジオツーリズムを構成する各要素に対して包括的かつ体系的な方法で接近することで，「住民あるいは観光客は，自分たちが生活ないし訪問している環境とのより深い結びつき」（p.210）を理解できるようになる。

　Dowling（2015）が世界各地で展開されるジオツーリズムの事例を取り上げているので，その中から特に欧州の事例を簡単に紹介する。１つはイギリスのAbberley and Malvern Hills Geopark である[18]。そこでは 136 頁のウォークトレイル冊子（walk trail booklet）を作成し，ジオパークとしての価値を高めている。A5 サイズのフルカラーのガイドの中には，17 日分の歩行ルートが詳細に示されており，ルート沿いの地質や景観の解説が記されている。それに加えて，観光客向けの公共施設，観光名所，宿泊施設および観光サービスの説明も含まれている。

---

18) 例えば，http://geopark.org.uk/pub/ というサイトも参照されたい。

　もう１つはポルトガルのアゾレス諸島（Azores archipelago）である。北アメリカプレート，ユーラシアプレート，アフリカプレートという３つのプレートがぶつかる場所に位置しており，プレート運動と火山によって形成された独特かつ美しい地質上の特徴を有する。９つの島からなり，火山脈，噴火口，湖，噴気孔，温泉，洞窟などから成る地質上の多様性がある。火山を中心とする景観が多くの観光客を引きつけており，2013 年にはグローバル・ジオパークに認定された。地質を売りとした観光は，1939 年に開設された火山洞窟という観光名所の開設を皮切りに長い歴史があるが，1980 年代には火山洞窟探検ミュージアム，遊歩道，温泉が整備された。近時に至り，ジオツーリズム関連の製品やサービスを扱う地域企業を創出するために，より組織的かつ体系的な方法でジオツーリズムを展開するという動きがとられた。その結果，ジオツーリズム関連の専門企業が，ジオツアー，火山洞窟探検，ロッククライミング，マウンテンクライミング，ダイビング，シュノーケリング，カヌー，温泉（thermal bathing），ガイド付きウォークツアーを提供するようになった。ジオツーリズムこそがアゾレス諸島の観光発展の中心であり，2007 年には *National Geographic Traveler* 誌によって，世界の主要な火山観光地であり持続可能な島嶼地域として世界第２位に選ばれた。また，2011 〜 13 年の３年間で，持続可能な観光開発として幾つかの賞を受賞した（詳細については，Azores Toward Sustainability という配信映像も参照されたい。https://sustainable.azores.gov.pt/en/）。

　Dowling（2015）が持続可能な観光としてのジオツーリズムを支える５つの鍵要素を整理しているので，それらを確認して締め括る。まず①地球の地質上の成り立ちを示す地質学的な特徴を有する必要がある。また②持続性，すなわち経済的に存続可能であり，地域社会が地質保全の強化に協力する必要がある。③教育的要素，すなわち地質の構成要素や成り立ちへの深い理解を生み出す必要がある。そのうえで④地域社会や地域住民にも利益をもたらし，⑤観光客の満足を生み出す必要があるという。これら５つは，持続可能なジオツーリズムの構成要件であり，また持続可能なジオツーリズムであることを確認する基準にもなると考えられる。

4 ── COVID−19 をめぐる観光学の研究動向

　COVID−19 ＝新型コロナウイルス感染症（以下，各論文の表記や前後の文脈に応じて，COVID−19 もしくは新型コロナウイルスのどちらかで表記する）が，観光産業の持続性ないし観光関連企業の生存可能性への脅威となっている。

　ここでは，COVID−19 が観光に与える影響を扱った論文を取り上げる。観光学分野のトップ・ジャーナル *Tourism Management* 誌や *Annals of Tourism Research* 誌などにも，新型コロナウイルスと観光をテーマにする論文が掲載され始めている（それら論文を筆者が収集・読解を始めた 2020 年 7 月頃の状況）。他方，トップ・ジャーナルに掲載された研究ではあるが，研究ノートやショートレターという形式が多く，未だ深い分析や考察が行われているとは言えないかもしれない。しかし世界の研究者たちが，現時点で，COVID−19 に関して，どのような視点で，どのような研究を行い，どのような提案を行っているかを確認することは重要であろう。

　以下では，COVID−19 に関する観光学研究の方向性を論じた論文，観光客心理への影響を分析した論文，そして観光関連産業への影響を論じた論文を順に紹介していきたい。

4. 1. Zenker and Kock（2020）の提言

　S. Zenker and F. Kock は，*Tourism Management* 誌にThe coronavirus pandemic; A critical discussion of a tourism research agenda（「コロナウイルスの世界的流行──観光学研究課題への批判的検討」）という論文を発表した。Zenker and Kock（2020）は，「〔世界の研究者たちは〕COVID−19 に関するリサーチギャップを発見しようとする初期段階にあったり，既に事例研究を行ったり」しているが，「漸進的なリサーチギャップ発見型の研究および単純かつ単一の記述式の事例研究を繰り返すことの〔学術研究としての〕有用性は限定的であり，もって本研究ノートの目的は，研究者たちに，より熟考し，より厳密な研究を行うよう呼び掛けることにある」（Zenker and Kock, 2020, p.1）と，現状の研究

に批判的見解を示す。

　また，COVID‐19に起因する現象は確かに特異であるが，全てが新規の出来事ではないともいう。これまでも危機や災害に関する研究は多く行われており，「現存の理論でもって，いま観察される現象をよく説明できる」(*Ibid.*, p.1) こともあるという。例えば，過去にSARS，鳥インフルエンザ，エボラ出血熱などの感染症による観光への影響を分析した研究があり，COVID‐19に起因する経済的危機についても2008年のリーマンショックの観光への影響を分析した研究がある。COVID‐19の政治的側面についてもアラブの春が観光に与えた影響を分析した研究と類似性がある。また，危機に直面した際の消費者の心理や行動に関する既存研究も，COVID‐19パンデミック下での人々の心理や行動の理解に役立つという。

　まず，Zenker and Kock (2020) は，「危機」(crisis) と「災害」(disaster) とを分けて理解する必要があると述べる。危機は，システム全体に物理的な影響を与え，さらにシステムそれ自体の存在基盤への人々の主観的知覚を揺るがすような混乱と捉えられる。一方，災害は，企業が立ち向かわなければならない，統制が難しい，突発する予期できない壊滅的な変化によって生み出される状況を意味する。また，組織が行動を誤ることによって引き起こされるのが危機であり，組織が統制できない外的な出来事によって引き起こされるのが災害であるとも説明される。さらに災害は，地震，洪水，伝染病などの「自然災害」(natural disasters) と，戦争，テロ，政治・経済危機などの「社会・政治的／人的な災害」(socio-political/human-made disasters) とに分けられる。こうした分類に基づけば，新型コロナウイルスのパンデミックそれ自体は，外的状況によって引き起こされた「自然災害」である。しかし，パンデミックの統制や経済対策に焦点を当てる研究では，「社会・政治的／人的な災害」と捉えられる。さらに，パンデミックに対する組織の対応に焦点を当てると，それは「危機」とも理解される。危機と災害とを峻別したうえで，どのような視点で研究するのかを明確にする必要があるという。

　Zenker and Kock (2020) は，先述のように新型コロナウイルスによって生み出される状況の全てが新しい問題や課題とは言えないが，やはり現存の理論

では説明できないであろう，そして「現存知識のパラダイムシフトが引き起こ
されるような領域」(p.2) があり，もってそれらの領域では研究の更なる深化
が求められるとした。中でも危機に焦点を合わせる研究が，これから取り組む
べき6つの研究課題が示される。

　第1の課題は，「複雑性のレベル」(level of complexity) である。新型コロナ
ウイルスの大流行は，自然災害，社会・政治的危機，経済的危機そして観光需
要の危機が組み合わさった現象である。他方，既存研究では，複数の危機や災
害がどのように相互作用するかという視点を欠いていたという。そのため，そ
れぞれを独立で分析するのではなく，複合的かつ相互連関的に分析することが
求められる。例えば，今後の観光学研究は，システム理論やカオス理論を援用
することで，新型コロナウイルスの状況を包括的に分析する必要があるという
(*Ibid.*, p.2)。

　第2の課題は，「観光地イメージの変容」(change in destination image) であ
る。新型コロナウイルスによって影響を受ける要因の1つが観光地イメージで
ある。観光地イメージは，時間の経過とともに変容していくものであるが，新
型コロナウイルスの大流行によって幾つかの観光地のイメージが大きく様変わ
りする可能性がある。とりわけオーストリア，イタリア，スペイン，ニューヨー
ク，中国の幾つかの地域については，その高い感染率によってダメージを受け，
観光客が抱くイメージが変容したかもしれない。こうしたイメージ変容が，観
光客の将来の目的地選択にどのような影響を及ぼすか，例えばリスクに敏感な
観光客層が訪問を控えようとするのか，あるいは経済復興に貢献しようとする
慈善的な観光客層によって観光需要が増加するのか，などが重要な論点になり
得るという (*Ibid.*, p.2)。

　第3の課題は，「観光客行動の変容」(change in tourist behaviour) である。新
型コロナウイルスが，観光客の考え方や行動に深い爪痕を残す可能性がある。
これに関しては，単なる記述的な事例研究や観光客の減少を説明する技術的分
析ではなく，より理論的に洗練された研究が求められる。すなわち，心理学研
究では，病原体の脅威に対する人間の心理に関して体系的な根拠が既に示され
ており，こうした他分野の知見を取り入れることが新型コロナウイルス拡大時

の観光客の心理や行動への理解を助ける。例えば，病原体の脅威に晒された際
に，集団主義志向が目的地選択にどのような影響を及ぼすのか，密集を避けた
いという心理が観光客の行動や目的地の選択にどのような影響を及ぼすのか，
未知のものを避ける（例えば外国人嫌悪＝xenophobia）という心理が目的地の選
択にどのような影響を与えるのか，という論点が重要になる（*Ibid.*, pp.2-3）。な
お，こうした観点から行われた研究として Kock *et al.*（2020）があり，次項で
その内容を詳しく紹介する。

　第4の課題は，「住民行動の変容」（change in resident behaviour）である。観
光地の発展に向けては，地域住民による支持が欠かせないが，新型コロナウイ
ルスのリスクによって地域住民の考え方と行動が変容する可能性がある。とり
わけ，外国人嫌悪＝xenophobia が，住民や観光客の行動をどのように変容さ
せるか，という論点が重要になるという（*Ibid.*, p.3）。

　第5の課題は，「観光産業の変容」（change in the tourism industry）である。
新型コロナウイルスによって，観光事業者にも適応と変容が求められる。危機
からの再生に向けて，「革新能力」（innovative capabilities）や「〔医療や救急など〕
外部システムとの強力な連携」（strong collaboration with external systems）が必
要になる。しかしながら，観光産業を支える主体でもある小規模事業者は，こ
うした革新や連携に対応する能力が不足することがある。また，より微視的視
点に立てば，ソーシャル・ディスタンスを確保しながら，いかにうまく事業を
運営していくのかという課題もある。すなわち，こうした小規模事業者たちが，
外部連携ならびにソーシャル・ディスタンスなどの社会的防御にどのように適
応し事業変容していくのか，という視点での研究が求められる（*Ibid.*, p.3）。

　第6の課題は，「長期そして間接的な影響」（long-term and indirect effects）で
ある。危機に関する研究の多くは，短期的な影響に焦点を合わせている。しか
し，新型コロナウイルスに関しては，長期的および間接的な影響を含む包括的
な分析視角が求められる。その一例として挙げられているのが，観光産業の持
続可能性への影響である。現時点で，悪い影響と良い影響の2つのシナリオが
考えられるという。新型コロナウイルスの感染拡大によって，政府および企業
は，助成金や規制緩和という手段を用いて何とか経済システムを維持しようと

奔走するだろう。景気後退の中，観光客も，持続可能性を重視するホテルや観光地の選択よりも，むしろ値段の安さを優先するかもしれない。持続可能性への投資は，事業を存続させるための投資に振り向けられるかもしれない。その結果として，観光産業での持続可能性への取組が後退する可能性がある（*Ibid.*, p.3）。

　かたや，持続可能な観光に関する「真のパラダイムシフト」（*Ibid.*, p.3）が起こる可能性もある。新型コロナウイルスによって多くの既存の観光関連企業が閉鎖に追い込まれる一方，新たなビジネスモデルでの新規参入の機会が生み出されるかもしれない。持続可能性への投資と財務成果の間に正の相関があるという既存研究の結果もあり，新規の事業者たちは，持続可能な取組に積極的に投資すると共に，変化や革新を進んで受け入れる可能性がある。こうした観光産業の事業者の新陳代謝によって，観光産業の持続可能性が高まる可能性がある。

　以上は，いずれも重要な指摘であり，今後，観光学分野の研究者は，Zenker and Kock（2020）による批判や提言を強く意識しながら，新型コロナウイルスの影響に関する研究を進める必要があるだろう。

4．2．新型コロナウイルス下での感情や心理に着目する研究

　次に，前項にて Zenker and Kock（2020）が示した第 3 課題の観光客行動の変容に焦点を合わせた研究に目を向ける。ここでは，共に *Annals of Tourism Research* 誌に掲載された H. Hang, L. Aroean and Z. Chen の Building emotional attachment during COVID‐19（「COVID‐19 流行下での情緒的愛着の形成」）および F. Kock, A. Nørfelt, A. Josiassen, A. G. Assaf and M. G. Tsionas の Understanding the COVID‐19 tourist psyche; The evolutionary tourism paradigm（「COVID‐19 旅行客の精神（プシケ）――進化的観光パラダイム」）を取り上げる[19]。

19）2020 年に入り，幾つかの海外ジャーナルの論文の頁数の表記方法が変化したように思われる。すなわち，巻＝ Vol や号＝ No 毎に頁数を付けるのではなく，論文毎に頁数を付けるようになったのではないだろうか。ただし，そのように変更された背景や理由は分からない。

256 |

4.2.1. Hang *et al*. (2020) の研究

　Hang *et al*. (2020) は，危機が継続している期間に調査を行うことが肝要だとした。また，「一般的な危機管理の文献では，危機コミュニケーションにおいて利害関係者が抱く情緒」が分析されているが，「観光学のリスク知覚に関する既存文献では，情緒の部分に余り注意が払われていない」という。しかし，観光客の情緒は，彼らのリスク知覚に影響を与える可能性がある。そのうえで，Hang *et al*. は，「情緒共有型の危機コミュニケーション戦略（shared emotions crisis communication strategy）が，新型コロナウイルス収束後の訪問意向を高めることができる」(p.1) のではないかと提起した。また，情緒共有の効果が，「ブランドの人間化」(brand humanization) および「情緒的愛着」(emotional attachment) によって媒介される可能性があるという。すなわち，図5－6に示される関係が検証される。

　先行研究では，恐怖や心配の感覚が帰属欲求（desire for affiliation）の引き金になり，消費者とブランド（すなわちホテル・ブランドなど）が同じ経験を共有する場合に，ブランドへの愛着が増加することが示唆されている。情緒共有型の経験が，ブランドに対する消費者の情緒的愛着を生み出す必要条件になると

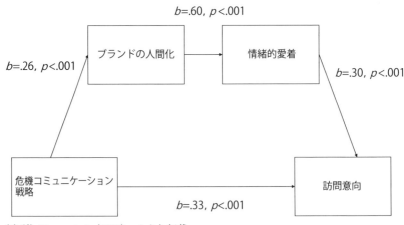

（出所）Hang *et al*. (2020), p.3 より転載。

図5－6　ブランド人間化および情緒的愛着のダブル媒介効果

も示唆されている。これらのことから，恐怖や心配という情緒を共有できる危
機コミュニケーションを展開することで，観光客との間に情緒的愛着を生み出
せる可能性があると考えられる。また情緒的愛着は，観光客によるブランドや
ホテルの「人間化」（humanization）の結果とも捉えられるという。すなわち，
ブランドやホテルの人間化は，情緒共有型コミュニケーションと情緒的愛着の
媒介変数と位置づけられる。なお，「情緒共有型コミュニケーション」および
「ホテルやブランドの人間化」という馴染みのない概念については，後ほど説
明する。

　分析データは，実験を通じて収集された。危機コミュニケーション戦略とし
て，コントロール（control），認知（cognitive），情緒共有（shared emotions）と
いう3つの状況が想定され，それら状況に合わせて3つの実験グループが作ら
れた。評価対象として，中間的な国際ホテルチェーン「XYZ」という仮想の
ホテルが想定された。「コントロール」のグループには，危機コミュニケーシ
ョン上のメッセージは何も伝えられなかった。「認知」という状況下のグルー
プには，現在多くのホテル（例えば「フォー・シーズンズ・ホテル」）が行ってい
る対応，すなわち健康上のリスクを低減するために衛生管理を行うという情報
が伝えられた。「情緒共有」という状況下のグループには，ホテルやブランド
の危機管理コミュニケーションとして，観光客や他の人々と同じように，ホテ
ルの従業員やその家族も感染を恐れており，そのために衛生管理を行うと伝え
られた。また，状況の悪化や影響の度合いが正確に把握できていないため，観
光客や他の人々と同じようにホテル側も心配していると伝えられた。この最後
のグループに対する情報提供こそが，「情緒共有型の危機コミュニケーション」
になる。また，「ホテルやブランドの人間化」とは，まさに観光客がホテルや
ブランドを人間のように捉えることであり，例えば「XYZ は人間のようだ」，
「私は，XYZ を人間として考えてきた」などの質問項目を設けて，11 ポイン
トの尺度で評価してもらった。そして，訪問意向については，1つの質問項目
を 11 ポイントの尺度で評価してもらったという（*Ibid.*, p.2）。

　分析の結果，情緒共有型の危機コミュニケーションは，コントロールや認知
よりも，より高い情緒的愛着に結びつくことが明らかになった。媒介変数とし

てのブランドの人間化は，危機コミュニケーションによる情緒的愛着への影響に対して有意な間接的効果を有することが確認された。また，情緒共有型の危機コミュニケーションは，コントロールや認知よりも，高い訪問意向に結びつくことが確認された。さらに，ブランドの人間化と情緒的愛着の２つを媒介変数として，危機コミュニケーションによる訪問意向への影響を分析したところ，それら２つの変数が訪問意向に対して有意な間接的効果を有することが確認された（*Ibid.*, pp.2-3）。

　以上の結果を踏まえ，Hang *et al.*（2020）は，次のような所見を示す。情緒共有型の危機コミュニケーションは，他の２つの方法よりも，ブランドと観光客との間に情緒的愛着を生み出せる可能性がある。なぜなら，情緒共有型コミュニケーションは，観光客の帰属欲求（同じ仲間でありたい）を満たし，またホテルへの人間化を生み出すからである。より分かり易く解説すると，観光客と同じように自社の従業員やその家族も感染リスクや先行きに不安や脅威を感じており，そのために衛生管理を行っているという情緒共有型のコミュニケーションが，観光客に自分たちと同じであるという感覚を抱かせ（すなわち帰属欲求の充足），さらにホテルやブランドに人間味を感じたり，また愛着を持てるようになる可能性が示唆されたのである。さらに，そうした情緒共有型コミュニケーションが，人間化や情緒的愛着に媒介され，流行収束後の訪問意向を高めていく可能性も示唆されたのである（*Ibid.*, p.3）。

　ホテルやブランドが自分たちの不安を伝えるのは良くない，と考えるのが一般的かもしれない。自分たちが不安な素振りを見せたり，それが観光客や宿泊客に伝わってしまうと，お客様をますます不安にさせてしまうと考えられるかもしれない。しかし，同研究により，自分たちもウイルスのリスクや不確実な状況を不安に感じており，そのために衛生管理に取り組んでいると伝えた方が，観光客の情緒的愛着，さらに訪問意向にも結びつく可能性が示唆されたのである。

4．2．2．Kock *et al.*（2020）の研究

　Kock *et al.*（2020）は，先に取り上げた論文 Zenker and Kock（2020）の執筆

者の1人が筆頭著者になっており，もって先に示された問題意識に沿って研究
が行われている。彼らは，COVID−19に関連したリサーチギャップ発見型研
究および記述的な単一の事例研究を批判し，理論に基づく研究の重要性を主張
していた。なぜそのような状況や状態になっているのかを，理論的にしっかり
説明できる研究が必要だとした。

　Kock et al. (2020) は，心理学分野で研究が蓄積されている「進化論的心理
学」(evolutionary psychology) の理論を援用することで，COVID−19流行下
での人々の心理や精神をより深く理解できると主張する。そのうえで，進化
論的心理学を基礎とする「進化論的観光学パラダイム」(Evolutionary Tourism
Paradigm) の構築を提唱する。

　進化論的心理学の特徴として，人間の動機を「即時的動機」(proximate
motives) と「根本的動機」(ultimate motives; 究極的動機とするか，根本的動機とす
るかで迷ったが，根本的動機と訳した) に分けて捉える。即時的動機とは，目の前
の刺激に対して行為を生み出すものである。例えば「蛇をみたら，怖いので，
逃げる」という反応を生み出すと説明される。他方，根本的動機は，まさに人
間の進化の中で獲得された動機である。例えば「祖先の時代に，人間の生存の
可能性を高めるという理由から，人は蛇を怖がり逃げる」ようになったと説明
される。そこでは，環境に適応して人間が生き残るために，「自己防御，疾病
回避，集団への帰属，地位，配偶者の獲得・維持，親族の保護」という動機や
行動が形成されると理解される。Kock et al. は，「圧倒的に多くの観光学の研
究が，即時的動機に着目して行動を説明しており，根本的動機を無視している」
(pp.2-3) と主張する。ただし，数はまだ少ないが，男性がリスクの高い旅を好
むのは配偶者の獲得という根本的動機が影響している，冒険気質，異国への興
味そして未知なるものの経験という行動は，祖先が自ら生き延びるために他の
地域に進出し食糧・水・住居を獲得しようとした根本的動機が影響しているこ
とを示唆した研究も発表されているという。

　さらに進化論的心理学では，「行動的生態系」(behavioral ecology) にも目を
向ける。すなわち，同じ遺伝子プールを持った人間や動物がそれぞれ異なる行
動をとるのは，異なる「社会的—生態的要因」(socio-ecological factors) が動機

260

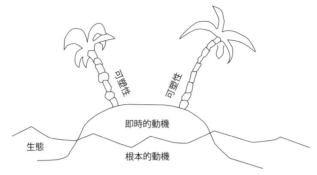

（出所）Kock *et al.* (2020), p.4 より転載（ただし描画は若干異なる）。

図5－7　進化論的研究の海と島モデル

を活性化させるからである。例えば社会的─生態的要因には，「病原体の脅威，人口密度，資源不足，予想不可能性，そして性比」などが含まれる。各人の異なる選択と行動は，これら社会的─生態的要因によって説明できるのではないかという。これら行動の多様性は，「表現型の可塑性」（phenotypic plasticity）と呼ばれる（*Ibid.*, p.3）。

　Kock *et al.* (2020) は，同モデルの全体構成を図5－7のような「海と島モデル」（ocean and islands model）として説明する。すなわち，ヤシの木として示される生物個体の行動を説明するために，通常は，それを生み出す即時的動機，すなわち海上に出ている島を探ろうとする。しかし，目の届きにくいところに，人間の進化過程で獲得された根本的動機と，それら動機を活性化させる社会的─生態的要因が存在しており，それらにも目を向ける必要があるという。

　Kock *et al.* は，同モデルを説明するために，買春観光（sex tourism）の事例を挙げる。例えば，島の部分だけを見ている研究者は，性的快楽を求めるという動機が買春観光を生み出すと捉えるかもしれない。しかし，このモデルを適用すると，性交渉のための観光は，単なる快楽ではなく，遺伝子を再生産する適応度を引き上げるために配偶者を求めるという根本的動機によって説明されるかもしれない。さらに，配偶者を求めるという動機が活性化されるかどうかは，性比（ある集団の男女比）という社会的─生態的要因によって説明されるか

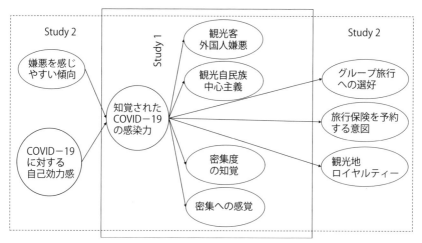

（出所）Kock *et al.*（2020），p.7 より転載。

図 5 − 8　Study1，Study2 の法則定立的モデル

もしれない。

　Kock *et al.* は，同モデルを適用して COVID − 19 流行下での観光客の心理と
行動の分析を試みる。まず，COVID − 19 によって病原体への脅威という社会
─生態的要因の変化が生じ，これによって観光客の行動変容が生み出されると
考えられる。人類は伝染病の脅威に晒される中で，疾病回避という動機を進化
させてきた。疾病回避という動機は，病原体の脅威を示す兆候，例えば咳，く
しゃみ，悪臭，汚れなどによって引き起こされる。人間は，それら兆候に対し
て情緒的な嫌悪感を抱き，様々な疾病回避行動を表出させる。これら一連の行
動が，「行動的免疫システム」（behavioral immune system）と理解される（*Ibid.,*
p.5）。

　図 5 − 8 のような分析モデルが示される。そのうえで，「知覚された
COVID − 19 の感染力」（perceived COVID − 19 infectability）が，「外国人嫌悪」
（xenophobia），「自民族中心主義」（ethnocentrism），「密集度の知覚」（crowding
perceptions），「密集への感覚」（feeling toward crowdedness）という進化論的心
理学から導き出された変数にいかに影響を与えるかを調査する Study 1 （分

析 1 ）が実施される。また,「嫌悪を感じやすい傾向」(disgust propensity) や
「観光客が知覚する自己効力感」(tourists' perceived self-efficacy) と「知覚さ
れた COVID‐19 の感染力」との関係, さらに「知覚された感染力」と「グ
ループ旅行への選好」(preference for group travel),「旅行保険を予約する意
図」(intention to book travel insurance),「観光地ロイヤルティー」(destination
loyalty) といった伝統的な観光の構成要素との関係を調査する Study 2 （分析
2 ）が実施される (*Ibid.*, pp.5-6)。

　Kock *et al.* によれば, 密集度への知覚は, 進化論上の根本的動機に関係して
いる。帰属欲求は, 基本的に密集を好み, 他人と距離を近づけるという行動を
選好させる。しかし, 病原体への脅威という社会―生態的状況の変化により,
行動的免疫が活性化され, 密集度に対する感覚が鋭くなり, また密集に対する
負の感覚を上昇させる可能性がある。外国人嫌悪も根本的動機に関係してお
り, 人類は, 外部グループの人々が持ち込む病原体を, 他グループの人たちを
受け入れないという行動で回避してきた。COVID‐19 の流行が, 外部の人々
を避ける, 外国人嫌悪という動機を活性化させる可能性がある。またそれに関
連して, 自民族中心主義という根本的動機も活性化させる可能性がある。すな
わち, 病原体への脅威は, グループ内での交流を選好する自民族中心主義とい
う免疫行動に繋がるかもしれない。

　まず Study 1 では, 知覚された COVID‐19 の感染力と, 外国人嫌悪, 自民
族中心主義, 密集度の知覚, 密集への感覚との関係が検証される。詳細な説明
は省くが, アメリカ人を対象に 540 の回答を得たという。分析結果として, 知
覚された COVID‐19 の感染力と, 密集度の知覚, 外国人嫌悪, 自民族中心主
義との間に正の関係があることが確認された。感染力がより強く知覚される
と, 密集度がより高く知覚され, より外国人が嫌悪され, より自国中心主義に
なる。また, 知覚された感染力と, 密集を快適に感じるという感覚には, 負の
関係があることが確認された。感染力が強く知覚されると, (帰属欲求に反して)
密集状況に快適さを感じなくなる。

　他方, Study 2 では, 既存の観光学研究でも取り上げられることはあったが,
進化論的な視点で分析されてこなかった現象が対象になる。まず, COVID‐

19 の感染力の知覚に影響を与えるものとして，嫌悪を感じやすい傾向および観光客が知覚する自己効力感が挙げられる。嫌悪を感じやすい傾向とは，嫌悪を引き起こすものへの人々の異なった反応を生み出すものであり，進化論的心理学でもよく用いられる要因である。また，自己効力感とは，COVID − 19 への接触を減らすための認知的・行動的反応がとれるという自分自身の能力への感覚を意味する。さらに，感染力の知覚によって影響を受けるものとして，既存の観光学研究でも取り上げられている観光地ロイヤルティー，旅行保険を予約する意図，グループ旅行の選好，ワクチン接種の意図，現地の人々との交流への意図，国内旅行の意図が考えられるという。ただし，同モデルでは，ワクチン接種，現地の人々との交流への意図，国内旅行の意図は除外され，グループ旅行の選好，旅行保険を予約する意図，観光地ロイヤルティーが分析対象とされる（*Ibid.*, pp.9-10）。

　Study 2 では，アメリカ人から 420 の回答を得た。分析結果として，知覚された感染力と，グループ旅行，旅行保険を予約する意図，観光地ロイヤルティーとの正の関係が確認された。すなわち，感染力が強く知覚されるほど，グループ旅行，旅行保険の予約が強く意図され，また過去に訪問した観光地を選ぶ（すなわち観光地ロイヤルティー）ことが明らかになった。嫌悪を感じやすい傾向は感染力の知覚に正の関係があり，COVID − 19 に対する自己効力感は感染力の知覚に負の関係があることも確認された。すなわち，嫌悪を感じやすい人ほど感染力を強く知覚し，COVID − 19 への自己効力感（自分は感染源への接触をうまく避けられるという感覚）が高いほど感染力を弱く知覚することになる。

　Kock *et al.*（2020）は，「コロナウイルス感染拡大は，自らの肉体的かつ経済的な脆弱性を人々に思い起こさせ，生存への懸念」（p.10）を生み出したという。その中で，人類が進化させてきた生命保全メカニズムないしは行動免疫が活性化されることになった。Kock *et al.* は，命を守るための行動免疫が活性化されると，文化的ないし社会的に構成されてきた人々の世界観，それら世界観に基づく文化・社会的行動を凌駕してしまう可能性があるという。例えば，根本的動機や行動免疫が活性化されることで，文化によって規定される他者との距離，さらに社会的に規定された平等や差別への感覚などが変容する可能性があ

る。また，それら行動免疫は，観光客の精神にも変容をもたらすことにもなる。進化論的観光学という新たなパラダイムを用いることで，コロナ禍での観光客や地域住民の心理と行動ならびに精神の変容をより深く理解できる可能性があるという。

4.3. 観光関連産業の状況や影響に関する研究

　現時点（執筆時の 2020 年 12 月）で，新型コロナウイルスは，収束の目途が立っておらず，最終的に観光関連産業にどれだけの影響が及ぶかも全く分からない状態にある。おそらく数年後に，その影響が正確に掴めるようになるだろう。他方，新型コロナウイルスのパンデミックによる観光関連産業への影響を分析したり予測したりする研究が公刊され始めている。その中から，ここでは 2 本の論文の内容を，ごく簡単に紹介する。

4.3.1. Uğur and Akbıyık (2020) の研究

　まず，*Tourism Management Perspectives* 誌に掲載された N. G. Uğur and A. Akbıyık の Impacts of COVID‒19 on global tourism industry; A cross-regional comparison（「グローバル観光産業への COVID‒19 の影響——地域間比較」）という論文を取り上げる。同論文は，2019 年 12 月 30 日〜2020 年 3 月 15 日にかけて TripAdvisor フォーラムから coronavirus, corona virus, COVID を含むコメントを収集し，テキストマイニングを行った。アメリカ，欧州，アジアから集められた 1329825 語を含む 74768 文を分析した。

　テキスト分析によれば，観光産業は，グローバルな危機に敏感であり，すぐに影響を受けることが明らかになった。COVID‒19 が未だローカルレベルの問題であった時から，旅行者の視点は，COVID‒19 に注がれていた。COVID‒19 のニュースが広がったほぼ同日に，旅行をキャンセルしたり遅延したりする決定を行ったという内容が確認された。さらに，COVID‒19 のパンデミックが発表されると，旅行者は直ちに旅行をキャンセルし，旅行保険について議論を始めたことが分かった。

　頻繁に繰り返された用語としては，PEOPLE, TRAVEL, VIRUS, DAY,

CASE, TIME, CANCEL, TRIP があった。中でも，旅行のキャンセルが最も多く 40.81％ を占めた。この期間における旅行者にとっての最重要事項が，旅行のキャンセルにあったことが分かる。また，フレーズ抽出によれば，CORONA VIRUS の後で繰り返された句として，TRAVEL INSURANCE ＝旅行保険が２番目に多かった。CREDIT CARD を含む格では，銀行が特別に用意する返金措置について言及されていた。すなわち旅行者が，「最小金額の損失で，旅行をキャンセルできる方法を探索していた」(Uğur and Akbıyık, 2020, p.11) ことが分かるという。

こうした分析を踏まえ，Uğur and Akbıyık は，以下のような実践的含意を提示する。VUCA，すなわち Volatility＝変動，Uncertainty＝不確実性，Complexity＝複雑さ，Ambiguity ＝曖昧さが今後も続くであろう状況下では，リスク低減が極めて重要になる。今後，リスク低減に向けて，旅行保険が必須アイテムになる可能性がある。Uğur and Akbıyık (2020) は，「旅行保険に無料ないし安価で加入できる旅行パッケージ」(p.11) のオプションを提供できる旅行会社が，より選好されるようになるかもしれないという。さらに，今回の COVID − 19 感染拡大下での旅行計画や旅行に関する経験が，今後の旅行の意思決定や行動にも影響を及ぼす可能性がある。とすれば，旅行保険付帯ないし追加料金なしで日程変更できるような旅行商品の開発と導入が，将来の旅行客の需要そして実際の移動を喚起できるのではないかと提言される。また，観光産業に関わる組織に今後一層求められる考え方と行動様式は，「柔軟性と敏捷性」(*Ibid.*, p.11) であると指摘される。

4．3．2．Abate, Christidis and Purwanto (2020) の研究

次に，*Journal of Air Transport Management* 誌に掲載された M. Abate, P. Christidis and A. J. Purwanto の Government support to airlines in the aftermath of the COVID − 19 pandemic (COVID − 19 パンデミック直後の航空業界への政府援助) という論文の分析結果と含意を紹介したい。

COVID − 19 によって大きな影響を受けた業界の１つが航空業界であり，「2020 年４月と５月には，世界の全フライト数が50％減少」し，「幾つかの国は，

２カ月以上にわたってフライトが90％も減少すると予測していた」（Abate *et al*. 2020, p.1）という。航空業界特有の高資本コストという事業特性が，直ぐに各社を存続危機に追い込むことになる。中期的に見ても，旅行やビジネス出張の需要減によって，少なくとも2021年末までは影響が及ぶと予測される。そうした状況下，幾つかの国が，大手の航空会社および関連企業への支援に乗り出した。

　同論文では，国が航空会社の支援に乗り出す要因を探ると共に，どのような種類の支援が，誰に，どのような理由で実施されたかを明らかにする。また，以前から航空産業をめぐる重要な政策課題であった，競争と自由化，航空会社への所有と統制，環境の持続可能性という３つの要因に対して，今回の政府支援が及ぼす影響を分析するという。

　ここでは，紙幅の関係で，分析結果のみを示す。まず，大半の国が，経済活動や職を守るために航空輸送の「接続性」（connectivity）を維持するという理由で，航空会社への支援を実施した。しかし，「しばしば，これら支援は，最良の場合でも，これまでも競合に対して特権的な扱いを享受してきた各国の一握りの国家規模の航空会社だけに主に与えられる」（*Ibid*., p.12）ものであった。

　そのような現況に対して，以下のようにやや厳しい分析が展開される。これまで各国を代表する大手航空会社は，非競争的な国内市場で与えられる寡占的地位および規模の経済性をうまく活用し，国際線での競争に対峙してきた。つまり，国内市場で稼いだ寡占的利益でもって，国際市場での競争を生き延びてきたのである。また，寡占的地位を得た航空会社は，「潰すには大きすぎる」という理由から，これまでも政府による保護的介入の恩恵を受けてきた。Abate *et al*.（2020）は，「パンデミック対応としての政府支援は，それら大手航空会社のナショナル・チャンピオンとしての地位を一層強化し，私的融資ないし公的融資を受けられない小規模航空会社の市場を奪いながら，〔ナショナル・チャンピオン企業の〕市場占有率が一層拡大していく公算が高い」とし，「結局，競争という図式──そして旅行サービスの料金と供給への影響──を，〔さらに〕歪めていく」（p.12）かもしれないと主張する。

　加えて，支援の理由として挙げられた接続性についても以下のような見解が

示される。2019 年の接続性の水準にはしばらく戻らないだろうと指摘したう
えで，「接続性という観点から見ても，政府の支援は，少なくとも，その影響
を部分的に緩和する実践的アプローチに過ぎない」(*Ibid.*, p.12) という。強い
経済力や財政基盤を有する国による支援は，発展途上国の支援よりも効果を発
揮する可能性がある。また，政府による航空会社への支援は，周辺産業への波
及効果も期待できる。しかしながら，国際市場レベルで考えると，支援を打て
る国と，支援を打てない国との間で，接続性のバランスが大きく崩れることに
なるという。

　政府支援に伴う課題の 1 つは，接続性と競争との間のトレードオフの解消を
図ることにある。すなわち，接続性の維持を理由にして大手航空会社を支援す
ることは，支援を受けられない航空会社との格差をますます広げ，より強固な
寡占状態を生み出すことになる。しかし，Abate *et al.* は，そのような状況を
改善できる支援の仕方があるのではないかと指摘する。例えば，競争を促進す
る条件を付して支援を行うことができる。実際，ドイツ政府がルフトハンザ航
空を支援した際は，使用する航空機の数を減らすことを義務とし，また競合企
業が希望する場合にはフランクフルトならびにミュンヘンの発着枠をそれら企
業に開放することを条件とした。これら条件付きの支援は，航空業界の競争不
均衡を是正する機会にもなるという。

　さらに，コロナウイルスの影響によって，それ以前から航空業界に求められて
いた気候変動や環境面の政策が軽視されていく可能性がある。しかし，やはり支
援を実施する際に，持続可能性への取組を条件として課すことで，コロナウイル
ス収束後に航空業界の環境変動への取組を改善していける可能性もある。また，
支援を通じた政府による持株比率の向上さらに国有化も，それら航空会社に対し
て持続可能性の目標を導入する 1 つの梃子になるかもしれないという。

5 ── 持続可能な観光としての代替的観光

　最後に，これまでの議論を踏まえ，持続可能な観光の実現に向けた課題や代
替的方策などを検討することで，本章を締め括りたい。

　近時に至り，地球温暖化による気候変動に起因すると思われる自然災害が，日本そして世界各地で顕在化している。これまで以上に持続可能な環境や社会の実現が喫緊の課題になっており，国連サミットでも持続可能な開発目標＝SDGsという新たな目標が掲げられた。SDGsには，自然環境のみならず，差別，人権，雇用，ジェンダー，教育など17の達成目標が包括的に含まれている[20]。当然，持続可能性を考える際には，環境だけでなく，差別，人権などの問題も合わせて検討していく必要があるわけだが，本章では，まずもって観光が自然環境や気候の変動に与える影響ならびに自然環境や気候変動による観光への影響に着目してきた。

　まず，保存，保全そして持続可能性という概念について検討した。現在の持続可能性の思想的な基礎となったのが，保全主義ないし進歩的保全主義である。保全主義や進歩的保全主義は，人類が存在する以上は自然をありのままに保存することは難しいし，ありのままの自然はむしろ資源利用を非効率にすると捉えた。そして，自然や資源を賢く利用することで，自然環境の保全と経済発展とを両立させようとした。進歩的保全主義に基づく観光振興の一例が，アメリカの国立公園である。他の用途では経済的価値のない土地から観光を通じて価値を生み出すものであり，自然の一部を観光名所として利用すると共に，その他の部分を出来るだけ自然な形で残し，生物多様性そして生態系も保全するという取組である。

　持続可能性ないし持続可能な観光という議論においても，保存よりも保全，すなわち調和や両立が重視されていた。例えば，エネルギー消費の抑制と観光による経済発展をいかに両立させるか，また自然，建造物，文化の保全と地域観光振興をいかに調和させるか，さらに地域住民の生活の質の維持と観光振興をいかに両立させるかという点が，重要な課題になっていた。その中で，イノベーションが，調和や両立に向けての制約を解消するという考え方もあった。もちろんイノベーションが進展するという楽観的シナリオに基づき，現行の企業の経済活動や家計の消費活動を肯定することは危険である。一方で，やはり

20）近時の企業の宣伝・広告活動を見ると，SDGsがグリーンウォッシュに利用されるのではないかと筆者は懸念している。

イノベーションは，経済発展と地球環境保全とを両立させるために人類がとり
得る重要な手段となる。当然，観光産業においても，持続可能性の実現に向け
て新しい観光のアイディアや形態の創出が期待されている。また，そうした実
践の取組を後押しするためにも観光産業の持続可能性とイノベーションの関係
を分析する学術研究の進展も期待されている。

　第 2 次世界大戦後に広がったマス・ツーリズムという潮流に対する代替的観
光の取組にも着目した。その 1 つがスロー・トラベルないしはスロー・ツーリ
ズムである。すなわち，速いことは良いことだという考えから脱却し，あえて
遅い移動手段での旅行を選好するという試みである。具体的には，環境への負
荷が相対的に小さいとされる電車，バス，自転車，徒歩による旅である。例え
ば，航空というサブセクターによる CO_2 排出は観光全体の排出量の 4 割を占
め，観光客数の増加と移動距離の延長によって 2035 年にはそれが 5 割を超え
ると予測されていた。また，航空機に関しては，CO_2 排出だけでなく，その他
の温室効果ガスの排出ならびにオゾン層への影響も無視できないと指摘されて
いた。遅い移動手段を用いることで移動範囲は制限されるが，反面，ゆっくり
とした時間の流れの中で，居住地に近接する観光地の景観の豊かさや文化の多
様性に触れ，また地域特有の食や飲み物を嗜むという新たな楽しみが見出され
る。アメリカの研究者は，スロー・ツーリズムが楽しめる国の 1 つとして，ス
ロー・ツーリズムに適した交通機関がよく整備され，しかも居住地の近くに豊
かな観光資源が点在する日本を挙げていた。

　また都市グリーンツーリズムにも目を向けた。すなわち，都市内部やその周
辺にある自然環境や歴史・文化の多様性に着目するという観光である。例え
ば，トロントの *Other* Map of Toronto という観光地図では，一般的な観光名
所に加え，緑地帯，環境に良い取組を進める企業，有機・自然食を扱う店舗，
持続可能性の高い移動手段などが，観光客に紹介される。そうした場所や取組
が増えていくことで，最終的には，都市に暮らす人々の環境や暮らしも改善さ
れることになる。さらに，大量の観光客を誘客できる大都市でグリーンツーリ
ズムを展開することで，多くの観光客にその国の環境への高い意識を売り込む
ことができるし，多くのグリーンツーリストを生み出す契機にもなる。日本で

も，都市グリーンツーリズムは新たな観光開発の有効な手段の1つになろう。東京や大阪などの大都市でグリーンツーリズムを推進していくことで，日本の環境保全への取組を世界の観光客に売り込むことができるかもしれない。とりわけ，オリンピックや万博などのメガ・イベントと都市グリーンツーリズムを融合させると，その効果がより高まるかもしれない。

ジオツーリズムは，グリーンツーリズムやエコツーリズムの部分集合と理解されるかもしれないが，単に自然の美しい景観を楽しむだけでなく，地質さらに地球の形成過程を深く学ぶことを目的とした独自の観光形態である。深く学ぶためには，それなりの時間を掛ける必要があるため，スロー・トラベルとも親和性を有するかもしれない。ジオツーリズムの展開に際しては，非生物的な要素である地質的特徴のうえに，生物的要素である植物相や動物相が存在し，さらにそれら非生物的要素ないし生物的要素のうえに人間の生活や文化が形成されるというABCアプローチに基づく理解が重要になる。その結果，観光客および地域の人々が，地質への学びを通じてその価値を再認識し，地質を保全するという意識を持てるようになるかもしれない。これこそが，ジオツーリズムが持続可能性の実現に向けた代替的観光の1つと理解される所以である。

もちろん日本においても，既に都市グリーンツーリズムやジオツーリズムという動きが見られるが，それらを展開する際には，やはりグリーンツーリズムやジオツーリズムに関する学術的知見を深く学ぶ必要があろう。まず，同分野の研究者の著作や論文をしっかり読解し，それぞれの観光形態の本質は何か，既存の観光形態とは，どこが，どのように異なるのかを十分に理解しなくては

---

21) 山形県上山市で展開されている「クアオルト」というトレッキングは，ジオツーリズムやスロー・トラベルの要素を含んでいる。上山市のクアオルトは，地元大学の研究者でもある小関信行氏が地元の市役所を退職後にドイツの大学と研究者から学んだ知見に基づき監修したものである。筆者も，小関氏の考え方や狙いを直接学んだことがある。小関氏は，それが本物であることの重要性を強調しており，筆者もその考え方に共感した。他の観光地や地域で実施される自然をモチーフとしたハイキングとは一線を画する優れた取組であり，我が国のスロー・トラベルないしジオツーリズムのベストプラクティスの1つと筆者は考えている。

ならない²¹⁾。またグリーンツーリズムを展開する際には，国際規格（ニューヨーク本部が版権を所有するグリーンマップアイコン）などをしっかり理解し，それらとの整合性を図る必要もある²²⁾。仮に今後，日本の各地でこれら代替的観光を積極的に展開するということであれば，形態の表面的模倣ではなく，学術的知見に学び，その本質を理解することから始めるべきである。本質を理解したうえで開発や作り込みを行っていかないと，目の肥えた観光客（すなわち有能な旅行者たち）を長期的かつ持続的に引きつけることは難しいだろう。

　最後に，新型コロナウイルス感染症による観光業への影響を取り上げた。新型コロナウイルスの感染拡大により，観光産業に関連する企業や組織は非常に厳しい状況を強いられている。自然環境保全と経済成長の調和を図るという意味での持続可能性とはやや異なるかもしれないが，今まさに観光産業および観光関連事業者の存続可能性が問われている。そして観光学のジャーナルでも，新型コロナウイルス感染拡大による観光客の心理や行動の変容，そして観光関連産業への影響の分析を試みる研究が公刊されている。

　例えば，新型コロナウイルス感染拡大下での観光客の心理や行動を扱った論文に目を向けた。そこでは，ホテルやブランドの危機コミュニケーションに関して重要な示唆があった。自分たちの不安を見せるとお客様を一層不安にさせるという考え方もあるが，むしろ自分たちも不確実な状況の中で不安を感じており従業員とその家族を守るためにも衛生管理に取り組んでいると情緒共有型で伝達した方が，観光客によるホテルやブランドへの情緒的愛着，さらに訪問意向にも結びつく可能性が指摘された。

　さらに，進化論的心理学の知見を取り込んだ旅行者の心理と行動の分析で

---

22)　日本でも Green Map System の規格に基づいてグリーンマップを作製・発行する地域があった。日本のグリーンマップの制作を支援する組織である NPO 法人グリーンマップジャパンのホームページによれば，京都，東京，愛知，横浜，広島などでの取組が確認できた（https://greenmapjapan2010.jimdofree.com/）。ただし現在，NPO 法人グリーンマップジャパンは既に活動を停止している。まさに，持続可能な観光を目指す代替的観光の持続可能性を，いかに高めていくかという課題があろう。

は，人間が進化を通じて獲得した危機を回避するための動機や免疫行動が，新型コロナウイルス流行によって活性化された可能性があると示唆された。コロナウイルスの感染力の強さの知覚が，密集度の知覚，外国人嫌悪，自民族中心主義を高めることが明らかにされた。また，感染力の強さの知覚が，グループ旅行，旅行保険を予約する意図，観光地ロイヤルティーを高めることも確認された。

　新型コロナウイルスのパンデミック下での観光客の反応を分析した研究によれば，観光客が素早く旅行のキャンセルに動くと共に，経済的損失を極小化するための方法を探索していたことが明らかになった。企業よりも旅行客の決定や行動が早いため，観光産業には柔軟性や敏捷性が求められるようになる。また，旅行保険付ないし追加料金なしで日程変更できる旅行商品が，将来的な旅行需要の喚起に繋がるのではないかとも提言された。先の旅行保険を予約する意図が高まるという進化論的観光学の分析結果と合わせても，ウィズコロナの時代には，やはり観光客が旅行を計画する際のリスクを低減できたり，計画の柔軟性を確保できるような，旅行商品および旅行保険の開発が求められるかもしれない。

　航空業界をめぐる支援についても重要な提言が行われていた。支援によって，寡占的な市場支配が強化（＝ナショナル・チャンピオンがより強くなる）されたり，経済力の強い国と弱い国との間の接続性に不均衡が生じたりする可能性がある。それに対して，ドイツ政府が行ったように，他社への発着枠の開放や機体数の削減を求めるなど，競争促進的な条件を付して支援を行う必要があるのではないかと提言された。また企業の存続が優先される中で，環境や社会の持続可能性への取組が軽視されていく可能性もある。繰り返しになるが，航空機は，CO_2排出による環境負荷が相対的に大きい移動手段の1つであった。支援の実行に際し，持続可能性への取組を進めるという条件を課す必要があるのではないかとも指摘された。

　日本でも，Go to Travel という観光関連産業への支援策が進められた（ただし執筆時の状況）。観光関連産業やそこでの雇用を守るために必要な施策であるわけだが，その際に競争や環境保全などの側面を考慮する必要はないだろう

か。例えば，Go to Travel によって，大手企業が一層強くなり，その結果とし
て中小零細企業のシェアを喰っていくようなことはないだろうか。それも競争
原理であるため，仕方がないと捉えるべきなのだろうか。しかし，支援によっ
て，それが加速されるのは拙いと考えるべきなのだろうか。また，需要を喚起
したり，売上の一部を補償したりする施策で，本当に良いのだろうか。それと
も，ウィズコロナの時代にも対応できる事業構造への転換を促すような支援策
とすべきなのだろうか。もちろん目の前の危機に素早く対応し国民の命と生活
を守ることが優先されるべきであるが，支援の結果として，どのような状況が
生み出されるのか，あるいはどのような状況を作り出そうとしているのか，ま
たそれら支援の根拠となる考え方や原理（競争促進，不平等性の是正，革新の推進，
持続可能な社会の実現など）は何かという点について，より深い考察が求められ
るのではないだろうか。

　本章では，持続可能な観光と新型コロナウイルス感染症による観光産業への
影響とを合わせて検討してきた。その中で，筆者は，新型コロナウイルスへの
対応がこれまでの観光や観光産業の有り様を見直す契機になるのではないか，
また持続可能な観光を意識した代替的観光が新型コロナウイルスへの対応策の
1つになるのではないかと考えるようになった。より具体的に述べれば，ス
ロー・トラベル，都市グリーンツーリズム，ジオツーリズムなどの代替的観光
が，新型コロナウイルスの感染リスクに対処しながら，観光関連事業者の存続
可能性を高めていける方策になるかもしれない。すなわち，ウィズコロナの時
代が長期化し，しかも政府の支援が長く続かないとすれば，観光関連事業者
は，何とか自力で生き残る術を見出さなければならない。そうした中で，移動
の範囲や距離をコンパクトにし，身近なところにある文化，歴史，地質の多様
性などに目を向ける観光，さらに大都市の中でも密集地を避けて緑地帯や公園
を楽しむ観光の可能性を，これまで以上に真剣に検討していかなくてはならな
いかもしれない。こうした観光は，進化論的観光学の中で析出されていた心理
と行動，すなわち自民族中心，密集度への嫌悪，良く知る観光地へのロイヤル
ティーとも親和性があり，とりわけ感染力を強く知覚し，かつ自己効力感の低
い観光客の安心と満足に繋がる可能性もある。

　既存の観光関連企業による事業構造変革あるいは新たな事業者による新規参入を促す支援策を通じて，それら代替的観光を前提にした利益創出の仕組み（＝ビジネスモデル）を構築していくことはできないだろうか。Go to Travel などの需要を直接刺激する支援が，逆に事業構造の転換を遅らせてしまうのではないかと懸念される。特に資金力の乏しい中小零細企業や個人事業主などは，支援がなくなる状況を見越し，いち早く事業構造の転換を進める必要があるだろう。

　さらに新型コロナウイルスが収束したとしても，我々は，持続可能な環境と社会の実現という大きな課題に立ち向かっていかなければならない。そのために，我が国でも，これまでのマス・ツーリズム，大量消費そしてメガ・イベント（オリンピックや万博など）に依拠した観光振興を見直し，むしろ代替的観光を推進していく必要があるかもしれない。近時，筆者は，代替的観光の潜在力に着目している。これまで代替的観光は，マス・ツーリズムが創出する経済的価値とその魅力に勝つことができなかったが，奇しくも新型コロナウイルスの脅威が代替的観光の実践を不可避にしているようにも思われる。代替的観光という手段こそが，短・中期的にはコロナ禍での観光産業の下支えになると共に，長期的には地球環境の保全と観光振興の両立に向けた解決策になるのではないかと考えられる。

　最後に，観光という行動が，未知のウイルス発生とその拡散のリスクを高める可能性があることも念頭に置いておくべきだろう。例えば，人間の際限ない欲求が，未開の地への冒険旅行を進め，未知のウイルスとの接触というリスクを高める可能性がある。また，観光が生み出すグローバルな人間の移動とそのスピードの拡大が，未知のウイルスを驚くほどの速さで世界中に伝播させることになるかもしれない。観光産業は被害者であると同時に，観光がそうしたリスクや災害を生み出す原因にもなり得るのである[23]。そうした点からも，観光客としての我々，そして観光関連産業の事業者は，今後の観光そして観光産業のあるべき姿を真剣に考え直す必要があるだろう。

23）観光などによる移動に伴うリスクについては，Urry（2007）を参照されたい。とりわけ，Ch.7 Flying Around の risks and systems（pp.139-146）の部分での分析が参考になる。

参考文献

Abate, M., Christidis, P. and Purwanto, A. J. (2020), Government support to airlines in the aftermath of the COVID-19 pandemic, *Journal of Air Transport Management*, Vol.89, 101931, pp.1-15.

Chen, A., Lu, Y. and Ng, Y. C. Y. (2015), *The Principles of Geotourism*, Springer.

Conway, D. and Timms, B. F. (2012), Are slow travel and slow tourism misfits, *Compadres* or different genres?, *Tourism Recreation Research*, Vol.37, No.1, pp.71-76

Dickinson, J. E., Lumsdon, L. M. and Robbins, D. (2011), Slow travel; Issues for tourism and climate change, *Journal of Sustainable Tourism*, Vol.19, No.3, pp.281-300. (ただしResearchGate から入手した同論文の PDF を参照した (https://www.researchgate.net/publication/233145432)。Janet E. Dickinson が 2015 年 9 月 2 日にリクエストに応えて PDF をアップロードしたと記されている。なお本文中の引用頁数は，その PDF の頁数 pp.1-26 を基にして記した)

Dickinson, J. E. (2015), Slow travel, in Hall *et al.* (2015c).

Dodds, R. and Joppe, M. (2001), Promoting urban green tourism; The development of the *other* map of Toronto, *Journal of Vacation Marketing*, Vol.7, No.3, pp.261-267.

Dowling, R. (2015), Geotourism's contribution to sustainable tourism, in Hughes *et al.* (2015).

Duval, D. T. (2007), *Tourism and Transport; Modes, Networks and Flows*, Channel View Publications. (ただし，Amazon Kindle 電子書籍版を参照)

Edgell Sr., D. L. (2016), *Managing Sustainable Tourism; A Legacy for the Future (2nd edition)*, Routledge.

Gibson, A., Dodds, R. Joppe, M. and Jamieson, B. (2003), Ecotourism in the city? Toronto's Green Tourism Association, *International Journal of Contemporary Hospitality Management*, Vol.15, Issue 6, pp.324-327.

Gordon, J. E. (2012), Rediscovering a sense of wonder; Geoheritage, geotourism and cultural landscape experiences, *Geoheritage*, Vol.4, Isuue 1, pp.65-77.

Gordon, J. E. (2018), Geoheritage, geotourism and the cultural landscape; Enhancing the visitor experience and promoting geoconservation, *Geosciences*, Vol.8, No.4, 136, pp.1-25.

Gössling, S., Hall, C. M. and Weaver, D. B. (2009a), Sustainable tourism futures; Perspectives on systems, restructuring and innovations, in Gössling *et al.* (2009b).

Gössling, S., Hall, C. M. and Weaver, D. B. (2009b), *Sustainable Tourism Futures; Perspectives on Systems, Restructuring and Innovations*, Routledge.

Hall, C. M, Gössling, S. and Scott, D. (2015a), Tourism and sustainability; An introduction, in Hall *et al.* (2015c).

Hall, C. M., Gössling, S. and Scott, D. (2015b), The evolution of sustainable development and sustainable tourism, in Hall *et al.* (2015c).

Hall, C. M., Gössling, S. and Scott, D. (2015c), *The Routledge Handbook of Tourism and Sustainability*, Routledge.

Hang, H., Aroean, L. and Chen, Z. (2020), Building emotional attachment during COVID – 19, *Annals of Tourism Research*, Vol.83, 103006, pp.1-4.

Hose, T. A. (2016), Introduction; Geoheritage and geotourism, in Hose, T. A., *Geoheritage and Geotourism; A European Perspective*, Boydell Press. (ただし Amazon Kindle 電子書籍版を参照)

Hughes, M., Weaver, D. and Pforr, C. (2015), *The Practice of Sustainable Tourism; Resolving the Paradox*, Routledge.

International Union for Conservation of Nature and Natural Resources (IUCN) (1980), *World Conservation Strategy; Living Resource Conservation for Sustainable Development*, collaborated with United Nations Environment Programme, World Wildlife Fund, Food and Agriculture Organization of the United Nations, United Nations Educational, Scientific and Cultural Organization.

Kock, F., Nørfelt, A., Josiassen, A., Assaf, A. G. and Tsionas, M. G. (2020), Understanding the COVID – 19 tourist psyche; The evolutionary tourism paradigm, *Annals of Tourism Research*, Vol.85, 103053, pp.1-13.

Lane, B. (2009), Thirty years of sustainable tourism; Drivers, progress, problems — and the future, in Gössling *et al.* (2009b).

Ratten, V., Braga,V., Álvarez-García, J. and Rio-Rama, M. (2020), *Tourism Innovation; Technology, Sustainability and Creativity; Innovation and Technology Horizons*, Routledge.

Rutty, M., Gössling, S., Scott, D. and Hall, C. M. (2015), The global effects and impacts on tourism; An overview, in Hall *et al.* (2015c).

Scott, D., Peeters, P. and Gössling, S. (2010), Can tourism deliver its "aspirational" greenhouse gas emission reduction targets?, *Journal of Sustainable Tourism*, Vol.18, No. 3, pp.393-408.

Scott, D. (2011), Why sustainable tourism must address climate change, *Journal of Sustainable Tourism*, Vol.19, No.1, pp.17-34.

Uğur, N. G. and Akbıyık, A. (2020), Impacts of COVID – 19 on global tourism industry; A cross-regional comparison, *Tourism Management Perspectives*, Vol.36, 100744, pp.1-13.

UNEP (United Nations Environment Programme) (2005), *UNEP Strategy for Environmental Education and Training; A Strategy and Action Planning for the Decade 2005–2014*, pp.1-42.

UN General Assembly (1987), *Report of the World Commission on Environment and*

Development "Our Common Future", August, pp.1-374.

UNWTO（United Nations World Tourism Organization）（2018）, *UNWTO Tourism Highlights 2018 Edition*.

UNWTO（2021）, Global economy could lose over $4 trillion due to COVID－19 impact on tourism, June 21.

Urry, J.（2007）, *Mobilities*, Polity Press.（吉原直樹・伊藤嘉高訳『モビリティーズ——移動の社会学』作品社, 2015 年）

Weaver, D.（2011）, Can sustainable tourism survive climate change?, *Journal of Sustainable Tourism*, Vol.19, No.1, pp.5-15.

Weaver, D.（2015）, Enlightened mass tourism as a 'third generation' aspiration for the twenty-first century, in Hughes *et al.*（2015）

World Travel and Tourism Council（2020a）, *Global Economic Impact from COVID－19*, November 13.

World Travel and Tourism Council（2020b）, *Travel & Tourism Global Economic Impact & Trends 2020*.

Zenker, S. and Kock, F.（2020）, The coronavirus pandemic; A critical discussion of a tourism research agenda, *Tourism Management*, Vol.81, 104164, pp.1-4.

執筆を終えて

　本書では，観光という社会的現象を理解するための5つのテーマを概説してきた。その中で，観光の新たな動向や形態にも触れた。しかしながら，観光や観光産業が，今後どのように変容していくか，あるいは変容していくべきかを，現時点で予測したり，論じたりすることは難しい。ましてや，新たな感染症の発生と，グローバル社会の中でそれが瞬く間に世界の隅々まで伝播していった様子を目の当たりにし，観光および観光産業の将来は，より不確実かつ複雑になったと言わざるを得ない。

　新型コロナウイルス感染症のパンデミックの前は，オリンピックやインバウンド需要を見込んだホテルの新設ラッシュ，民泊に関わる法改正，そして「観光立国」，「Cool Japan.」というスローガンの喧伝など，日本各地で観光産業振興に向けて積極的な動きがあった。筆者自身も，日本の観光産業が盛り上がりを見せる中，人口減少と高齢化が進む東北各地の経済活性化への有効な方策になると考え，観光産業への調査と研究を進めていた。中でも，一訪問あたりの観光消費額が大きい外国人旅行客＝インバウンド需要をいかに呼び込むかという点に着目していた。例えば，外国人旅行客を誘客するために，どのような観光資源や観光地イメージを創出すれば良いか，そのために観光地をどのように開発・経営すれば良いかと思案していた。本書の1章，2章，3章，4章を執筆していたのが2018 〜 19年頃であり，それら各章には，日本あるいは東北の観光地に世界市場からいかに観光客を誘客してくるか，そのために東北の観光地をいかに開発・経営していけば良いか，という筆者の当時の思いが反映されているかもしれない。

　しかし，「はしがき」でも記したように，序章と5章を執筆している最中に

新型コロナウイルスのパンデミックが起こった。しかも序章では「観光とは何か」，そして5章では「持続可能な観光」というテーマを検討していたこともあり，観光ないし観光産業はこのままで良いのか，また今後の観光はどうあるべきかと，より深く考えることになった。研究者は，社会的文脈の影響を受けず，あくまでも客観的立場から物事を分析していかなければならないと言われることがある。しかし，社会の中で生きる1人の人間として，どうしても社会情勢の影響を受けてしまい，それによって物事や現象の見方が変容する可能性も否めない。筆者に関しては，少なからず，そうした影響を受けたと言わざるを得ない。このことから，読者の皆様が，仮に序章，5章とその他の章とで論調に差があると感じられたなら，まさにその通りである。2011年に仙台で東日本大震災を経験した時と同じように，新型コロナウイルスのパンデミックは，筆者自身の物事や現象への見方を変容させる出来事になった。

　もちろん筆者自身は，経営学を専門領域としており，現行の観光産業ないしは観光ビジネスの経済的意義さらにはその存立理由を否定するつもりは全くない。観光が，いわゆる産業へと変容していく中で，観光や旅が人々の経済的な消費活動の対象，そして企業にとっての利益創出手段と化していった。また，経済的な生活基盤を観光産業に依存する多くの人々を生み出していった[1]。さらに，住民が貧困から脱出するための手段として観光産業を活用している国や地域もあるし，日本においても人口減少や高齢化に直面する地域や限界集落では観光産業が生み出す消費や収益に大きな期待が寄せられている。そうした経済的意義だけでなく，東日本大震災が発生した際には，地域の旅館やホテルの一部が，1次ないし2次避難所として機能し，多くの人命を救うなど社会的意義を示すことにもなった（東北学院大学経営学部おもてなし研究チーム，2013,

---

1）Urry（2007）を参照。なお World Travel and Tourism Council（2020）のデータによれば，観光産業の GDP は，2019年に，世界の GDP の10.3％を占め，世界中の仕事の約10％，過去5年間に生み出された仕事の約25％を占めるという。さらに，観光産業の GDP 成長率は，1位＝IT産業，2位＝金融産業に次ぐ第3位であった。ちなみに，4位＝医療，5位＝小売・卸売，6位＝農業，7位＝建設業，8位＝製造業の順になっていた。

2020)。

　一方，観光が産業化されていく中で，観光関連の設備や産業基盤への投資が過大となり，その大きな固定費を吸収するために大量の観光客の誘客，さらに観光サービスの大量消費が不可避となった。より多くの観光客を獲得することで規模の経済性が働き，コスト低減や利益創出においても有利になるため，大量の観光客を収容するために更なる施設拡充を進めるという循環が回り始めた。そこに，マス・ツーリズムという現象の発生と拡大が見られたわけである。さらに，それら消費者が，より早く，より遠くに，より便利に旅をしたいという欲求を増幅させ，また経済的にも豊かになる中で，より大量かつ豪華で享楽的な消費を追求するようになった（Urry, 2007）。もちろん序章でも見たように，観光とは，日常から解放されることであり，普段の生活では享受できないモノ，サービス，体験を求めることであると理解できるため，享楽的 = hedonic な消費行動が否定されるべきではないし，筆者自身も，それら非日常性こそが観光の本質ではないかと考えている。

　しかしながら，そうしたマス・ツーリズムそして享楽的な観光に対して，持続可能な観光という観点から，様々な批判と見直しの必要性が指摘された。例えば，観光の移動時に排出される温室効果ガスという問題があった。経済的に豊かになり，より多くの人が，より早く，より遠くに移動するようになると，温室効果ガスの排出はより深刻になる。もちろん，交通機関各社も，様々な環境問題対策を講じているが，やはり観光客数の拡大，そしてより遠くに移動することから生じる環境負荷を相殺するまでには至らないだろう。もちろん将来的に環境問題を一気に解決する画期的な技術が生み出されるかもしれないが，現時点でそれは不確実なことである。また，エコロジー認証を受けた高級ホテルの消費量は，認証を受けていない簡素なホテルの消費量を上回っているかもしれないという指摘もあった。さらに，エコロジー認証は，そうした認証がとれる余裕のある大企業の活動を正当化したり，倫理的行動や社会貢献の訴求に利用されたりする，いわゆるグリーンウォッシュという欺瞞的行為に繋がる可能性があるとも指摘された。過去との比較で，あるいは観光客 1 人が一定距離を移動する際の温室効果ガスの排出を相対的に低減させていくという取組はも

ちろん重要であるが，今求められているのはグローバルな観光産業全体での絶対的な排出量や消費量の低減であるとの指摘もあった。そうした状況と問題に対して，持続可能な観光という視点から，幾つかの代替的観光（オルタナティブ・ツーリズム），例えばスロー・トラベルやグリーンツーリズムなどが提案されてきたのである[2]。

　今や地域経済にとって，観光産業が生み出す雇用，消費，その結果としての経済的価値は不可欠なものになっている。5章で取り上げた航空業界の分析でも指摘されていたように，今や観光産業は，大きくなり過ぎて潰すことはできないのである。とりわけ，他に有望な収益源をもたない地域経済にとって，観光産業が重要かつ唯一無二の経済活動になっていることもある（東北学院大学経営学部おもてなし研究チーム，2012）。また，筆者自身も，これまで観光や仕事のために，飛行機や自動車などを使って長距離を移動し，その利便性を享受してきた。すなわち，筆者も，観光産業や交通機関による利便性向上や質的高度化への取組の恩恵を大いに受けてきた。その意味でも，筆者らの世代が，将来の世代に利便性の放棄や享楽的な消費を控えるよう求めたり，現行の観光や観光産業の有り様を否定したりする資格は全くない。

　とはいえ，これまでのマス・ツーリズムという流れに対して，やはりここで一度立ち止まり，その有り様を見直す時期にあるのではないだろうか。また，ホテル，旅館，交通機関など観光関連産業の方々も，ここで少し立ち止まり，マス・ツーリズム，大量消費，享楽的消費を前提とした事業構造やビジネスモデルからの質的転換を考え始める時期にあるのではないだろうか。次世代の経営者や管理者（時には，自分の息子や娘たち）に，マス・ツーリズムや大量消費を前提とした事業や経営をそのまま継承して良いのだろうか。もちろん，消費者としての我々自身も，これまでの観光に関する自らの行動の有り様を内省する必要があるだろう。幸い，本書でも取り上げたようにマス・ツーリズムを代替し得る幾つかの代替的観光に関する研究や実践の深化が見られる。すな

2）一方で，それら代替的観光が本当に持続可能な観光なのか，という慎重かつ批判的な見方も必要である。例えば，Dickinson（2015）を参照。

わち，よりエコで，よりソフトで，よりスローな，そして身近な地域の文化や
生態系の多様性をより深く学べるような観光に目を向けていくべきではないだ
ろうか。さらに言えば，代替的観光の中の幾つか，例えば移動をよりコンパク
トにするスロー・トラベルなどの取組は，新型コロナウイルスなどの未知の感
染症のリスクや脅威と共存しながら，政府や地方公共団体による支援なき後に
も，観光産業そして観光事業者が生き残っていくためのヒントになり得るので
はないだろうか。また，序章で見たように，スローな旅の中で自分を見つめ直
すことこそが日本の旅（tabi）の本来の姿であると外国人研究者が指摘してい
たように，日本の旅の文化にもよく馴染むかもしれない。もちろん本書が公刊
される頃には，新型コロナウイルスが収束ないし終息しており，今ごろ何を言
っているのかと批判されることを筆者は心から願っている。とはいえ，目の前
の感染症の問題に加え，我々は，地球環境の保全という，もう1つの大きな課
題そして将来世代に対する責任にも向き合っていかなくてはならない。

　本書を書き終えた今，筆者は，研究者として果たせそうな小さな役割として，
代替的観光に関する論文や著作への学びを進めたいと考えている。自分自身で
画期的な研究を行う能力はないが，少なくとも世界中で発表される代替的観光
に関する研究や取組を皆様に紹介することはできそうである（本を出版したり，
論文を公刊することそれ自体が，エネルギーや資源の消費に繋がり持続可能性に反する
行為になってしまうかもしれないが）。そのうえで，もし可能であれば，それら代
替的観光を前提としたホテル・旅館，飲食業，お土産業者，交通機関の持続可
能な経営の在り方を検討していきたい。これまでほぼ無批判的に豊かさを享受
してきた筆者に課された将来世代への責任として取り組んでいきたい。

参考文献

Dickinson, J. E. (2015), Slow travel, in Hall, C. M., Gössling, S. and Scott, D., *The
　Routledge Handbook of Tourism and Sustainability*, Routledge.
Urry, J. (2007), *Mobilities*, Polity Press.（吉原直樹・伊藤嘉高訳『モビリティーズ──
　移動の社会学』作品社，2015 年）
World Travel and Tourism Council (2020), *Travel & Tourism; Global Economic Impact*

& Trends 2020.

東北学院大学経営学部おもてなし研究チーム（2012）『おもてなしの経営学【実践編】
　　――宮城のおかみが語るサービス経営の極意』創成社。

東北学院大学経営学部おもてなし研究チーム（2013）『おもてなしの経営学【震災編】
　　――東日本大震災下で輝いたおもてなしの心』創成社。

東北学院大学経営学部おもてなし研究チーム（2020）『おもてなしの経営学【復興編】
　　――宮城のおかみが語るおもてなしへの想い』創成社。

索　引

サ

タ

ナ

ハ

≪著者紹介≫

村山貴俊（むらやま・たかとし）

　東北学院大学経営学部経営学科教授

　1970 年　三重県四日市市で生まれる

　1992 年　四日市大学経営学部卒業

　1994 年　東北大学大学院経済学研究科博士課程前期 2 年の課程修了

　1996 年　東北大学大学院経済学研究科博士課程後期 3 年の課程退学

　1996 年　東北学院大学経済学部経営学科助手

　　　　　　同講師，准教授を経て 2008 年より教授

　2003 年　東北大学より博士（経営学）を授与

　2002 ～ 2003 年　カナダ・サスカチュワン大学客員研究員

【主要業績】

『神話のマネジメント──コカ・コーラの経営史』（共著）まほろば
　書房。

『ビジネス・ダイナミックスの研究──戦後わが国の清涼飲料事業』
　まほろば書房。

『おもてなしの経営学』【理論編】，同【実践編】，同【震災編】，同【復
　興編】（共編著）創成社。

『東北地方と自動車産業──トヨタ国内第 3 の拠点をめぐって』（共
　編著）創成社。

『自動車産業のパラダイムシフトと地域』（共著）創成社。

（検印省略）

2021 年 8 月 10 日　初版発行　　　　　　　　　　　略称―観光学

観光学概論
海外文献を読み解く

著　者　村　山　貴　俊

発行者　塚　田　尚　寛

発行所　東京都文京区　　　　**株式会社　創成社**
　　　　春日 2 - 13 - 1

　　　　電　話　03（3868）3867　　　ＦＡＸ　03（5802）6802
　　　　出版部　03（3868）3857　　　ＦＡＸ　03（5802）6801
　　　　http://www.books-sosei.com　　振　替　00150-9-191261

───────────────────────────
定価はカバーに表示してあります。
───────────────────────────

©2021 Takatoshi Murayama　　　　　組版：スリーエス　印刷・製本：鳩
ISBN978-4-7944-3226-1　C3033
Printed in Japan　　　　　　　　　落丁・乱丁本はお取り替えいたします。